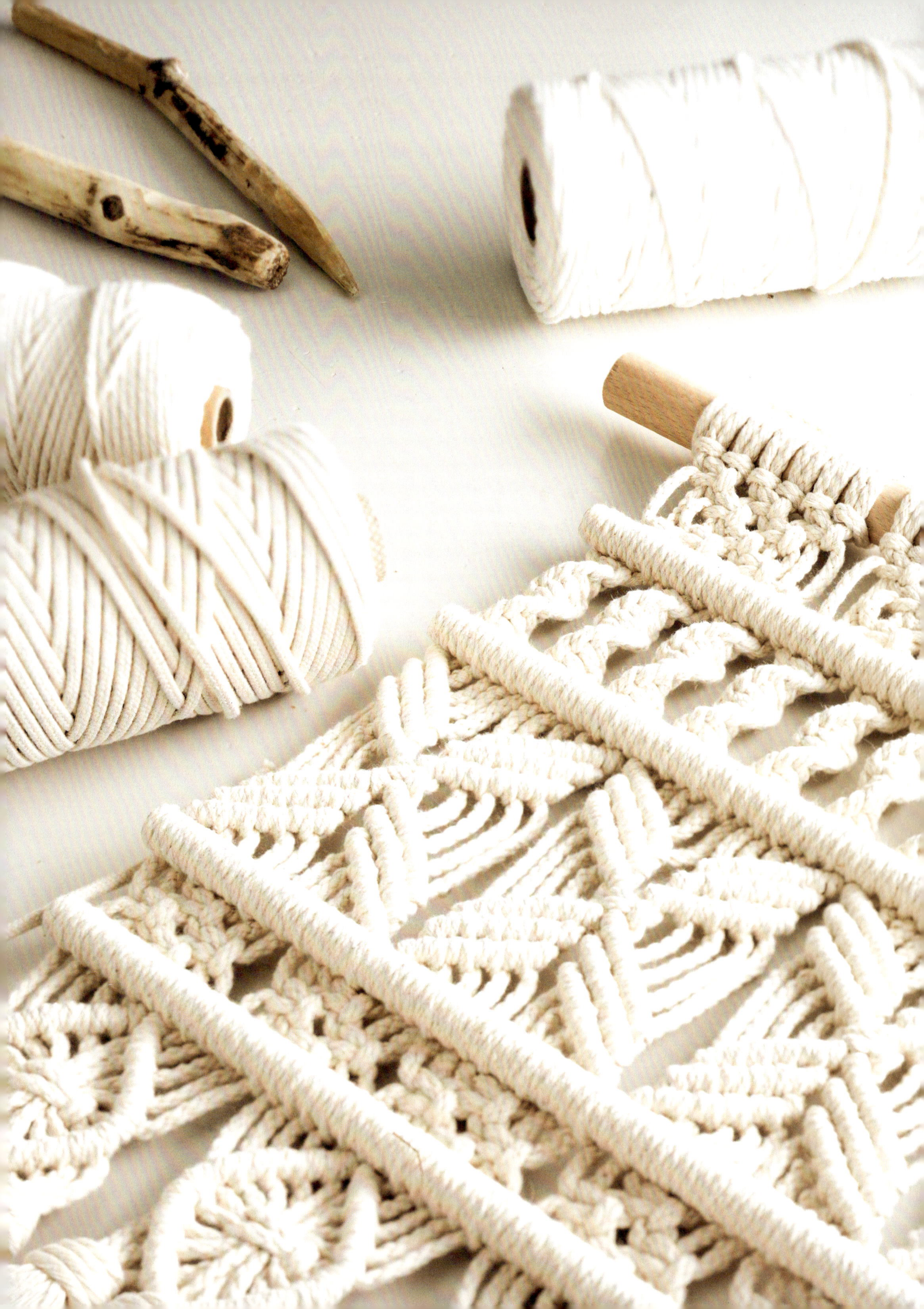

JOSEPHINE KIRSCH

1x1 KREATIV

MAKRAMEE

GRUNDWISSEN, MODELLE, INSPIRATIONEN

INHALT

VORWORT 9

1 Garnkunde 10

Garnmaterial 11
Garnverarbeitungen 12
Garnstärke 13

2 Hilfsmittel & Accessoires 14

Hilfsmittel-Grundausstattung 14
Grundausstattung Accessoires 16
Weiterführende Hilfsmittel & Materialien 19

3 Grundknoten 20

Ankerknoten 20
Wellenknoten 22
Kreuzknoten (links gelegt) 23
Beerenknoten 26
Rippenknoten 27
Wickelknoten 29

4 Tipps & Tricks 30

Knot-Hilfen 30
Mit langen Strängen knoten 30
Garnreste verwerten 30
Perlen auffädeln 31
Äste vorbereiten 31
Auskämmen von Fransen 31
Garnlängen berechnen 32
Zu kurzes Garn - Was tun? 33

IDEENINSEL 34

5 Muster 36

Muster mit dem Ankerknoten 36
Muster mit dem Kreuzknoten 38
Muster mit dem Rippenknoten 44

IDEENINSEL 56

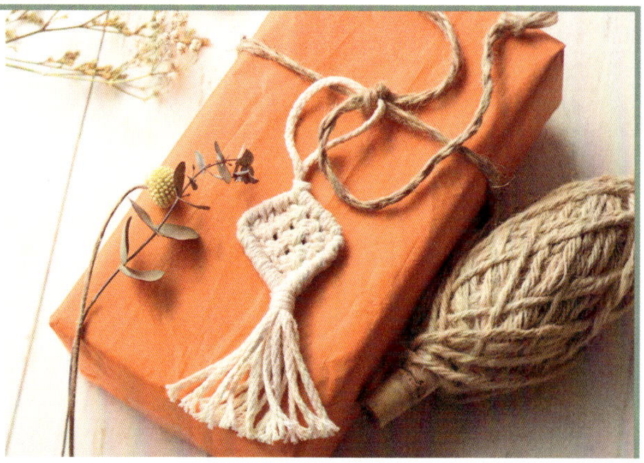

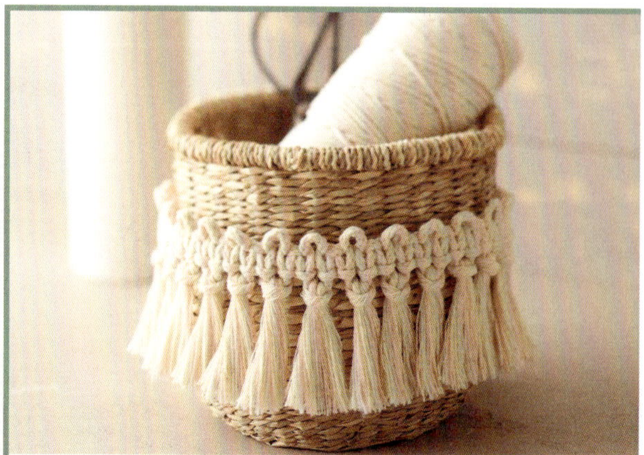

6 Zierelemente 58

Tasseln 58
Fassknoten 60
Flechten 61
Josefinenknoten 62
Pipa-Knoten 63

IDEENINSEL 64

Ideenpool 67

Monochrome Wanddeko 68
Makramee Armband 70
Blumenampel 72
Makramee Haarband 74
Feder-Wanddeko 76
Ring-Blumenampel 78
Makramee Lesezeichen 80
Makramee Korb-Bordüre 82
Makramee Schlüsselanhänger 84
Hängendes Makramee-Windlicht 86
Makramee Geschenkanhänger 90
Makramee Wandbehang Dreieck 92
Makramee Serviettenring 96
Makramee Traumfänger 100
Makramee Regal 104
Kleiner Muster Wandbehang 108
Makramee Trageriemen 112
Kleines Täschchen 114
Schlaufenschlüsselanhänger mit Blattmuster 118
Geflochtener Schlaufenschlüsselanhänger 120
Schnullerkette mit Blütenblätter-Muster 122
Schnullerkette mit Blatt-Muster 124
Makramee Eule 126
Großer Makramee Wandbehang 130

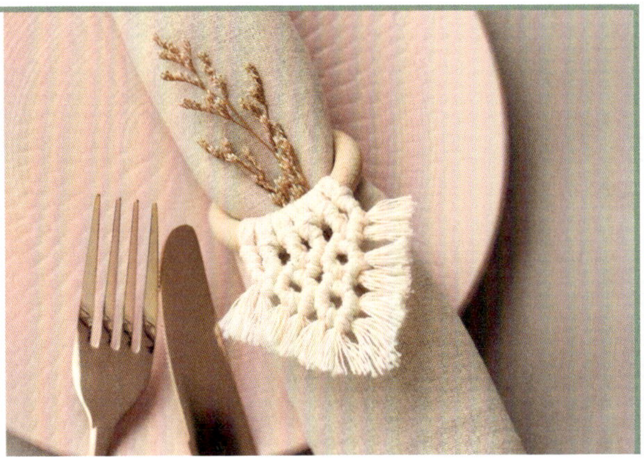

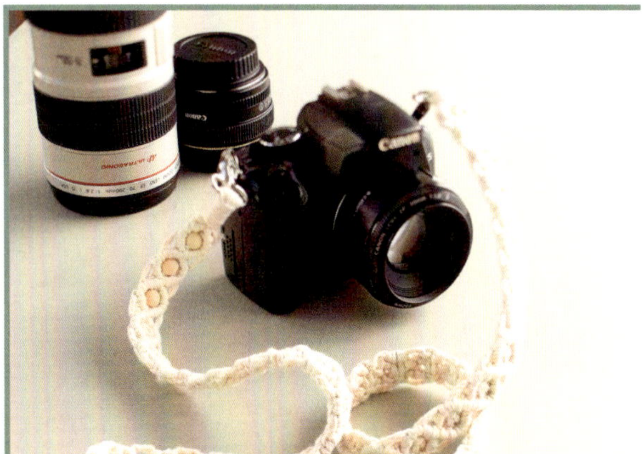

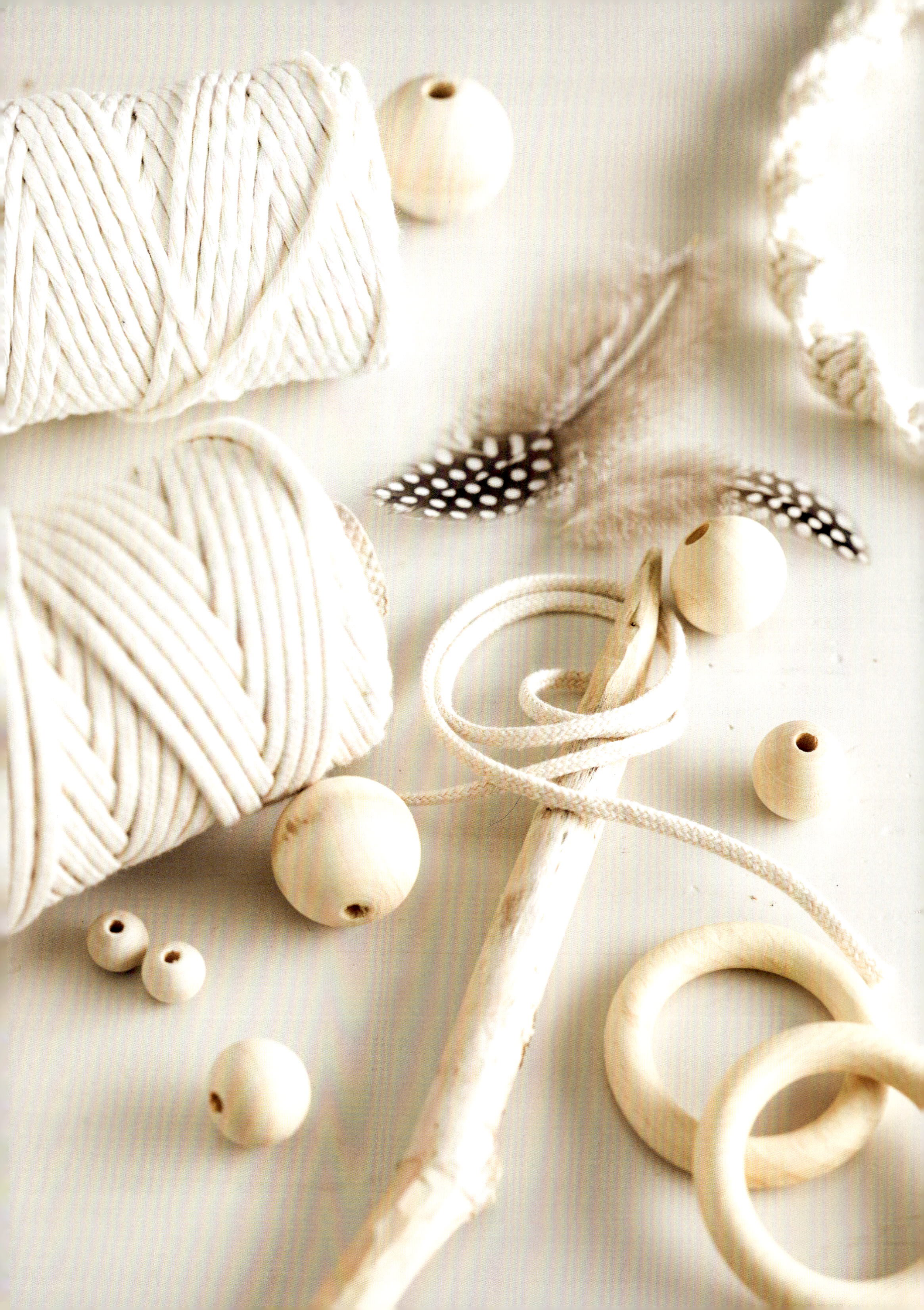

VORWORT

Niemand kommt zur Zeit an der uralten, orientalischen Knotentechnik Makramee vorbei. Doch nicht nur heute, sondern schon die ganze Menschheitsgeschichte spielen Knoten eine große Rolle. Früher befestigten wir Felle, bauten Fallen und fertigten Netze mit Hilfe von Knoten an. Später wurden auch Accessoires, Kleidung und Dekorationen hergestellt.

Das Besondere am Makramee ist die Vielfalt an Mustern, die mit nur wenigen Knoten gezaubert werden können, egal ob einige Zentimeter oder mehrere Meter groß.

In diesem Buch gebe ich Ihnen eine Einführung in die Grundlagen der Knotentechnik, beginnend bei den Grundknoten und Hilfsmitteln, über die Zusammensetzung von Mustern bis hin zur Berechnung von Garnlängen für Ihre eigenen Projekte.

In den Ideeninseln können Sie das Gelernte gleich anwenden und umsetzen. Im hinteren Teil des Buches finden Sie dann einen großen Pool an tollen Makramee-Projekten mit Schritt-für-Schritt Anleitungen, an dem Sie sich ausprobieren können.

Auch in diesem Buch möchte ich Sie wieder dazu animieren, zu experimentieren und eigene Ideen in die Projekte miteinzubringen oder ganz neue Muster zu erschaffen.
Ich wünsche Ihnen ganz viel Spaß und Freude mit diesem Buch!

Josephine Kirsch

Die Autorin verwendet für dieses Buch Garn von der Firma Seilwerk Paul Dittus GmbH.

www.pferdeseile.de;
Instagram: @makramee_madeingermany

Garnkunde

Garne unterscheiden sich je nach Material und Herstellungsprozess. Die verschiedenen Garne eignen sich für unterschiedliche Projekte und Vorlieben. Außerdem können Sie je nach Herstellungsprozess auch unterschiedlich leicht verarbeitet werden.

Zum Großteil kommen Baumwollgarne beim Knoten von Makramee zum Einsatz. Alternativ können Sie aber auch andere Naturgarne ausprobieren, wie z. B. Hanf- oder Jutegarne.

Je nachdem wie das Garn hergestellt wird, unterschiedet man zwischen geflochtenen und gezwirnten Garnen. Letzteres gibt es als einfach und mehrfach gezwirnte Garne.

Geflochtene Garne neigen weniger stark dazu, sich aufzudrehen als gezwirnte Garne.

Am Ende entwickelt jeder mit der Zeit seine eigenen Vorlieben. Probieren Sie am besten selbst verschiedene Garne aus, um die unterschiedlichen Eigenschaften kennenzulernen.

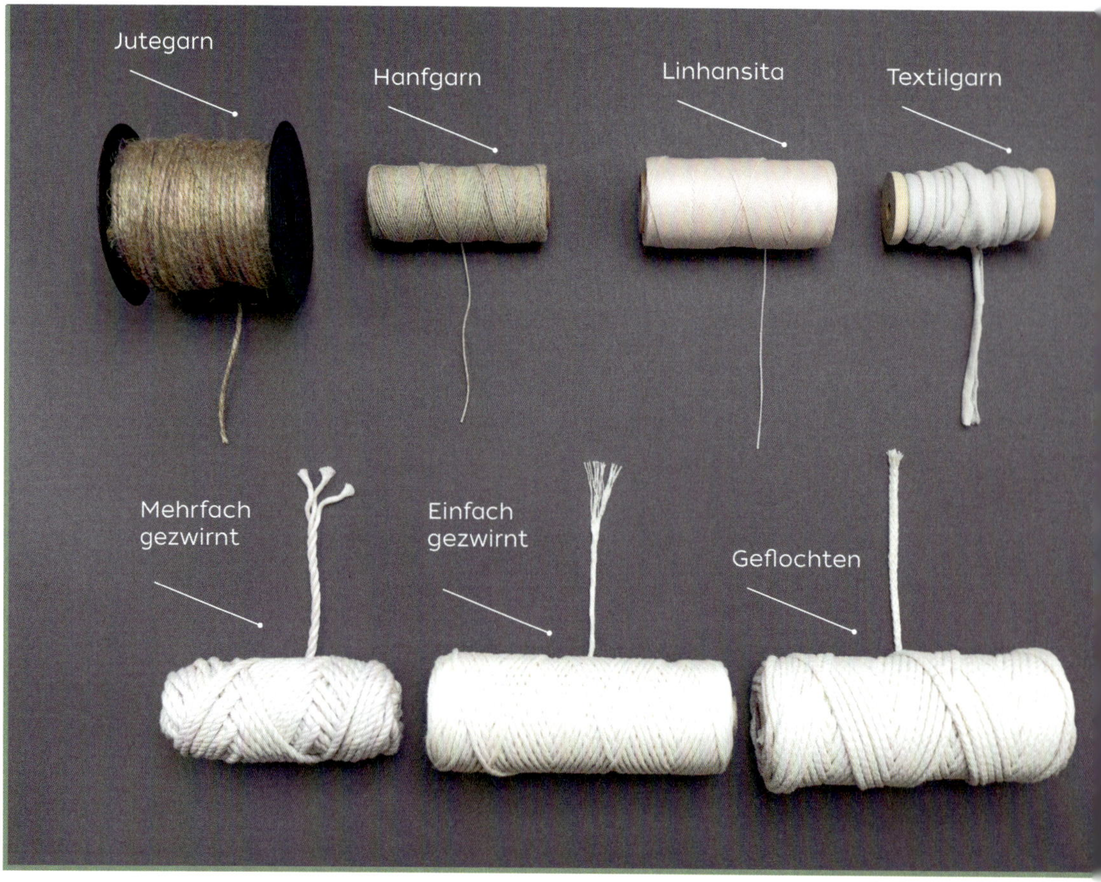

Garnmaterial

Baumwollgarn

Baumwollgarn wird heutzutage klassisch zum Knoten von Makramee verwendet. Es eignet sich für viele Makramee-Projekte, da es sich sehr gut verknoten lässt, es eine schöne, gleichmäßige Knotenstruktur ergibt und es auch eine angenehme, weiche Haptik hat. Farblich bewegt sich natürliches Baumwollgarn in einem hellen Beigeton, doch inzwischen ist Baumwollgarn in den unterschiedlichsten Farben erhältlich.

Baumwollgarn wird vor allem für Makramee-Deko-Elemente und größere Accessoires wie Taschen und Gürtel verwendet, auch bei Makramee-Kleidung kann es zum Einsatz kommen.

Weitere Naturgarne: Jute, Sisal, Hanf, etc.

Auch andere Naturgarne neben dem Baumwollgarn können zum Makrameeknoten verwendet werden. Diese Garne gibt es ebenfalls in geflochtener und gezwirnter Variante. Vor allem Jute und Sisal unterscheiden sich durch ihre Haptik stark vom Baumwollgarn, da sie sich sehr viel rauer und gröber anfühlen, da sich dem Strang entlang immer wieder Fasern lösen. Hanfgarn fühlt sich ebenfalls etwas rauer und fester als Baumwollgarn an. Im Gegensatz zu Jute und Sisal lösen sich hier allerdings keine Fasern entlang des Fadens, wodurch es sich um gleichmäßigeres Garn handelt.

In ihrer natürlichen Ausführung sind Jute, Sisal und Hanf tendenziell eher etwas dunkler und gehen von Beige bis ins Bräunliche. Jedoch gibt es auch diese Naturgarne in einigen verschiedenen Farben, wenn auch in deutlich geringerer Auswahl als beim Baumwollgarn.

Die Naturgarne können ebenfalls für Makramee-Deko-Elemente genutzt werden. Bei Accessoires, die in direkten Kontakt mit der Haut kommen, würde ich allerdings eher auf Baumwollgarn oder Linhasita zurückgreifen.

Linhasita

Linhasita ist gewachstes Polyestergarn, das es in den verschiedensten Farben zu kaufen gibt. Im Gegensatz zu den anderen Garnen gibt es dieses fast ausschließlich mit 0,5-1 mm Stärke zu kaufen. Es kommt im Makramee vor allem beim Schmuck zum Einsatz. Da das Garn aus Polyester ist, kann es mit einem Feuerzeug geschmolzen werden, wodurch Fadenabschlüsse sehr gut versiegelt und gesichert werden können.

Textilgarne

Textilgarne können als Knäuel gekauft oder aus alter Kleidung selbst gemacht werden (Stichwort: T-Shirt Garn). Es gibt im Internet viele Anleitungen, wie T-Shirt Garn ganz schnell und einfach selber zugeschnitten werden kann.

Textilgarn ist im Vergleich zu den anderen Garnarten sehr elastisch. Daher eignet es sich hervorragend für Makramee-Kleidung. Es kann aber auch für andere Accessoires oder Deko-Elemente zum Einsatz kommen.

Garnverarbeitungen

Damit Garn eine gewisse Stabilität hat, werden die einzelnen Stränge aus vielen dünnen Fasern hergestellt. Wie diese Fasern miteinander verbunden werden, hat Auswirkung auf die Formstabilität und die Elastizität des Garns. Es gibt zwei verschiedene Arten, Fasern zu verbinden: Das Verzwirnen und das Flechten.

Gezwirntes Garn

Bei gezwirnten Garnen sind die einzelnen Fasern ineinander verdreht. Bei einfach gezwirnten Garnen werden mehrere Fasern nur einmal miteinander gezwirnt, weswegen sie auch stärker dazu neigen, sich aufzudrehen. Wohingegen bei mehrfach gezwirnten Garnen die Fasern zu mehreren Strängen gezwirnt und anschließend die Stränge ineinander verdreht werden, sodass sich diese Garne zwar aufdrehen, aber nicht so stark wie einfach gezwirntes Garn.

Ist das Ausfransen der Enden gewünscht, greift man zu solch gezwirntem Garn. Dieses Garn ist aber unter Umständen auch schwieriger zu verarbeiten, da sich die einzelnen Fasern leicht verknoten und herauslösen können, sodass ein ungleichmäßiges Knotenbild entsteht.

Außerdem neigen flächig aufgekämmte gezwirnte Garne dazu, sich nach einiger Zeit wieder zurückzudrehen, sodass die Fransen immer wieder nachträglich in Form gekämmt werden müssen. Dem kann man aber mit Fixiermitteln wie z. B. Haarspray entgegenwirken.

Da sich mehrfach gezwirnte Garne weniger stark aufdrehen, sind sie besser für Anfänger geeignet.

Sollten Sie beim Knoten das Aufdrehen der Enden stören, umkleben Sie sie dünn mit Kreppklebeband.

Geflochtenes Garn

Bei geflochtenen Garnen sind dünne Stränge aus Fasern ineinander verflochten, wodurch diese Sorte Garn sich nicht aufdrehen, sondern nur ausfransen kann.

Durch das nur minimale Ausfransen der Fäden beim Knoten, ist dieses Garn sehr gut für Anfänger geeignet. Außerdem erhält man ein gleichmäßiges Knotenbild, dadurch dass sich seltener einzelne Fasern lösen.

Auch wenn geflochtene Garne schwerer aufzukämmen sind, eigenen sie sich vor allem für flächiges Ausfransen besser, da sich die Fasern weniger in ihre alte Form zurückdrehen.

Geflochtene Garne sind aufgrund ihrer Beschaffenheit tendenziell elastischer als gezwirnte Garne. Diese Besonderheit von geflochtenem Garn sollte man beim Zuschneiden der Fäden berücksichtigen. Daher sollten Sie das Garn beim Zuschneiden nicht zu straff zu halten, da Sie es sonst kürzer zuschneiden, als gewünscht.

Es sollte unbedingt darauf geachtet werden, dass geflochtene Garne einen Kern (=Füllung) haben können. Dadurch werden sie stabiler, lassen sich aber auch schwerer verformen, wodurch sie nicht für das Makrameeknoten geeignet sind. Allerdings eignen sie sich aufgrund der höheren Stabilität sehr gut für Regenbogen oder andere Projekte, bei denen das Garn mit z. B. Sticktwist umwickelt wird.

Garnstärke

Die Garnstärke kann eine große Auswirkung auf die Gesamtwirkung eines Makramee-Projekts haben. Je dicker das Garn ist, desto größer wirken die Knoten. Daher muss mit dünnerem Garn bei gleichbleibender Projekt-Größe auch mehr geknotet werden.
Generell können Sie jede Garnstärke für jedes Projekt verwenden. Trotzdem gibt es Garnstärken, die sich für bestimmte Projekte mehr eignen, als für andere. Daher habe ich eine kleine Übersicht für die üblichen Garnstärken erstellt, sodass Sie einen groben Überblick haben, welche Garnstärke ich für welche Projekte empfehlen würde.

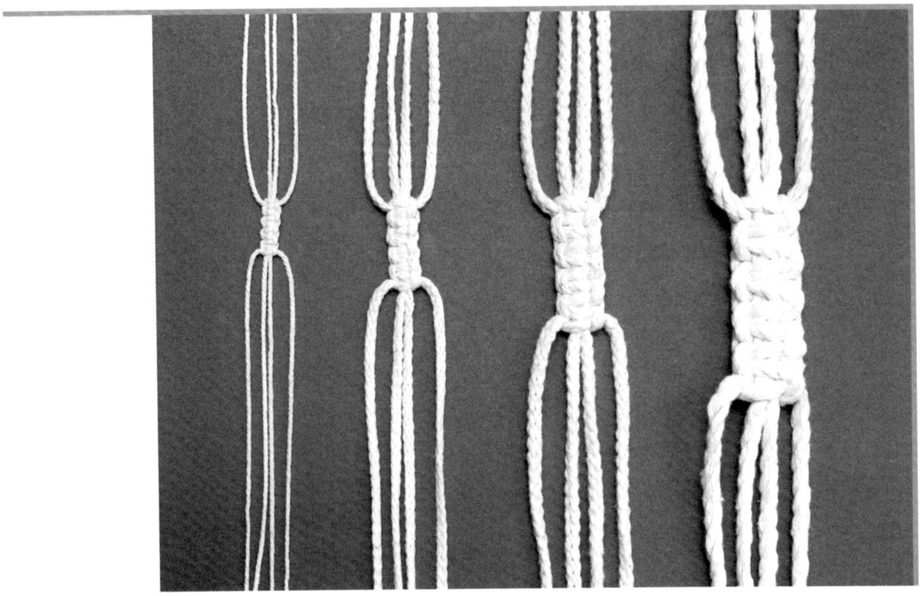

Garnstärken (von links nach rechts): 1mm, 2-3mm, 4mm, 5-6mm

1mm Garn (kleinere Projekte): Schmuck, Schlüsselanhänger

2-3mm Garn (kleinere Projekte): Schlüsselanhänger, Taschenriemen, kleinere Windlichter, Untersetzer, kleinere Blumenampeln

4mm Garn (größere Projekte): Wandbehänge, Mandalas, größere Windlichter, Blumenampeln, Vorhänge

5-6mm Garn (größere Projekte): größere Wandbehänge, Vorhänge

>6mm Garn: Regenbogen u.Ä.

Hilfsmittel & Accessoires

Es gibt ein paar Hilfsmittel, die einem beim Knoten schöner Makramee-Projekte das Leben erleichtern können. Dabei wird im Folgenden zwischen einer Grundausstattung und weiterführenden Hilfsmittel und Materialien unterschieden.
Grundausstattung bedeutet hier allerdings nicht, dass Sie ohne diese Hilfsmittel nicht knoten können, sondern dass sich diese Anschaffungen auch zu Beginn schon lohnen. Vor allem bei der Grundausstattung des Materials kommt es auch sehr stark darauf an, ob sie den Fokus auf ein bestimmtes Thema setzen. Möchten Sie hauptsächlich Makramee-Schmuck knoten, werden sie voraussichtlich andere Materialien benötigen, als wenn Sie tendenziell eher Wandbehänge knoten möchten.
Sehen Sie diese Auflistung hier also als Vorschlag mit weiterführenden Informationen, um eine fundierte Entscheidung bei der Wahl der Hilfsmittel und Materialien treffen zu können.

Hilfsmittel-Grundausstattung

Schere

Eins der wichtigsten Hilfsmittel ist eine scharfe Schere. Wenn Sie gerade Ihre ersten Makramee-Kunstwerke knoten, reicht eine scharfe Bastelschere. Sollten Sie an dieser Technik Gefallen gefunden haben, empfehle ich auf eine Stoffschere zurückzugreifen, die erfahrungsgemäß teurer sind als normale Bastelscheren, aber Garn sauberer und leichter schneiden. Wichtig ist, dass Sie Ihre Stoffschere pflegen und damit wirklich nur Stoffe und Garne zuschneiden, damit sie auch lange scharf bleibt.

Maßband

Ein Maßband ist neben der scharfen Schere auf jeden Fall ein Must-Have beim Makramee. Es hilft nicht nur beim Zuschneiden der Fäden, sondern auch beim Einhalten von Abständen innerhalb der Muster.

Kreppklebeband

Kreppklebeband ist ein kleiner Allrounder und mein täglicher Begleiter beim Knoten. Sie können natürlich auch normales Klebeband verwenden, allerdings hat Kreppklebeband einen entscheidenden Vorteil zu regulärem Klebeband: Es lässt sich leicht und ohne Rückstände entfernen. Außerdem kann es gerissen werden, sodass man gar nicht erst in Versuchung kommt, seine gute Stoffschere zum Zuschneiden zu verwenden. Kreppklebeband eignet sich zum Befestigen des Trägermediums beim Knoten, sei es einen Ring, Ast/Holzstab, Garn oder Karabiner. Außerdem ist es eine große Hilfe beim Auffädeln von Perlen, da das Garn häufig dicker als das Perlenloch ist. Beim Knoten mit gezwirnten Garnen, die sich gerne stark aufdrehen, ist es ebenfalls sehr hilfreich.

Kamm/Bürste

Beim Makrameeknoten werden Enden als Finish immer wieder gerne aufgekämmt. Je nachdem mit welchem Garn geknotet wurde, kann es ganz leicht von der Hand gehen oder etwas Zeit in Anspruch nehmen.
Bei gezwirnten Garnen reicht normalerweise ein Kamm. Bei geflochtenen Garnen eignet sich je nach Länge der Enden eine Tierhaarbürste mit Metallborsten noch besser.
Wenn sich beim Kämmen einzelne Fasern verknotet haben, hilft es, diese mit einer Nadel aufzudröseln.

Textilkleber

Textilkleber ist eine große Hilfe beim Fixieren. Egal, ob man einem Wickelknoten noch zusätzlich Halt geben möchte, etwas auf seinem Makramee-Stück befestigen möchte oder das Makramee-Stück selbst auf etwas anderem befestigen möchte - Textilkleber gibt der Sache den notwendigen Halt. Außerdem können mithilfe von Textilkleber auch Baumwollfäden bündig gekürzt und fixiert werden.
Achten Sie darauf, dass der Textilkleber transparent aushärtet.

Grundausstattung Accessoires

Äste/Rundhölzer

Makramee-Wandbehänge und auch Wand-Blumenampeln werden häufig an Äste oder Rundhölzer geknotet.
Äste können Sie ganz bequem bei einem schönen Spaziergang sammeln. Durch ihren natürlichen und oft geschwungenen sowie verzweigten Charakter geben sie Wandbehängen noch mal einen besonderen Touch. Sie eignen sich vor allem für verspielte Boho-Muster.
Bei geradlinigeren und minimalistischeren sowie moderneren Mustern empfehle ich auf Rundhölzer zurückzugreifen. Diese gibt es in unterschiedlichen Längen und Stärken zu kaufen. Außerdem können sie bei dem ein oder anderen Projekt auch gut als Hilfsmittel zum Einsatz kommen.

Holzringe

Holzringe werden gerne für Blumenampeln, Geschenkanhänger, Serviettenringe, Greifringe für Babys oder Projekte, die im Kreis geknotet werden, wie z. B. einem Makramee-Stern, benutzt.
Hier ist es nie verkehrt, eine kleine Auswahl an unterschiedlichen Größen auf Vorrat zu haben.
Ich empfehle Holzringe mit einem Durchmesser von 4 cm (für z. B. Anhänger, Blumenampel), 5,5 cm (für z. B. Blumenampel, Serviettenring) und 7 cm (für z. B. Blumenampel, Greifring, Blume).

Schlüsselringe

Schlüsselringe können nicht nur für Schlüsselanhänger, sondern genauso wie Holzringe verwendet werden (z. B. für Blumenampeln, Anhänger oder Projekte, die im Kreis geknotet werden, wie z. B. Schneeflocken, Sterne oder runde Untersetzer). Der Vorteil zu Holzringen liegt in der Dicke der Schlüsselringe. Sie sind viel dünner, weswegen Sie sich vor allem bei in runden geknoteten Projekten für flache Modelle wie Untersetzer eignen. Außerdem sind sie deswegen weniger auffällig, weswegen sie auch gerne für Blumenampeln genutzt werden können.
Ich arbeite vor allem mit Schlüsselringen mit einem Durchmesser von 2,5 cm.

Karabiner

Karabiner mit Ösen verwende ich sehr gerne für Makramee-Schlüsselanhänger oder Riemen wie Kamera- oder Taschenriemen. Von der Breite der Öse hängt ab, wie breit das Muster des Projekts werden darf.
Für einen schmalen Schlüsselanhänger oder Riemen empfehle ich einen Karabiner mit einer Ösenbreite von ca. 2 cm (Innenbreite) bzw. 2,5 cm (Außenbreite). Hier können drei bis vier Fäden mit 2–3 mm dickem Garn befestigt werden.
Für breitere Anhänger (z. B. Taschenanhänger) oder breiteren Riemen empfehle ich einen Karabiner mit einer Ösenbreite von ca. 4 cm (Innenbreite) bzw. 4,5 cm (Außenbreite). Hier können Sie sechs Fäden mit 2–3 mm dickem Garn befestigen.

Metallringe/Bambusringe

Metall- und Bambusringe können hervorragend für z. B. Wandbehänge, Mandalas, Spiegel, Lampenschirme oder Traumfänger genutzt werden.
Beide Ringe unterscheiden sich neben dem Material vor allem in ihrer Dicke. Bambusringe sind deutlich breiter im Gegensatz zu Metallringen. Daher arbeite ich tendenziell auch lieber mit Metallringen und habe immer eine Auswahl in unterschiedlichen Größen zuhause.
Ich verwende häufig Ringe mit einem Durchmesser von 15 cm (für z. B. kleinere Lampenschirme und Wandbehänge), 20 cm (für z. B. Traumfänger, Wandbehänge, Mandalas) und 25 cm (für z. B. große Lampenschirme, Spiegel, Mandalas, Wandbehänge). Es gibt sie aber auch in kleiner und größer.
Außerdem gibt es Metallringe nicht nur in runder Form, sondern jeder möglichen anderen Form, wie z. B. als Dreieck, Viereck oder in Mond-, Stern- und Tannenbaum-Form.

Konservengläser

Konservengläser können z. B. für Makramee-Windlichter, oder Makramee-Vasen genutzt werden. Eine schöne Möglichkeit, ihnen durch Upcycling ein neues Leben als Deko-Hingucker zu schenken.

Tipps & Tricks

+ Leider sind die Klebereste an Konservengläsern oft sehr hartnäckig. Ich begieße sie im ersten Schritt mit heißem Wasser, lasse die Etiketten kurz einweichen, gebe einen Tropfen Spülmittel hinzu und versuche den Kleber zu entfernen. Sollte das nicht ausreichen, nutze ich zusätzlich Speiseöl. Wenn alles nicht hilft, kommt Nagellackentferner zum Einsatz.

Perlen

Egal aus welchem Material, Perlen können einem Makramee-Projekt einen ganz persönlichen Touch geben. Ich nutze sehr gerne Holzperlen, es gibt sie aber auch aus anderen Materialien wie Keramik, Glas oder Kunststoff. Achten Sie auf die Größe des Bohrlochs und darauf, wie dick das Garn ist, mit dem Sie arbeiten möchten. Bei Holzperlen können Sie das Loch ggf. größer bohren, das könnte sich bei anderen Materialien u. U. als schwieriger erweisen.
Auch hier ist eine kleine Auswahl an unterschiedlichen Größen nicht verkehrt. Ich arbeite oft mit Perlen mit einem Durchmesser von 1 cm, 1,5 cm und 2 cm.

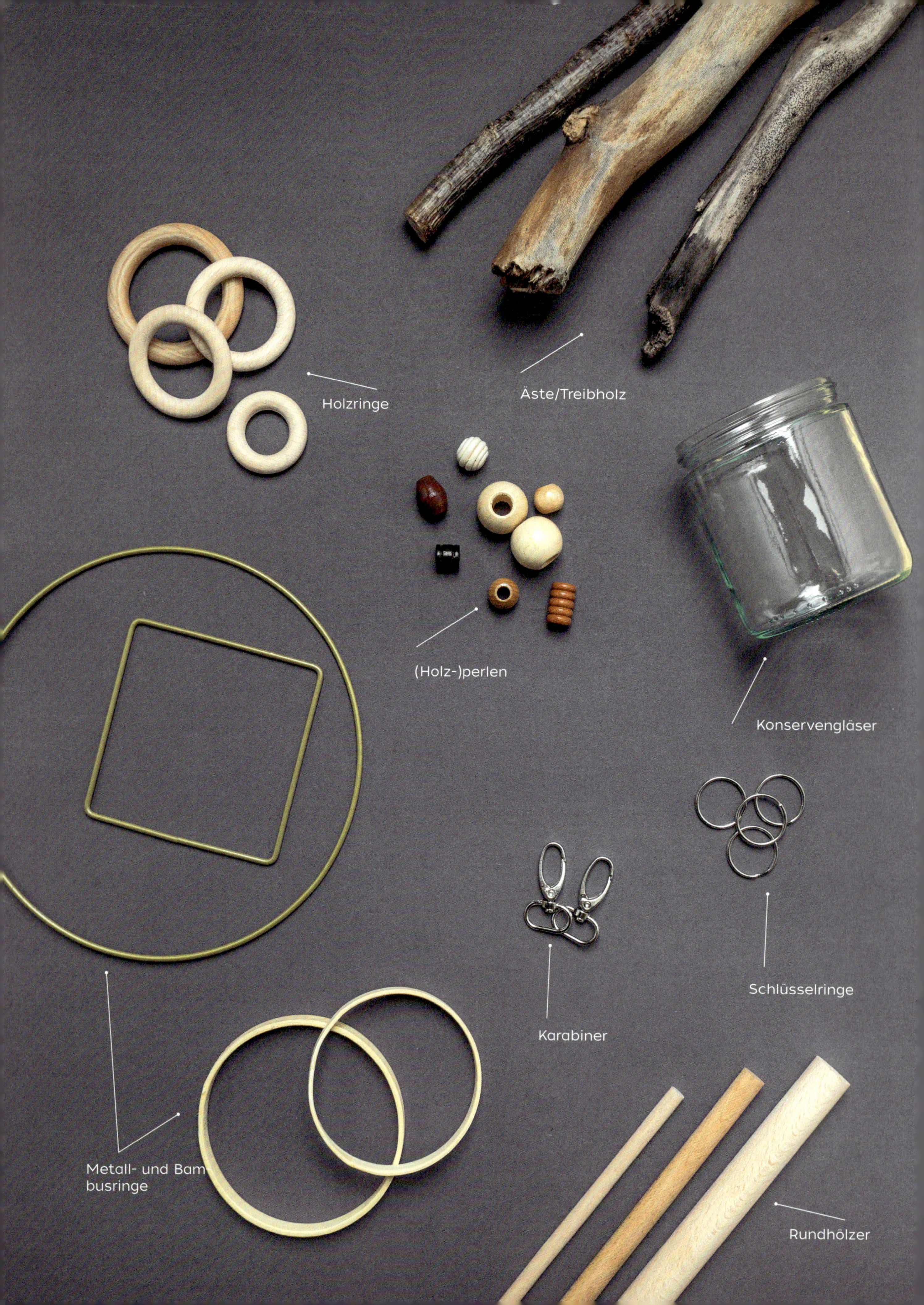

Holzringe
Äste/Treibholz
(Holz-)perlen
Konservengläser
Schlüsselringe
Karabiner
Metall- und Bambusringe
Rundhölzer

Weiterführende Hilfsmittel & Materialien

Kleiderstange & S-Haken

Eine Kleiderstange lohnt sich vor allem dann, wenn Sie Gefallen an Makramee gefunden haben und auch in Zukunft weitere Projekte anfertigen möchten.
An einer Kleiderstange können Sie größere und kleinere Projekte an S-Haken hängen, um so komfortabel und rückenfreundlich knoten zu können. Ich empfehle eine Kleiderstange, die höhenverstellbar ist.
Wenn Sie gerne immer wieder an unterschiedlichen Orten knoten, empfehle ich zusätzlich eine mit Rollen zu nutzen, so können Sie die Kleiderstange ohne Probleme an den gewünschten Ort schieben.
Die Anschaffung einer Kleiderstange empfehle ich erst, wenn Sie sich sicher sind, noch einige Makramee-Projekte knoten zu wollen.

Kupferrohr/Bambusstab

Alternativ zu Rundhölzern und Ästen können Sie, je nachdem, was für einen Look Sie erzeugen wollen, Ihre Wandbehänge auch an einem Kupferrohr für den industriellen, modernen oder an einem Bambusstab für einen exotischeren Look knoten.

Färbemittel

Inzwischen gibt es die meisten Garne auch schon in vielen verschiedenen Farben. Nichtsdestotrotz kann man sein Garn oder fertige Projekte auch selber färben, um so ganz eigene Farbkreationen zu erzeugen. Hier kann auf natürliche Färbemittel zurückgegriffen werden (Avocado, Kurkuma, Rotkohl, echte Kamille, Zwiebelschalen, Kaffee, usw.), aber man kann auch mit Textilfarben färben.

Grundknoten

Hinweis

+ Alle Grundknoten können entlang der Trägermedien verschoben werden.

Tipps & Tricks

+ Knoten Sie Ihre Makramee-Knoten so fest, wie Sie auch Ihre Schuhe zubinden, d. h. die Fäden sollen schön fest miteinander verknotet werden. So entsteht ein gleichmäßiges Knotenbild.

Ankerknoten

(auch Lerchenkopf oder Ankerstich)

Engl. Lark's Head Knot

Ankerknoten von vorne geknotet:

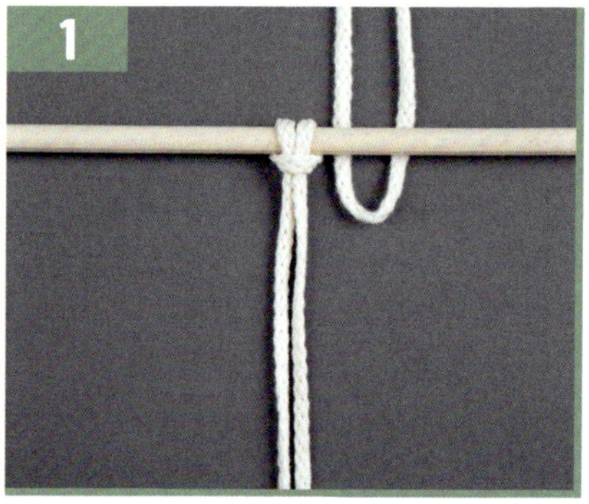

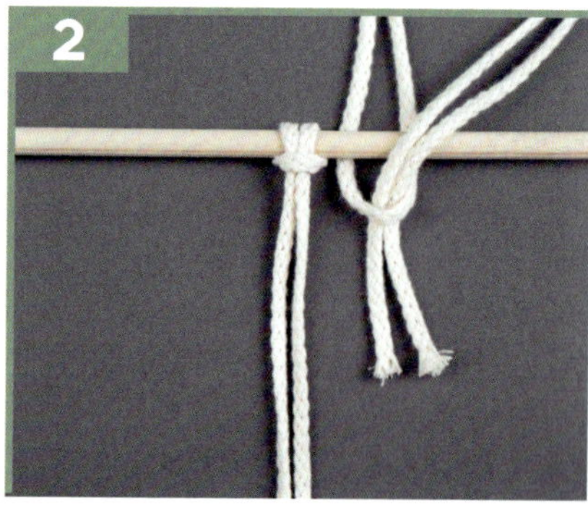

1 Die beiden Enden eines Fadens zusammenlegen und die dabei entstehende Schlinge von oben hinter das Trägermedium führen.

2 Nun die beiden Enden durch die Schlinge führen und straffziehen.

Ankerknoten von hinten geknotet:

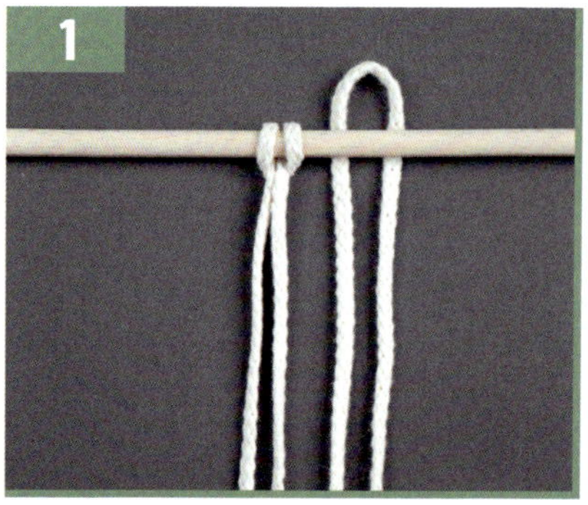

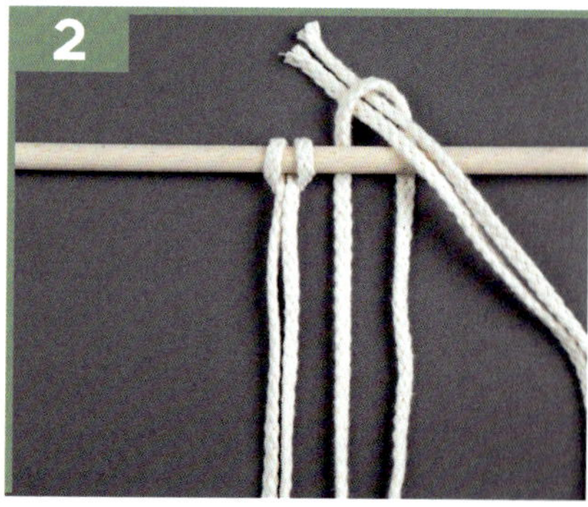

1 Die beiden Enden eines Fadens zusammenlegen und die dabei entstehende Schlinge von unten hinter das Trägermedium führen.

2 Nun die beiden Enden durch die Schlinge führen und straffziehen.

Ankerknoten legen:

Ein Ankerknoten muss gelegt werden, wenn es nicht möglich ist, die Enden durch die Schlaufe zu ziehen. Das ist der Fall, wenn ein Teil des Fadens schon mit einem Ankerknoten befestigt ist oder der Faden schon Teil des Makramee-Musters ist.

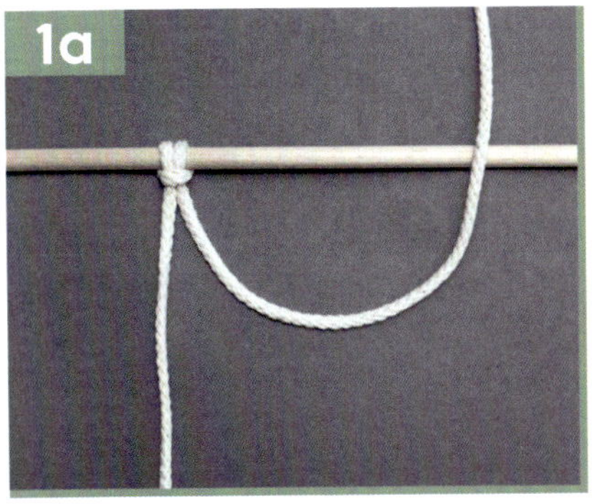

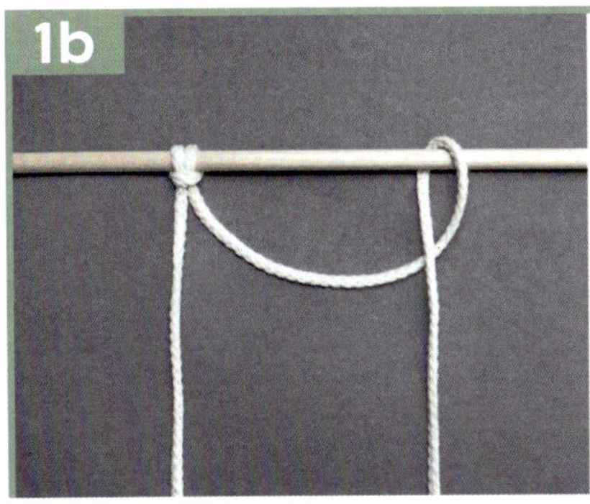

1 Das Fadenende, das mit einem Ankerknoten befestigt werden soll, locker nach oben über das Trägermedium legen und anschließend hinter das Trägermedium nach unten durch die eigene Schlaufe führen.

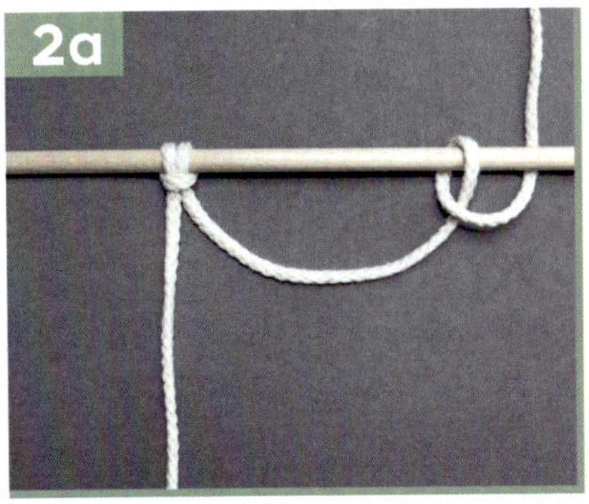

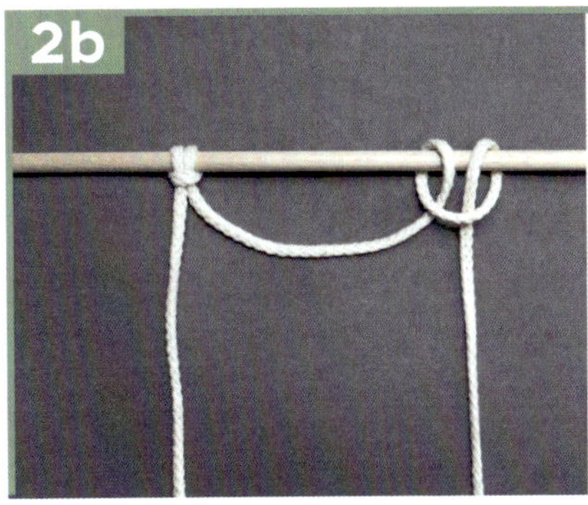

2 Danach führen Sie das Ende locker unter das Trägermedium wieder nach oben, um es dann vorne über die Trägermedium durch die eigene Schlaufe nach unten zu führen.

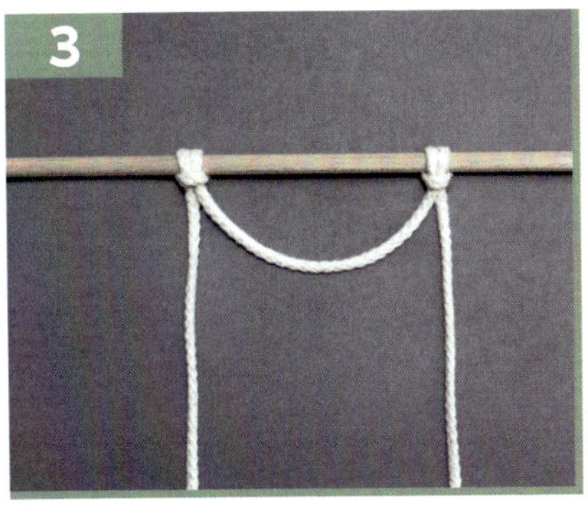

3 Festziehen und fertig ist der gelegte Ankerknoten.

Tipps & Tricks

✦ Sobald sich ein Strang aus mehreren Wellenknoten zu drehen beginnt, müssen Sie früher oder später auf der Rückseite weiterknoten. Hier knoten Sie ebenfalls mit dem dann rechts liegenden Arbeitsfaden (= der auf der Vorderseite linke Arbeitsfaden).

Wellenknoten

(auch halber Kreuzknoten)

Engl. Half Square Knot oder Spiral Knot

Der Wellenknoten entspricht dem halben Kreuzknoten und wird beim Makramee üblicherweise mit vier Fäden geknotet. Die beiden mittleren Fäden sind die Trägerfäden. Diese sind passiv und es wird um sie herum geknotet. Die beiden äußeren Fäden sind Arbeitsfäden, mit ihnen wird aktiv geknotet.

1a
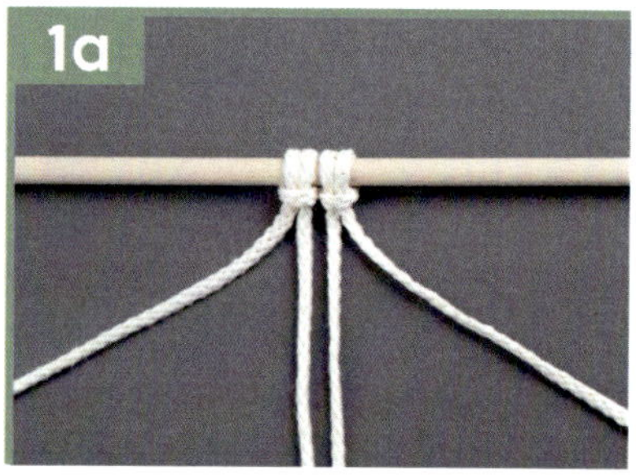

1b
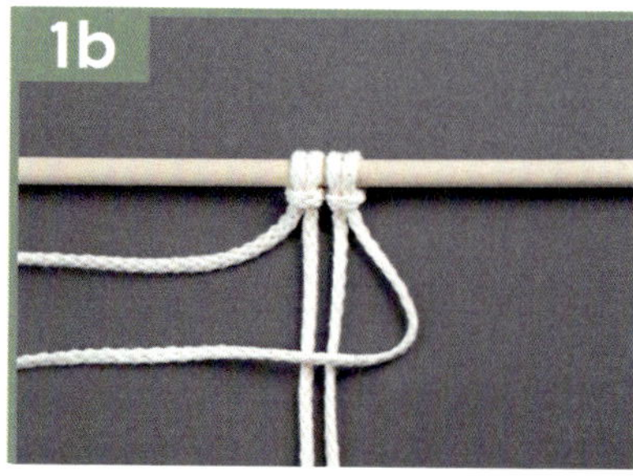

2
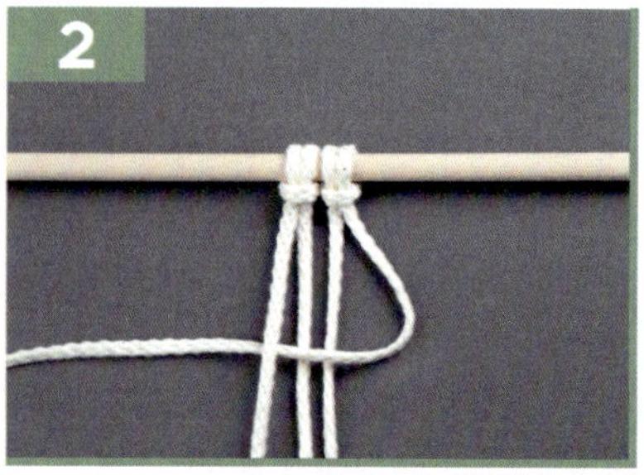

3a
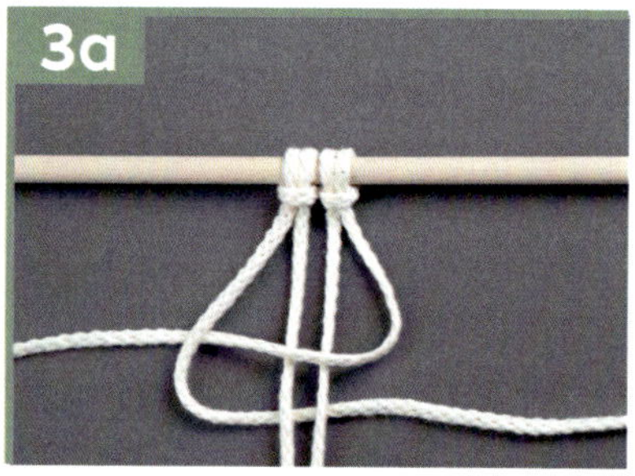

3b
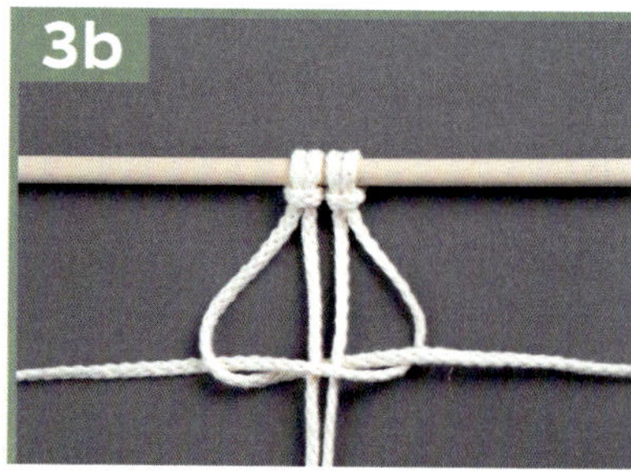

4a
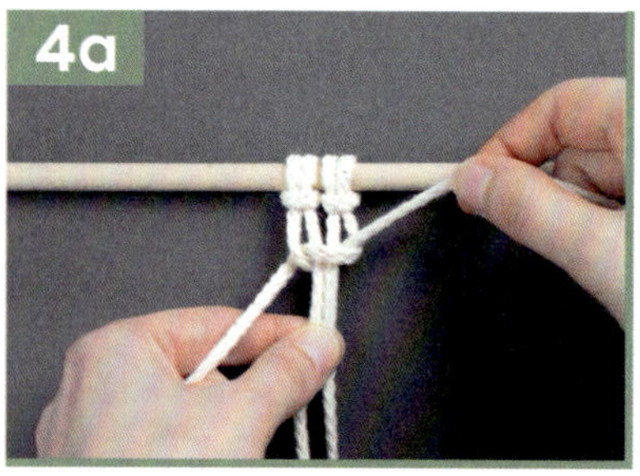

4b
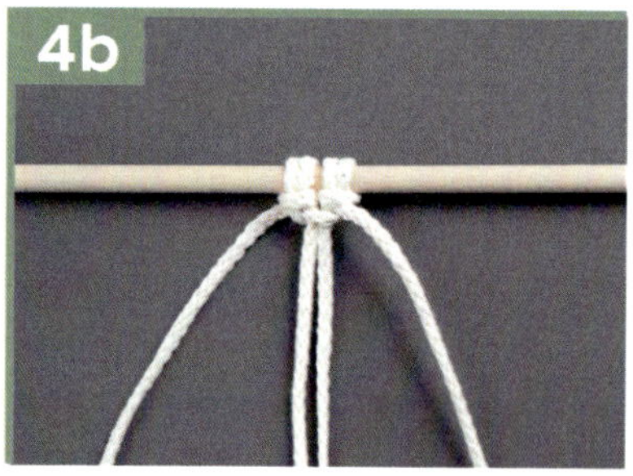

5
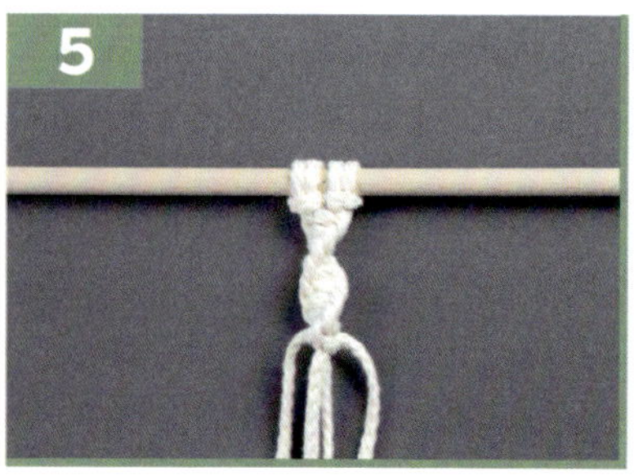

1 Legen Sie den rechten Arbeitsfaden nach links über die beiden Trägerfäden.

2 Nun legen Sie den linken Arbeitsfaden über den rechten Arbeitsfaden.

3 Führen Sie den linken Arbeitsfaden unter die beiden Trägerfäden und durch den Zwischenraum des rechten Arbeitsfadens und der Trägerfäden nach vorne.

4 Ziehen Sie die beiden Arbeitsfäden senkrecht zu den Trägerfäden fest.

5 Mehrere Wellenknoten untereinander ergeben einen gedrehten Strang. Schieben Sie die Knoten immer wieder entlang der Trägerfäden zusammen, damit Sie einen einheitlichen Strang erhalten.
Je nachdem wie sehr Sie den Strang entlang der Trägerfäden zusammenschieben, verändert sich der Grad der Drehung des Strangs.

Kreuzknoten (links gelegt)

(auch Weberknoten)

Engl. Square Knot

Ein Kreuzknoten wird beim Makramee klassisch mit vier Fäden geknotet. Die beiden mittleren Fäden sind dabei die Trägerfäden. Diese sind passiv und es wird um sie herum geknotet. Die beiden äußeren Fäden sind Arbeitsfäden, mit ihnen wird aktiv geknotet.

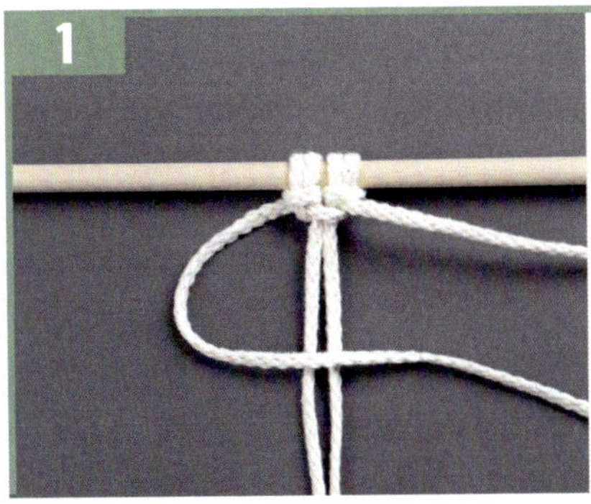

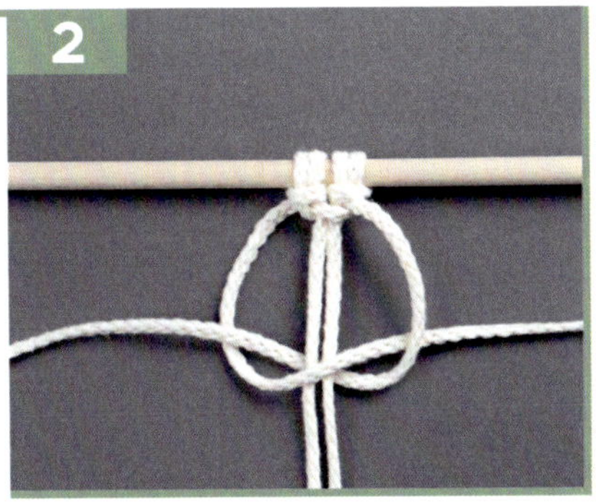

1 Knoten Sie den Wellenknoten als ersten Teil des Kreuzknotens. Wiederholen Sie die Schritte spiegelverkehrt. Dazu legen Sie den linken Arbeitsfaden nach rechts über die beiden Trager-fäden.

2 Den rechten Arbeitsfaden nun über den linken Arbeitsfaden legen und diesen dann unter die beiden Trägerfäden durch den Zwischenraum des linken Arbeitsfadens sowie der Trägerfäden nach vorne führen.

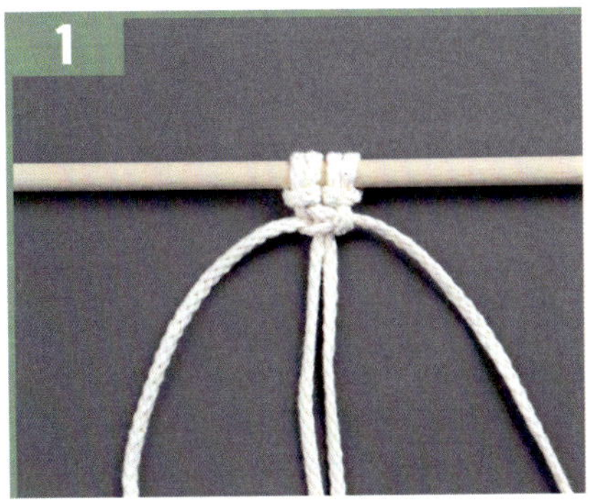

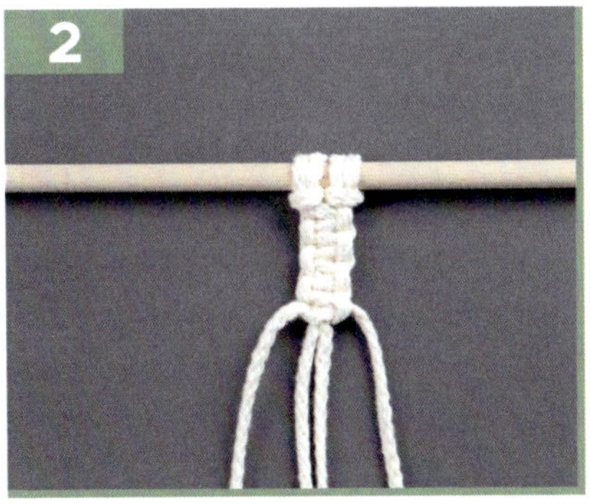

3 Ziehen Sie den zweiten Teil des Kreuzknotens fest.

4 Mehrere Kreuzknoten untereinander geknotet ergeben einen glatten, gleichmäßigen Strang. Um ein gleichmäßiges Knotenbild zu erhalten, schieben Sie die einzelnen Knoten immer wieder entlang des Trägerfadens nach oben. Es sollte nur wenig von den Trägerfäden zu sehen sein.

Tipps & Tricks

+ Vor allem wenn man einen Strang aus mehreren Kreuzknoten untereinander knotet, kann es schnell passieren, dass man den Überblick verliert und nicht mehr weiß, mit welchem Faden man nun beim Knoten beginnen soll. Beginnen Sie immer mit dem Faden, der auf der Seite mit der senkrecht verlaufenden Schlaufe liegt.

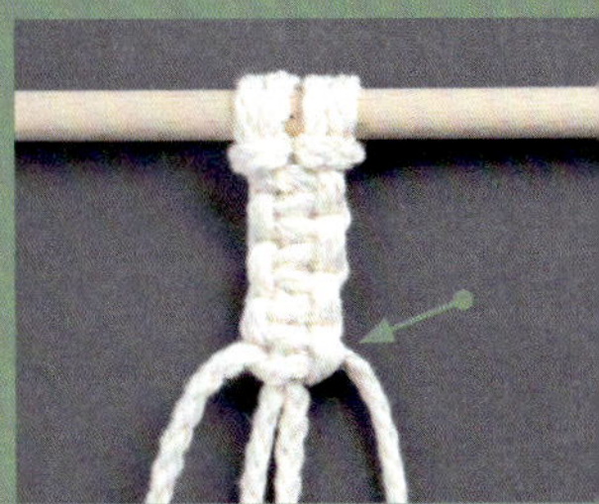

Großer Kreuzknoten

Ein Kreuzknoten muss nicht zwangsläufig mit zwei Trägerfäden geknotet werden. Es sind auch weniger und deutlich mehr Trägerfäden möglich. Je mehr Trägerfäden für einen Kreuzknoten genutzt werden, desto größer erscheint der Knoten.

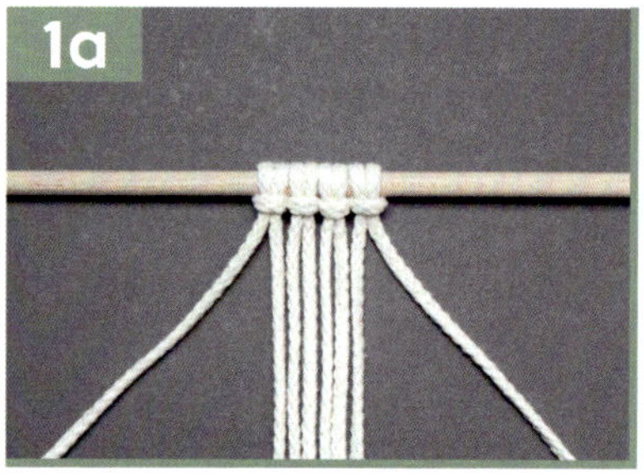

1a

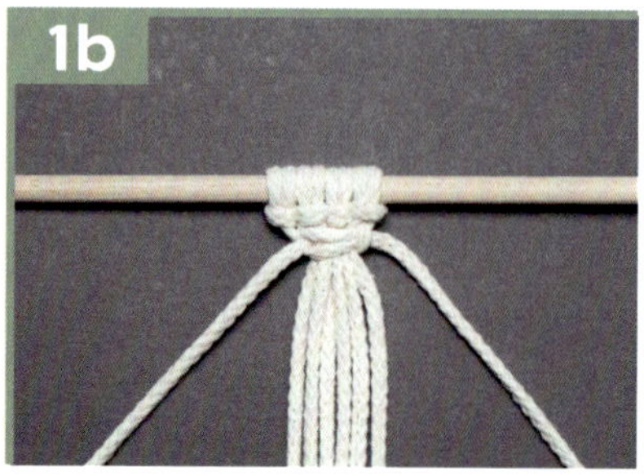

1b

1 Mit den äußeren beiden Strängen als Arbeitsfäden einen Kreuzknoten um die sechs Trägerfäden in der Mitte knoten.

Kreuzknoten mit wechselnden Arbeitsfäden

Ein Kreuzknoten muss nicht immer mit jeweils einem Arbeitsfaden auf beiden Seiten geknotet werden. Hier sind ebenfalls Variationen möglich, um ein unterschiedliches Erscheinungsbild zu erhalten.

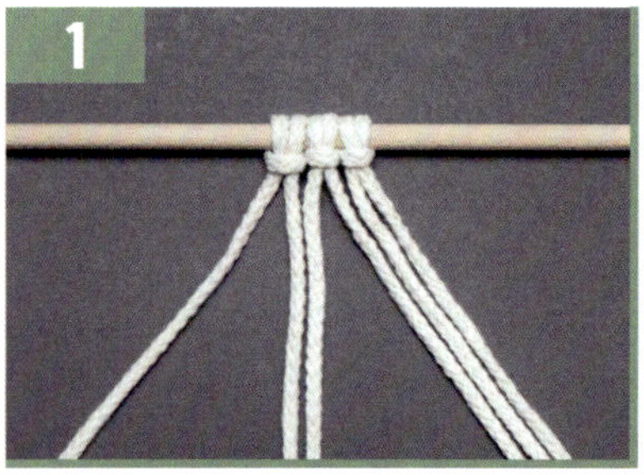

1

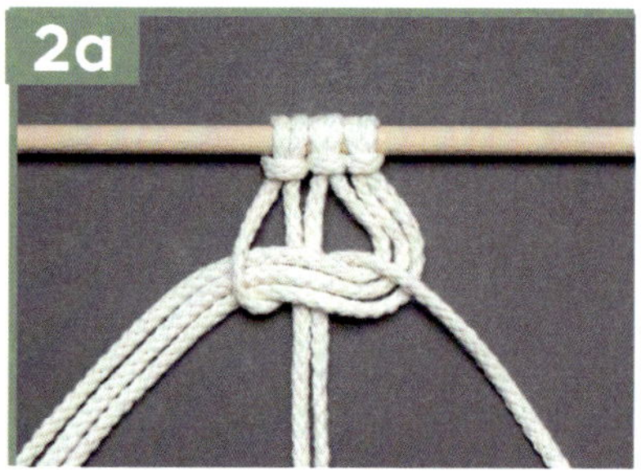

2a

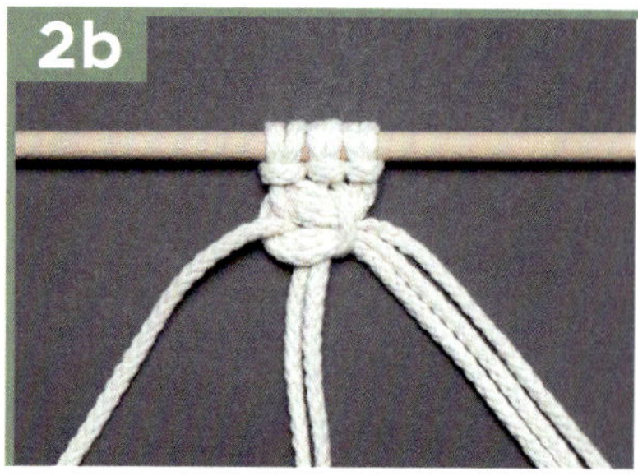

2b

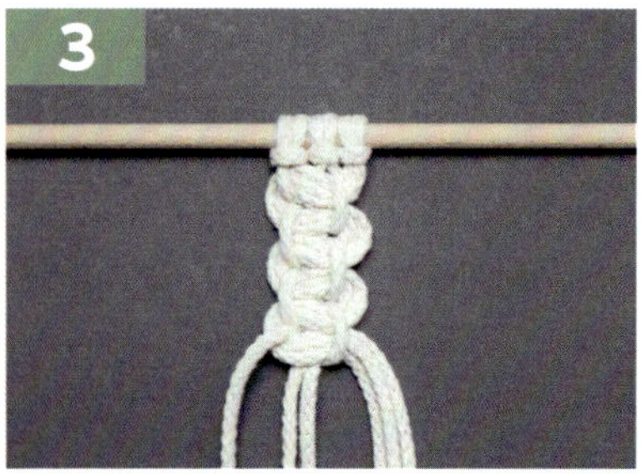

3

1 Arbeiten Sie für diesen Kreuzknoten mit sechs Strängen. Befestigen Sie dazu drei Fäden mit einem Ankerknoten am Trägermedium. Anschließend werden die Fäden wie folgt aufgeteilt (von links nach rechts): 1x Arbeitsfaden, 2x Trägerfäden, 3x Arbeitsfäden.

2 Knoten Sie nun mit dem einen linken Arbeitsfaden und den drei rechten Arbeitsfäden einen Kreuzknoten um die beiden Trägerfäden.

3 Wenn Sie mehrere dieser Kreuzknoten untereinander knoten, entsteht ein Strang mit einem wellenförmigen Muster.

Kreuzknoten mit Schlaufen knoten

Kreuzknoten können, wie die anderen Knoten auch, entlang des Trägermediums verschoben werden. Diese Eigenschaft kann ausgenutzt werden, um zwischen untereinander geknoteten Kreuzknoten Schlaufen zu erzeugen, die als Musterelemente genutzt werden können.

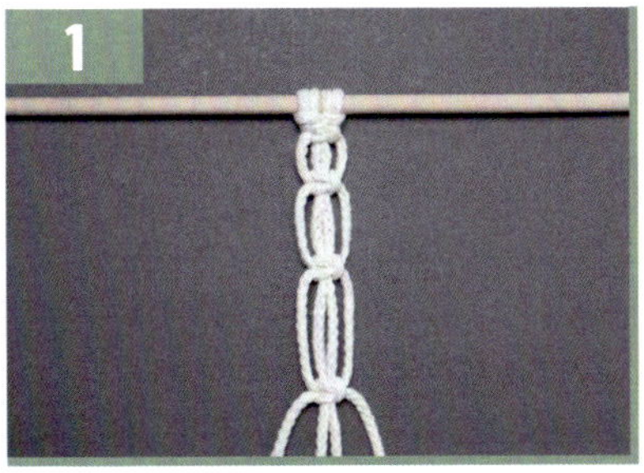
1

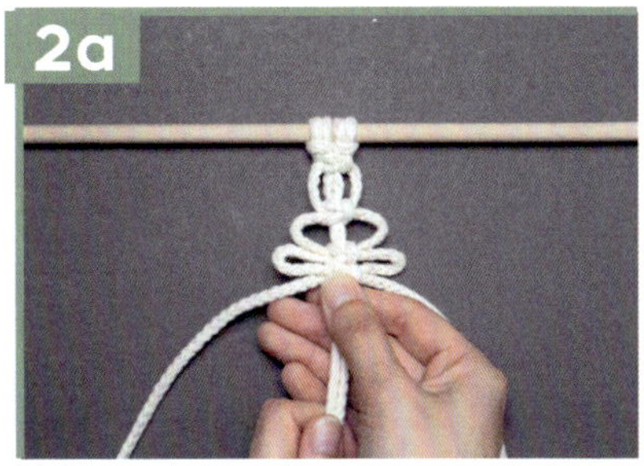
2a

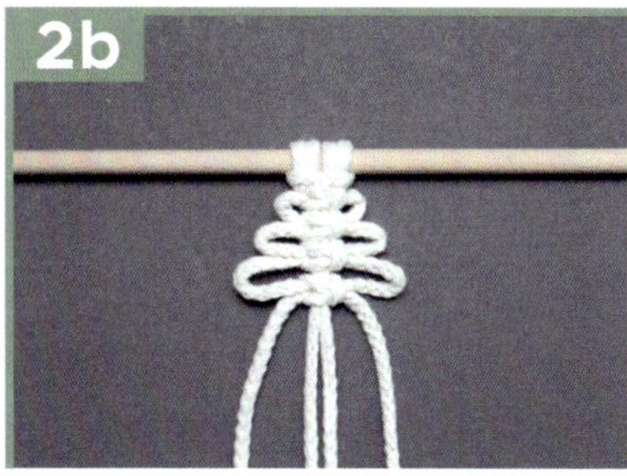
2b

1 Knoten Sie untereinander geknotete Kreuzknoten in einem Abstand zueinander. Je größer der Abstand zwischen den einzelnen Kreuzknoten ist, desto größer wird später auch die Schlaufe.

2 Nun die Kreuzknoten entlang des Trägermediums nach oben bzw. zusammenschieben. Dadurch sind nun auf beiden Seiten Schlaufen (Frz.: »Picots«) entstanden.

Faden befestigen mit einem Kreuzknoten

Es ist nicht nur möglich, einen Kreuzknoten mit schon vorhandenen oder befestigten Strängen zu knoten. Ein neuer Faden kann auch mit einem Kreuzknoten befestigt werden. Dabei ist es egal, an welchem Trägermedium der Faden befestigt wird. Er kann mit dieser Technik an anderen Strängen, Ringen, Holzstäben oder Drähten befestigt werden.

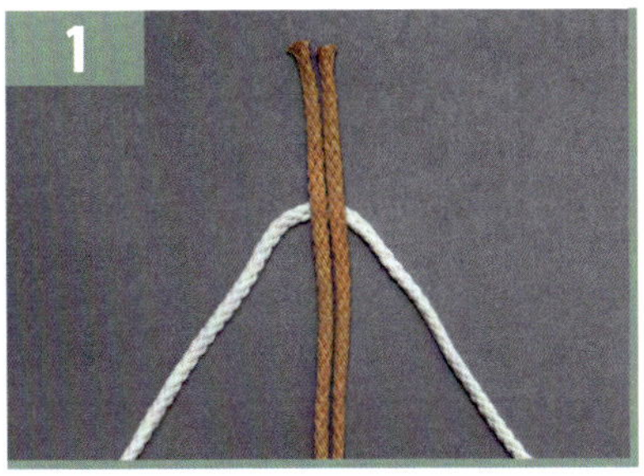
1

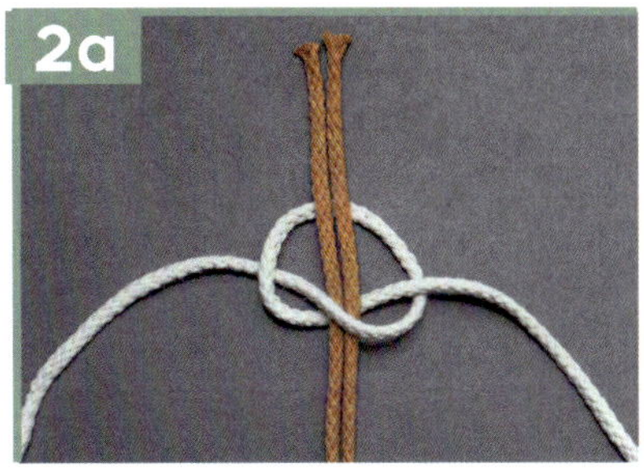
2a

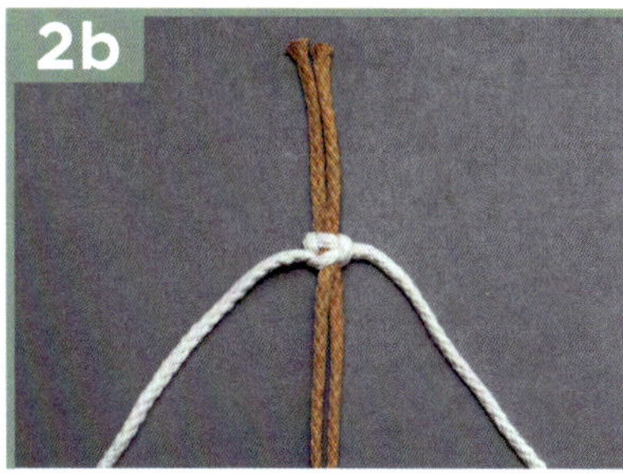
2b

1 Legen Sie den Faden, der befestigt werden soll, mittig unter das Trägermedium (hier die beiden honigfarbenen Fäden).

2 Das Trägermedium dient nun als Trägerfäden und die beiden Enden des Fadens als Arbeitsfäden. Knoten Sie mit den beiden Enden einen Kreuzknoten. Tipp: Nehmen Sie hier gerne eine Korkunterlage o.Ä., um den zu befestigenden Faden mittig mit einer Stecknadel zu fixieren. Das vereinfacht das Knoten.

Beerenknoten

Engl. Berryknot

Der Beerenknoten ist eine Variation des Kreuzknotens und gibt einem Muster eine dreidimensionale Komponente. Achtung: Den Beerenknoten können Sie nicht entlang der Trägerfäden verschieben wie die anderen Knoten.

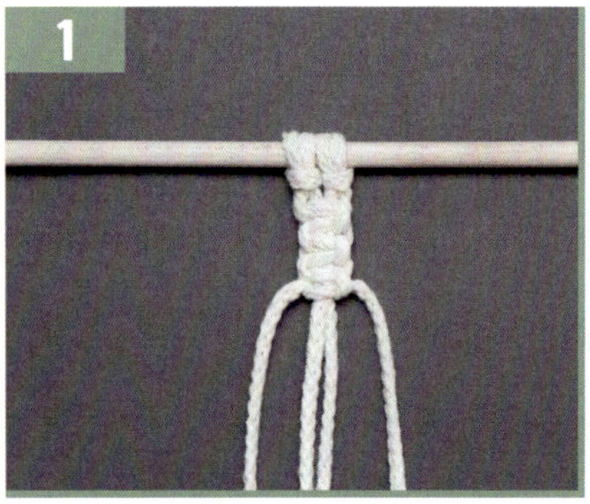

1 Knoten Sie drei Kreuzknoten untereinander. Setzen Sie dabei den ersten Kreuzknoten in einem kleinen Abstand von ca. 0,5 cm zum Trägermedium (hier der Holzstab).

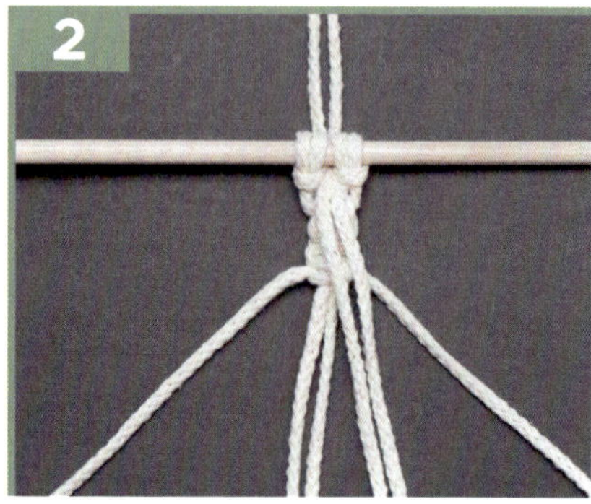

2 Die beiden Trägerfäden von vorne mittig durch den kleinen Zwischenraum zwischen Trägermedium und ersten Kreuzknoten führen.

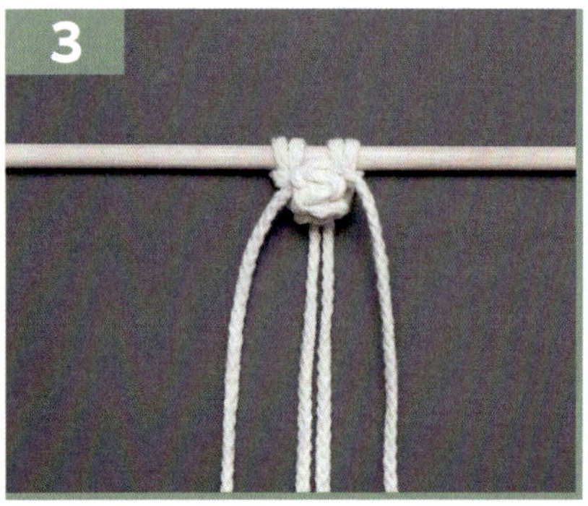

3 Ziehen Sie die Trägerfäden nach unten, sodass wieder vier Stränge vor Ihnen liegen. Der Beerenknoten zeigt nun schon seine rundliche Form.

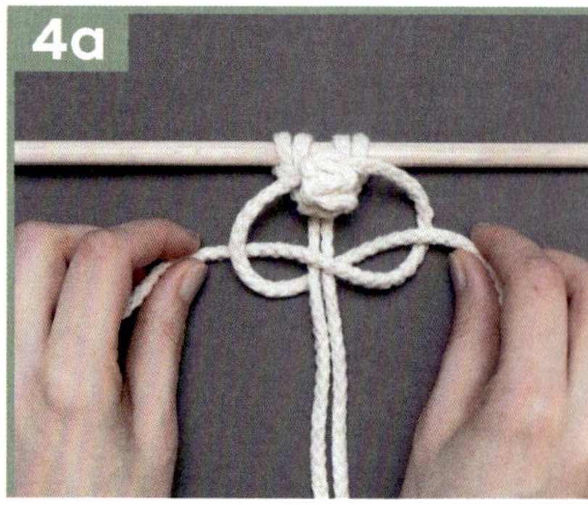

4 Um den Beerenknoten zu fixieren, einen weiteren Kreuzknoten knoten.

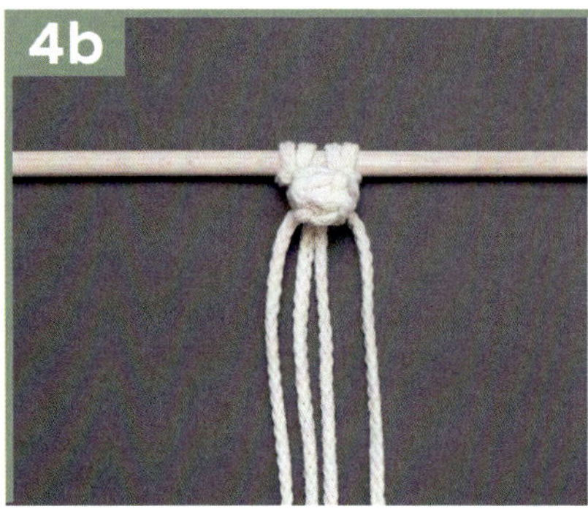

Rippenknoten

(auch Webeleinstek)

Engl. Double Half Hitch

Mehrere Rippenknoten nebeneinander geknotet ähneln einer Rippe. Beim Rippenknoten werden mehrere Arbeitsfäden mit jeweils zwei halben Schlägen entlang eines Trägerfadens geknotet, um eine Rippe zu erhalten. Man unterscheidet den rechts und links geknüpften Rippenknoten. Sie unterscheiden sich dahingehend, dass beim rechts geknüpften Rippenknoten die Arbeitsfäden nach rechts gehend und beim links geknüpften Rippenknoten nach links gehend über den Trägerfaden gelegt werden. Wird Ihre Rippe also von links nach rechts geknotet, handelt es sich um den rechts geknüpften Rippenknoten, wird sie von rechts nach links geknotet, handelt es sich um den links geknüpften Rippenknoten.

Links geknüpft

Rechts geknüpft

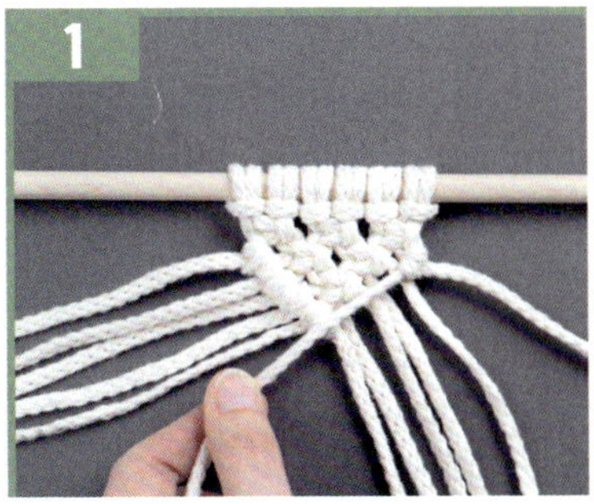

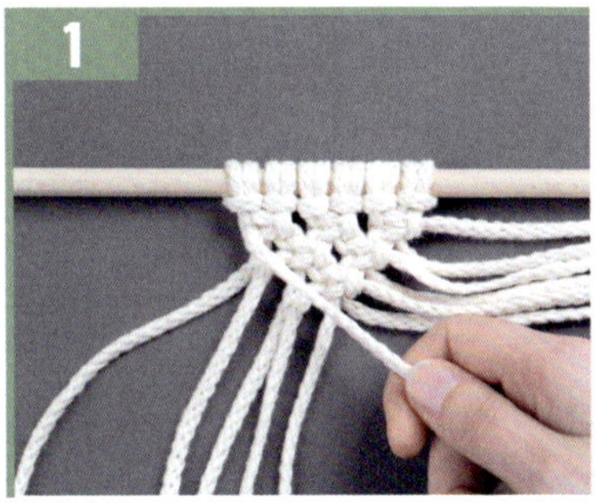

1 Halten Sie den Trägerfaden über die Arbeitsfäden straff in die Richtung, in die die Rippe verlaufen soll. Ziehen Sie den Knoten nur mit der anderen Hand fest, während Sie den Trägerfaden die ganze Zeit straff halten.

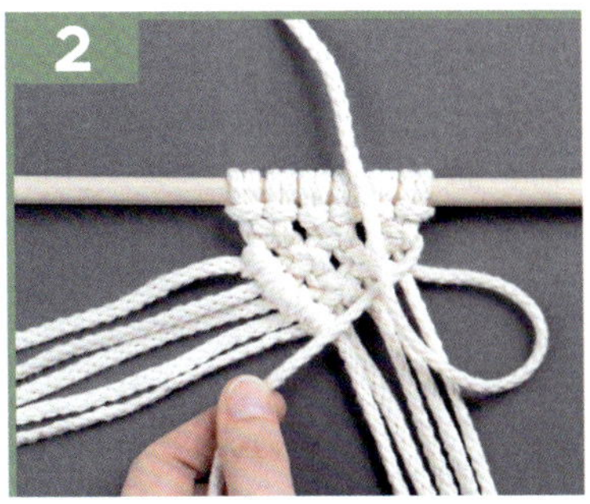

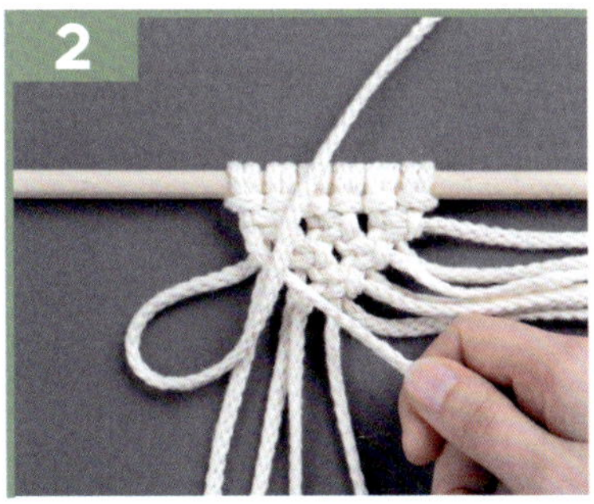

2 Legen Sie den ersten Arbeitsfaden locker über den Trägerfaden.

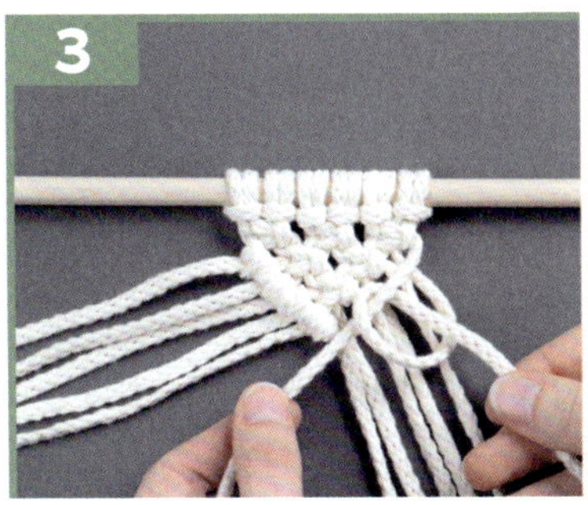

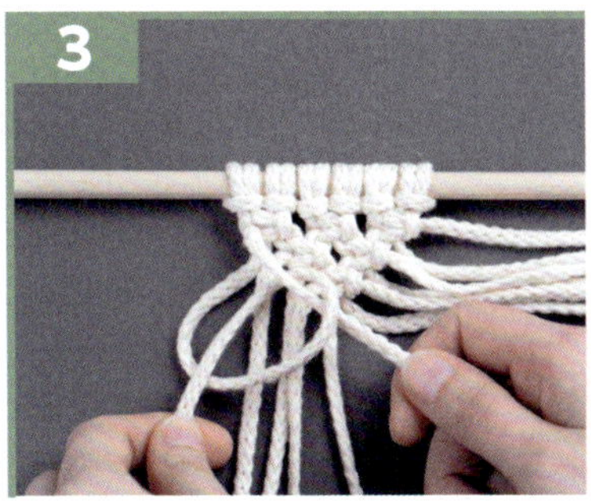

3 Führen Sie nun den Arbeitsfaden unter den Trägerfaden durch die eigene Schlaufe. Ziehen Sie den ersten halben Schlag entlang des Trägerfadens fest. Der erste halbe Schlag entscheidet über die Position des Knotens. Soll die Rippe direkt entlang der Knotenreihe zuvor geknotet werden, ziehen Sie den ersten halben Schlag fest, bis er direkt an der Knotenreihe davor liegt. Möchten Sie mehr Abstand, so ziehen Sie den ersten halben Schlag nur so weit fest, dass er im gewünschten Abstand zur Knotenreihe davor liegt.

Tipps & Tricks

✦ Sie sind sicher, dass Sie den Rippenknoten richtig geknotet haben, aber er sieht nicht so aus, wie er aussehen soll? Es kann sein, dass Sie den Knoten zwar richtig geknotet, aber falsch festgezogen haben. Ziehen Sie dann am Trägerfaden, springt die Schlaufe des halben Schlags wieder an die richtige Stelle.

Links geknüpft

Rechts geknüpft

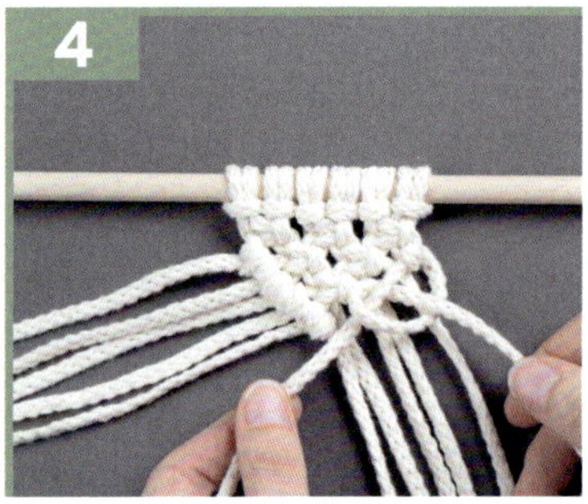

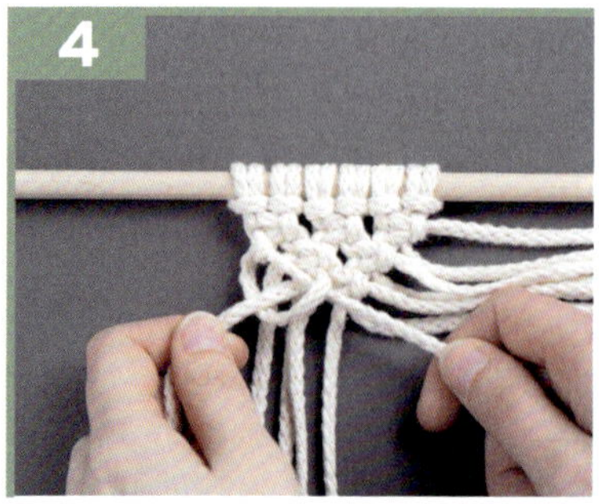

4 Für den zweiten halben Schlag werden Schritt 2-3 wiederholt.

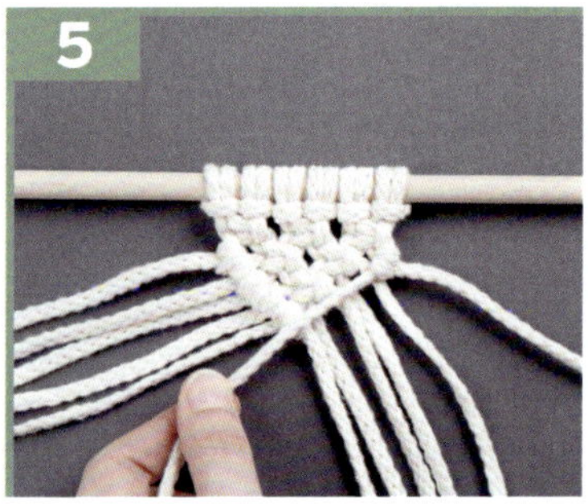

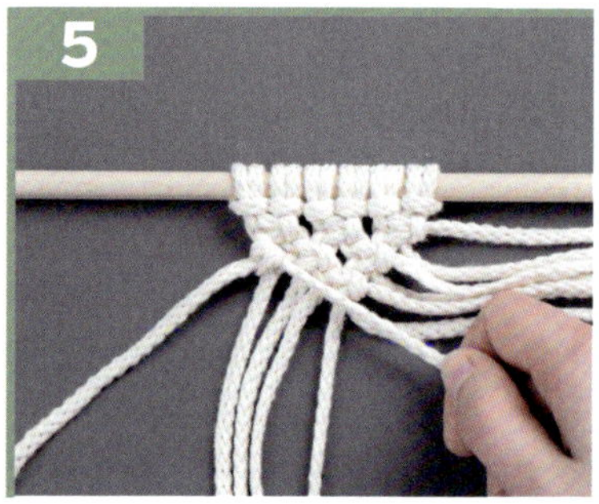

5 Ziehen Sie den zweiten Umschlag fest. Der zweite halbe Schlag fixiert den Rippenknoten.

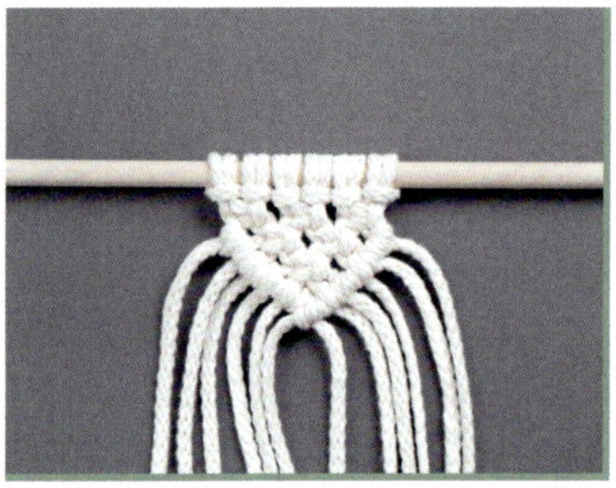

Wickelknoten

Engl. Gathering Knot oder Wrapping Knot

Mit dem Wickelknoten werden mehrere Stränge zusammengehalten.

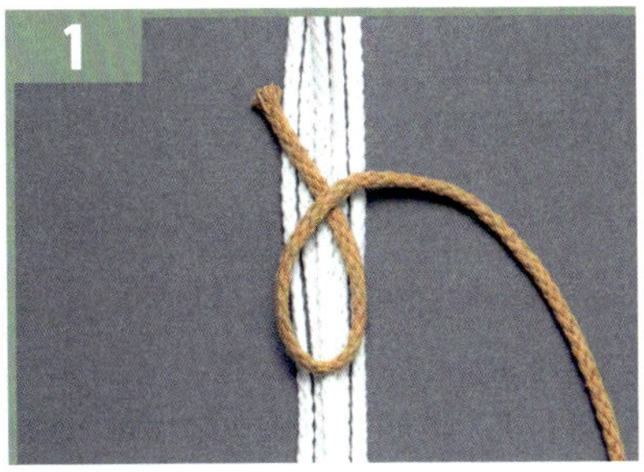

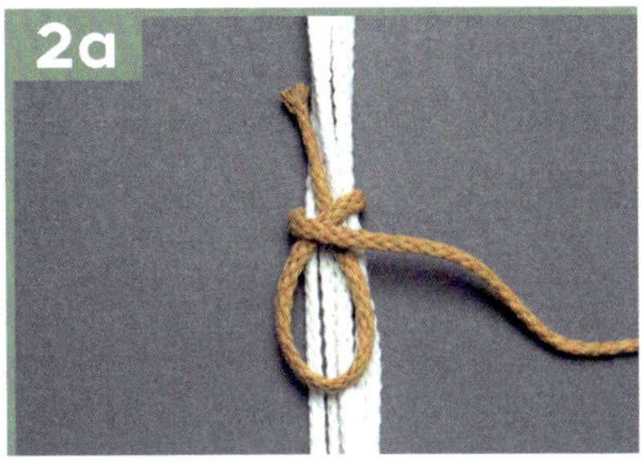

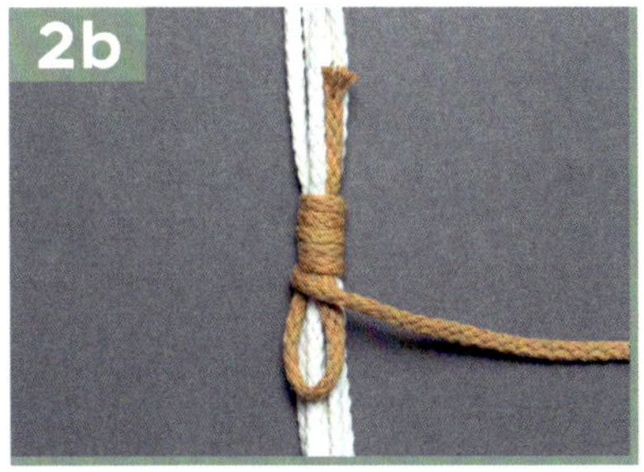

1 Legen Sie das Fadenende eines extra Fadens nach oben auf die Stränge, die zusammengehalten werden sollen und führen Sie das andere Ende so nach oben, dass eine Schlaufe entsteht. Wenn es eine Vorder- und Rückseite gibt, legen Sie den zusätzlichen Faden auf der Rückseite auf alle Stränge.

2 Wickeln Sie das lange Ende straff um alle Stränge sowie um das eigene kurze Ende. Das lange Ende wickeln Sie nun mehrfach eng um alle Stränge und die Schlaufe, sodass immer weniger von der Schlaufe zu sehen ist.

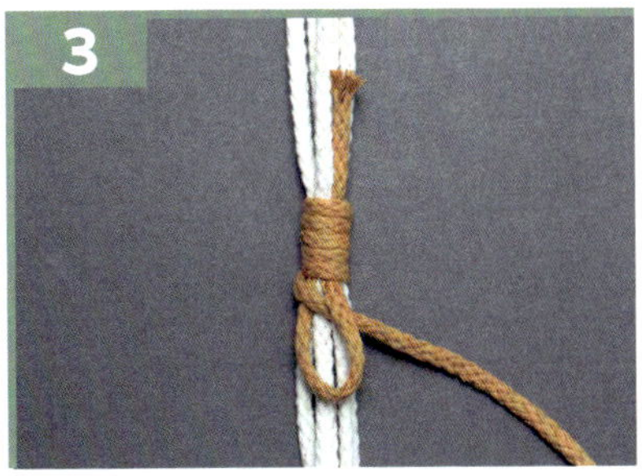

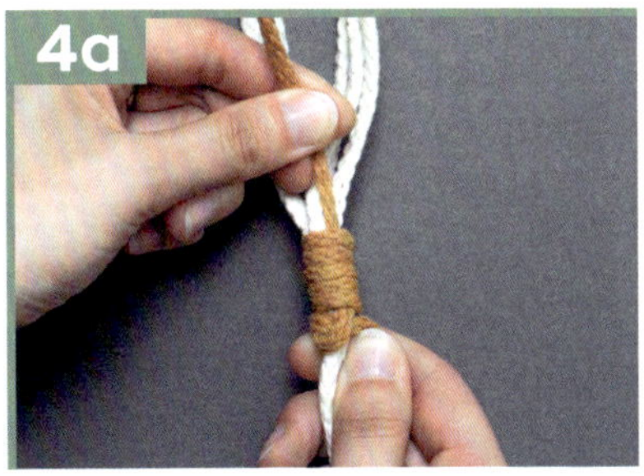

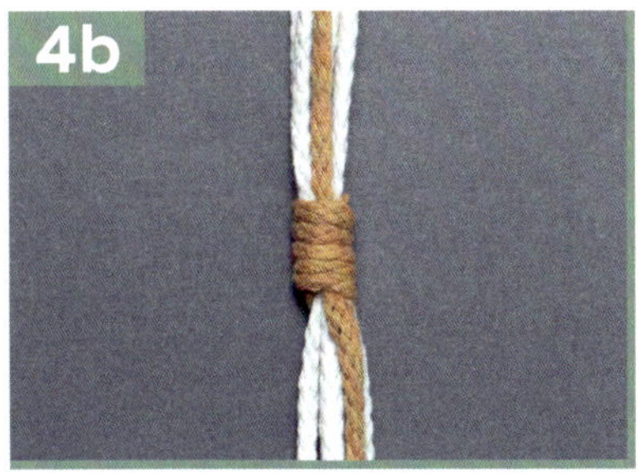

3 Wenn der Faden zu kurz wird oder Sie finden, dass Sie genug umwickelt haben, führen Sie das Ende, mit dem Sie die ganze Zeit umwickelt haben, durch die Schlaufe.

4 Ziehen Sie an dem oberen Fadenende, um die Schlaufe zuzuziehen, sodass der durchgeführte Faden und die Schlaufe unter dem Umwickelten verschwinden. Wichtig: Ziehen Sie nicht so stark, dass Sie die Schlaufe oben hervorziehen. Die Schlaufe sollte etwa auf der Hälfte unter dem Umwickelten liegen.

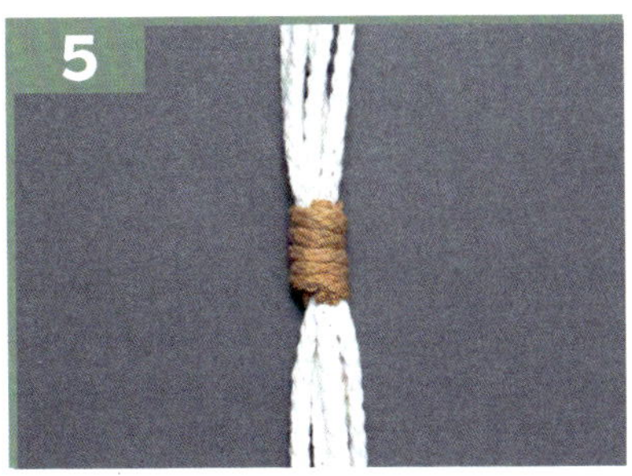

5 Schneiden Sie beide Enden bündig zum Wickelknoten ab.

Tipps & Tricks

+ Mit farbigem Garn können Sie schöne Akzente setzen.

Tipps & Tricks

Knot-Hilfen

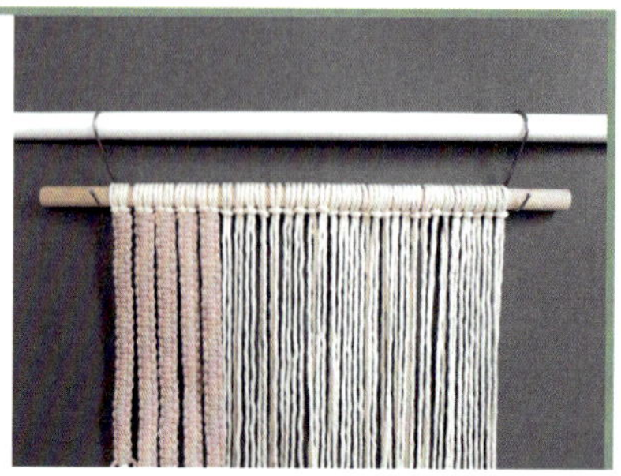

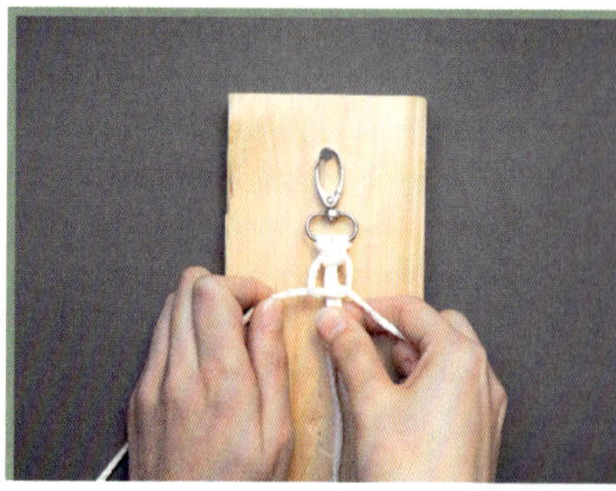

Es gibt verschiedene Möglichkeiten, Ihr Makramee-Projekt zum Knoten zu befestigen, damit Sie genügend Widerstand beim Knoten haben.
Sie können einen Holzstab, Ast oder Ring mit Kreppklebeband auf den Tisch kleben oder mithilfe von S-Haken an einer Kleiderstange, Schrank oder Tür hängen.
Vor allem bei kleineren Makramee-Projekten bietet es sich an, bei Ringen oder Karabinern eine Konstruktion aus einem Holzbrett und einem Nagel anzufertigen.
So können Sie den Ring oder Karabiner an den Nagel hängen und diesen als Widerstand nutzen.

Mit langen Strängen knoten

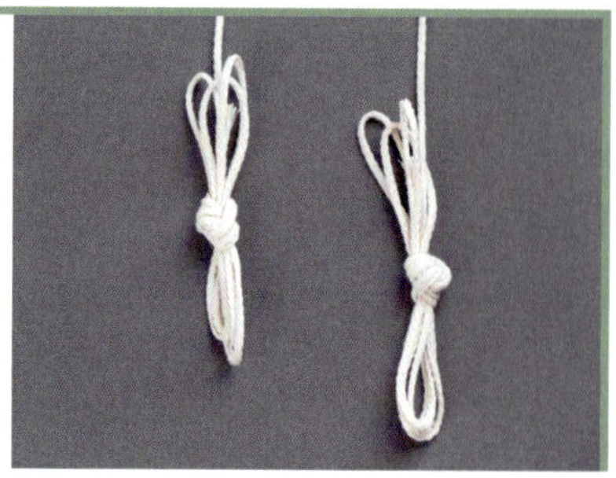

Wenn zu lange Stränge beim Knoten stören, gibt es eine einfache Möglichkeit, sie zu kürzen. Legen Sie dazu die Strangenden unten mehrfach zusammen und setzen Sie einen Knoten oder binden Sie die Enden mit einem Gummi zusammen.

Garnreste verwerten

Es lohnt sich, Garnreste ab 20 cm aufzuheben. Sie können diese für andere Makramee-Projekte verwenden, z. B. zum Aufhängen eines Wandbehangs, als Fransen, für die Wickelknoten, Tasseln oder kleinere Projekte.

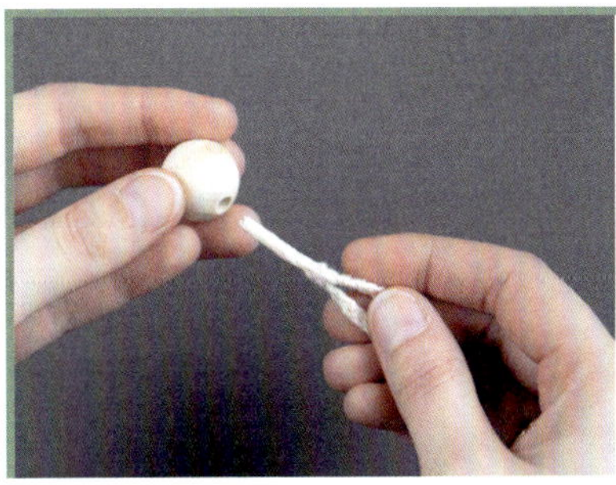

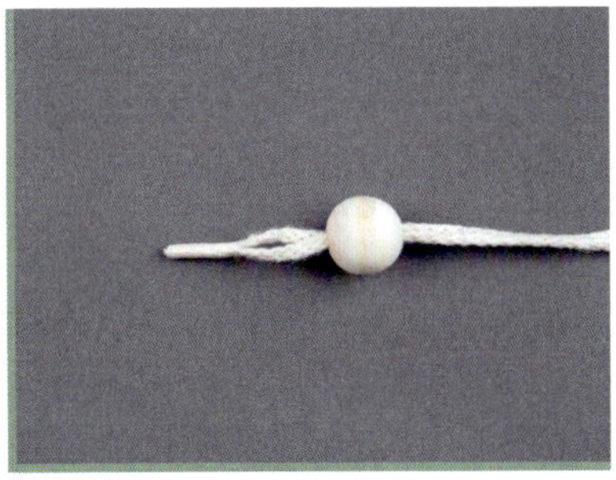

Perlen auffädeln

Perlen und Kugeln auffädeln kann eine Herausforderung sein, je nachdem wie dick das Garn ist und auf wie viele Stränge man die Perle auffädeln möchte. Kleben Sie den unteren Teil des Strangs eng mit wenig Kreppklebeband ab. Wenn Sie die Perle auf zwei Stränge auffädeln möchten, kleben Sie beide Stränge zusammen ab. Mit einer Drehbewegung bekommt man die abgeklebten Stränge noch einfacher durch das Perlenloch.

Äste vorbereiten

Möchten Sie an gesammelten Ästen knoten, legen Sie diese unter Beobachtung bei ca. 70–80 °C in den Ofen, damit sie trocknen können und mögliches Ungeziefer abstirbt. Klemmen Sie einen Holzlöffel in die Ofentür, damit die Feuchtigkeit abziehen kann. Holen Sie die Äste raus, wenn sie durchgetrocknet sind. Vor dem Knoten bietet es sich an, die Äste von Rinde zu befreien und abzuschleifen z. B. mit einem Multifunktionswerkzeug oder per Hand mit Schmirgelpapier. Zum Schutz der Atemwege beim Schleifen immer eine Staubschutzmaske tragen.

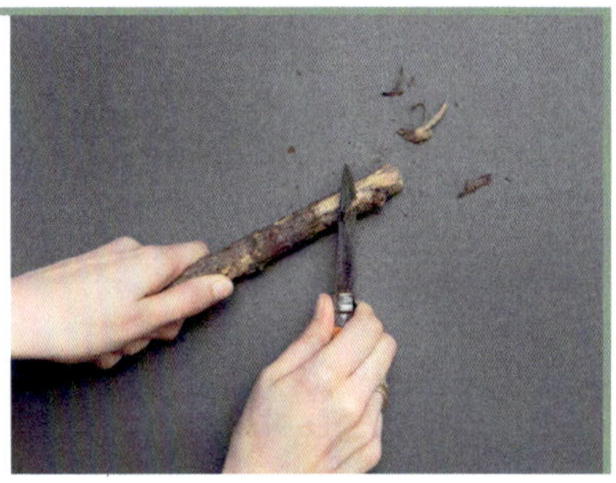

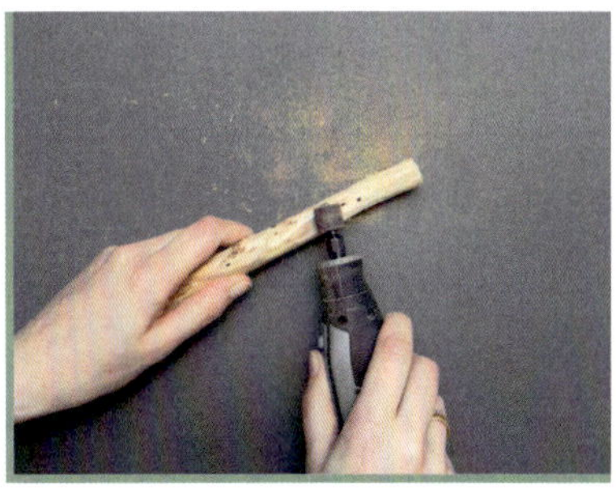

Auskämmen von Fransen

Vor allem kürzer zugeschnittene Stränge werden gerne ausgekämmt. Vor allem bei geflochtenem Garn ist das gar nicht so einfach. Aber selbst diese Garne lassen sich relativ einfach mit einer Tierhaarbürste mit feinen Metallborsten aufkämmen. Zusätzlich ist der Einsatz einer Nadel oder eines anderen spitzen Gegenstands sinnvoll, um hartnäckigere Stellen aufzudröseln. Vor allem geflochtene Garne, aber auch gezwirnte Garne neigen dazu, etwas kraus oder wellig zu sein, nach dem Auskämmen. Um dem entgegenzuwirken, besprühen Sie die ausgekämmten Enden mit Wasser und kämmen Sie die Fasern anschließend glatt.

Garnlängen berechnen

Beim Planen und Anfertigen eigener Projekte, ist es wichtig zu wissen, wie viel Garn benötigt wird.
Jeder Knoten benötigt unterschiedlich viel Fadenlänge. Doch nicht nur der Knoten, auch das verwendete Garn selbst und wie fest geknotet wird, haben Einfluss auf den Garnverbrauch. Daher ist es schwer, eine allgemeine Formel aufzustellen. Trotzdem gibt es Richtwerte, die Sie nutzen können.
Im ersten Schritt ist es wichtig, zu berücksichtigen, ob die Fäden mit einem Ankerknoten befestigt werden, oder nicht. Beim Befestigen mit dem Ankerknoten werden die Fadenlängen halbiert, daher müssen die berechneten Garnlängen in dem Fall immer verdoppelt bzw. mit zwei multipliziert werden.
Im zweiten Schritt wird analysiert, welche Knoten für das Muster verwendet werden und wie viel Garn für die einzelnen Knoten verbraucht wird. Dabei gibt es Richtwerte, die man für die Knoten verwenden kann. Achtung: Es sollte, aus den oben genannten Gründen, grundsätzlich auch immer ein Puffer eingerechnet werden. Hier gilt: je größer das Projekt, desto größer sollte der Puffer sein.
Im Folgenden teile ich die Multiplikatoren zur Berechnung der Garnlängen für einzelne Knoten mit Ihnen:

- Muster aus Kreuzknoten: Musterlänge x 4
- Muster aus Rippenknoten: Musterlänge x 5
- Muster aus Wellenknoten: Musterlänge x 6

Achtung: Diese Werte gelten für geschlossene Muster ohne viel Freiräume. Dies ist nur der Garnverbrauch für das geknotete Muster. Möchten Sie herunterhängende Fransen haben oder die Enden zu einer Tassel binden., sollten Sie diese Längen dazurechnen. Sollten Sie ein Muster mit viel Freiräumen knoten, kann der Multiplikator niedriger angesetzt werden, da bei Freiräumen im Muster nur die Länge des Freiraums selbst ‚verbraucht' wird und nicht zusätzlich Garnlänge für einen Knoten.
Zudem sollten Sie darauf achten, dass der Multiplikator erhöht werden muss, wenn das Trägermedium dicker als üblich ist (z.B. mehr als zwei Fäden beim Kreuz- oder Wellenknoten), da dann auch mehr Garn für den Knoten verbraucht wird.
Diese Werte gelten für Muster, die nur aus einer Knotenart bestehen, doch viele Muster sind eine Kombination verschiedener Knoten. Hier empfehle ich als Berechnungsgrundlage immer den Multiplikator des Knotens mit dem höchsten Multiplikator zu nehmen.

Beispielrechnung:

Projekt: Schlüsselanhänger aus Kreuzknoten
Länge Kreuzknotenstrang: 6 cm
Gesamte Länge Schlüsselanhänger: 10,5 cm
(Differenz zum Muster: 10,5 cm-6 cm = 4,5 cm; diese 4,5 cm sind ungeknotete Bereiche, die trotzdem berücksichtig werden müssen)

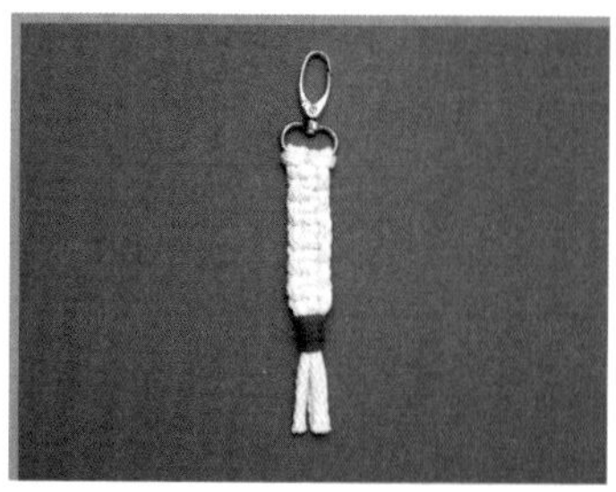

Multiplikator Kreuzknoten-Muster: 4
6 cm x 4 + 4,5 cm = 28,5 cm + 10 cm (Puffer) =
38,5 cm x 2 (Ankerknoten) = 77 cm
Für dieses Projekt würde ich zwei Fäden mit je 80 cm zuschneiden.

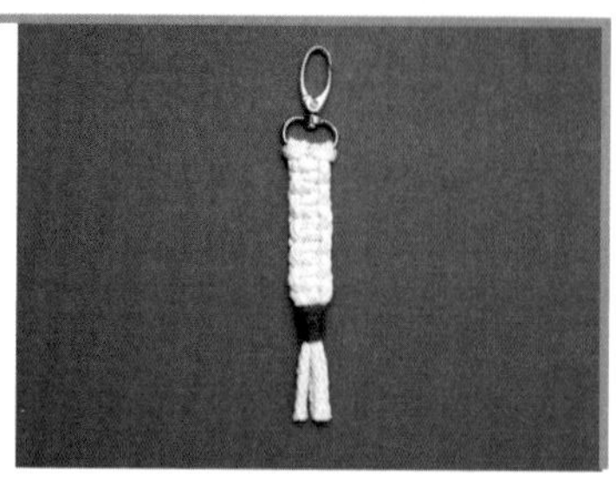

Ziel der Berechnungen ist es, am Ende nicht zu wenig Garn zu haben. Das bedeutet aber auch, dass bei diesen Berechnungen tendenziell mehr Garn zugeschnitten als benötigt wird. Um Garn zu sparen, rate ich Ihnen daher aufzuschreiben, wie viel Garn Sie verbraucht haben, wenn Sie die Projekte später erneut knoten möchten.
Dazu nehmen Sie das kürzeste Garnende und messen aus, wie viel kürzer es hätte sein dürfen. Diesen Wert multiplizieren Sie mit zwei wegen der Halbierung durch den Ankerknoten. Die errechnete Länge nach der Multiplikation ziehen Sie nun von der ursprünglichen Garnlänge ab. Nun haben Sie die korrekte Garnlänge für Ihr Projekt.

Zu kurzes Garn - Was tun?

Sollte das Garn trotzdem zu kurz werden, gibt es verschiedene Möglichkeiten, Fäden in ein Muster einzuarbeiten, um so die Fäden künstlich zu verlängern. Diese Möglichkeiten sind aber nicht immer die beste Wahl. Manchmal hilft leider nur, von vorne zu beginnen und längere Fäden zu nutzen.
Wird das Garn in einem Rippenknoten-Muster zu kurz, kann der Rippenknoten mit dem von hinten geknoteten Ankerknoten imitiert werden, wie auf Seite 45 beschrieben. Diese Technik eignet sich allerdings nur, wenn einzelne Stränge zu kurz werden und nicht mehrere nebeneinanderliegende auf einmal. Die zu kurzen Stränge können dann auf der Rückseite mit Textilkleber fixiert oder mit einer Nadel vernäht werden.
Sollte Ihr Garn bei einem Kreuzknoten-Strang zu kurz werden gehen Sie wie folgt vor:

Hinweis

» Wenn Sie neues Garn in einem Muster aus versetzten Kreuzknoten befestigen möchten, gehen Sie vor wie beim klassischen Befestigen eines neuen Fadens als Kreuzknoten (s. Seite 25). Auch hier die zu kurzen Fäden auf der Rückseite vernähen.

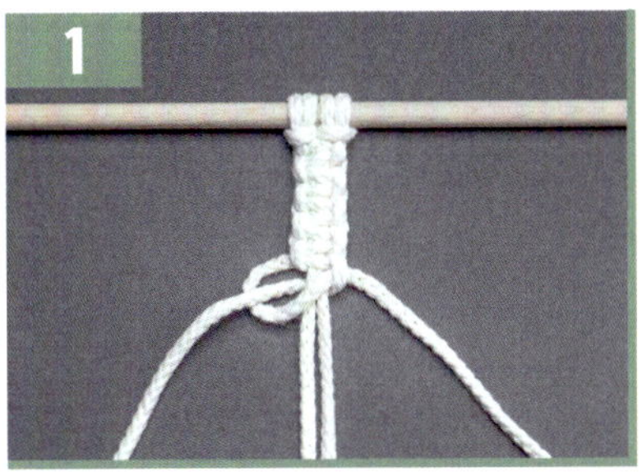

1 Lockern Sie den letzten Kreuzknoten etwas.

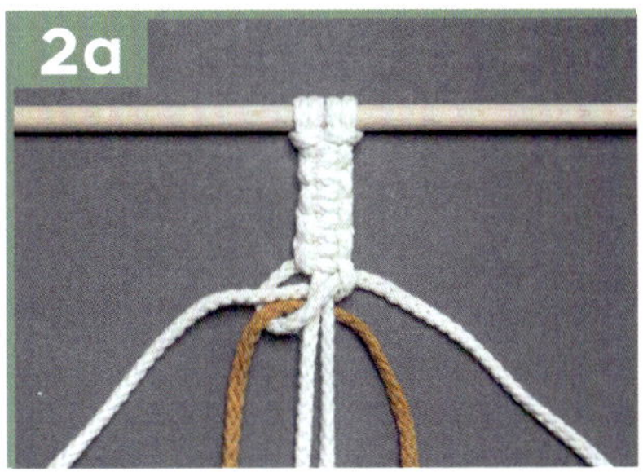

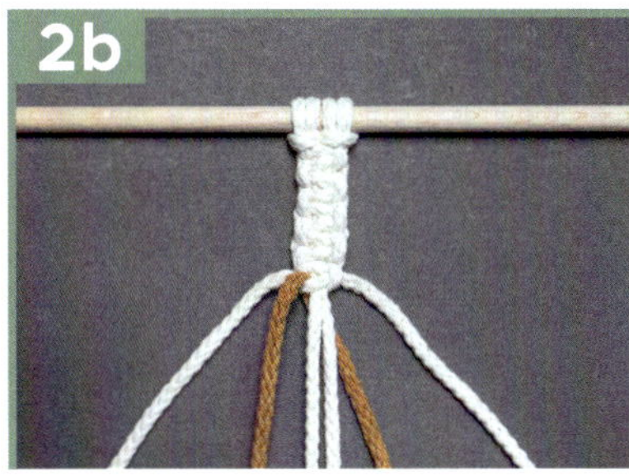

2 Einen neuen Faden bis zur Mitte durch die Schlaufe des letzten Kreuzknotens ziehen.

Anschließend den gelockerten Kreuzknoten wieder festziehen.

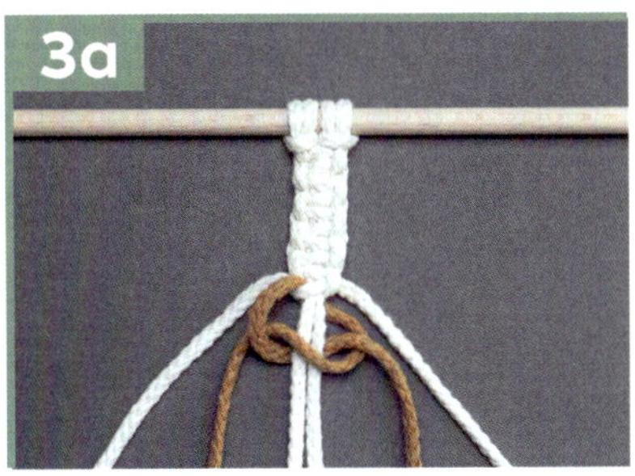

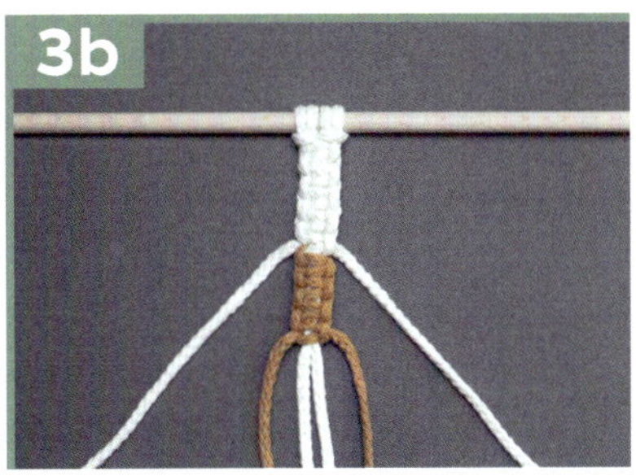

3 Die beiden Arbeitsfäden des letzten Kreuzknotens weglegen. Die neuen Enden dienen nun als Arbeitsfäden. Knoten Sie damit nun die nächsten Kreuzknoten.

4 Die beiden weggelegten Arbeitsfäden werden zum Schluss auf der Rückseite vernäht. Achten Sie deshalb darauf, dass sie nicht zu kurz sind.

IDEENINSEL

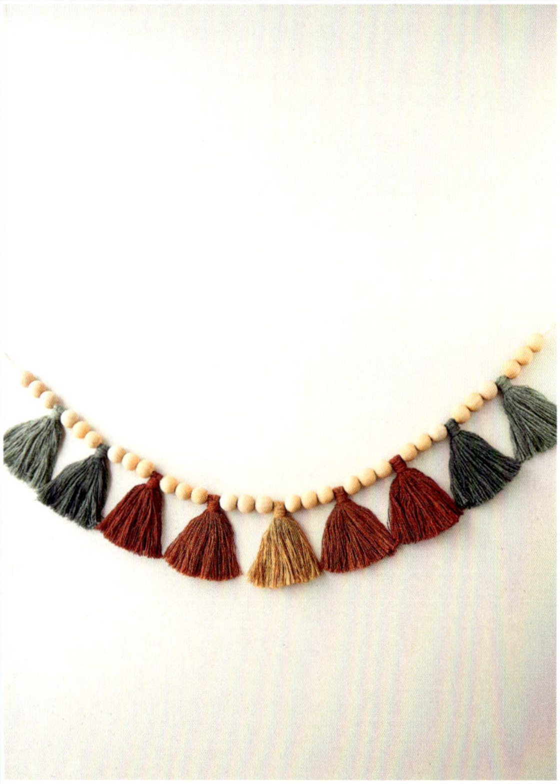

Wimpelkette aus Tasseln

Motivlänge
ca. 1 m
Material

- Baumwollfaden in Natur, geflochten, ø 4 mm, 1 m lang
- 30 Holzperlen, ø 2 cm

Pro Tassel

- 4 Baumwollfäden, geflochten, ø 4 mm, 20 cm lang (Farben optional: Jade, Honig, Weinrot, Waldgrün, Rostrot)
- Baumwollfaden, geflochten, ø 4 mm, 30 cm lang

1. Abwechselnd drei Holzperle auf einen 1 m langen Faden auffädeln und eine Tassel a fertigen, bis Sie insgesamt neun Tasseln befestigt habe Den Abschluss bilden wiede drei Holzperlen.
2. Für eine Tassel 4 x 20 cm lange Baumwollfäden bis zu Mitte über den 1 m langen Faden legen und anschließend die Stränge mit einem Wickelknoten fixieren. Nutze Sie dazu einen 30 cm langen Faden.
3. Enden kürzen und auf Wuns auskämmen.

Lesezeichen mit Kreuzknoten

Motivlänge
ca. 24 cm
Material

- 4 Baumwollfäden in Natur, einfach gezwirnt, ø 4 mm, 30 cm lang
- Baumwollfaden in Weinrot, geflochten, ø 4 mm, 2,70 m lang

1. 4 x 30 cm lange, einfach gezwirnte Baumwollfäden bündig nebeneinanderlegen.
2. Einen 2,70 m langen, weinroten Baumwollfaden mit einem Kreuzknoten um die vier Fäden befestigen und 5 cm vom oberen Ende entfernt positionieren.
3. Knoten Sie einen ca. 19 cm langen Strang aus Kreuzknoten. Je mehr Sie die Kreuzknoten zusammenschieben, desto weniger sieht man die Trägerfäden.
4. Die beiden Enden auf der Rückseite vernähen.
5. Die Fransen der Trägerfäden auskämmen und auf die gewünschte Länge kürzen.

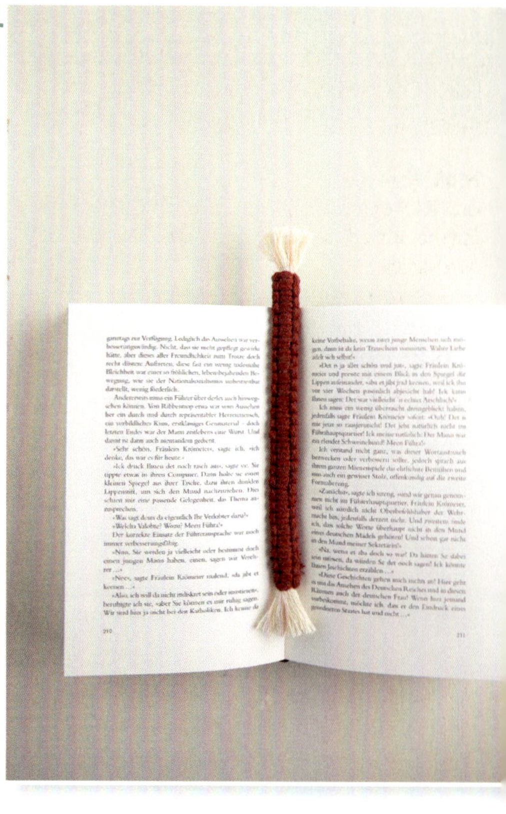

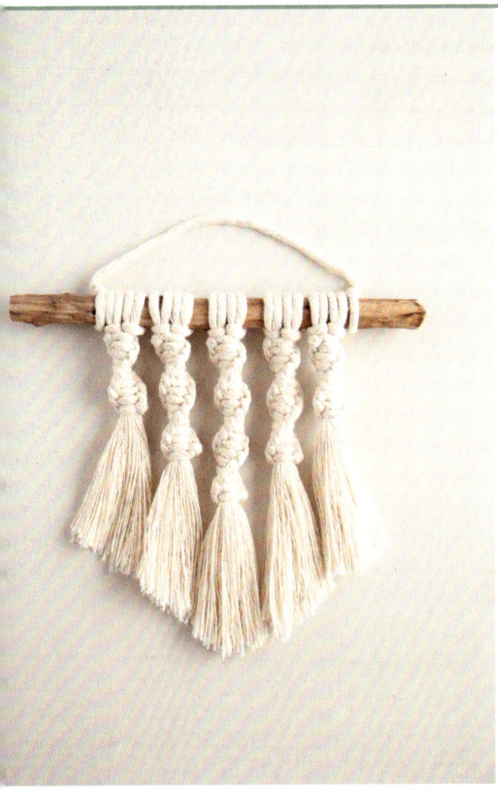

Wandbehang aus Wellenknoten

Motivlänge
ca. 17 cm
(ohne Aufhängung gemessen)
Material
- 10 Baumwollfäden in Natur, einfach gezwirnt, ø 4 mm, 60 cm lang
- 2 Baumwollfäden in Natur, geflochten, ø 4 mm, 80 cm lang
- 2 Baumwollfäden in Natur, geflochten, ø 4 mm, 1 m lang
- Baumwollfaden in Natur, geflochten, ø 4 mm, 1,20 m lang
- Baumwollfaden in Natur, geflochten, ø 4 mm, 40 cm lang
- Ast, ca. 20 cm lang

1. Die 60 cm langen Baumwollfäden mit dem von vorne geknoteten Ankerknoten mittig am Ast befestigen.
2. Nehmen Sie pro gedrehten Strang vier Stränge und befestigen Sie darum einen geflochtenen Baumwollfaden mit einem Wellenknoten und schieben diesen bis unter den Ast. Nutzen Sie diese Garnlängen v.l.n.r.: 80 cm, 1 m, 1,20 m, 1 m, 80 cm.
3. Knoten Sie nun gedrehte Stränge mit folgender Länge v.l.n.r.: 4 cm, 6 cm, 8 cm, 6 cm, 4 cm.
4. Die Enden auf der Rückseite verknoten und auf ca. 0,5 cm kürzen (ggf. mit Textilkleber fixieren).
5. Die Fransen auskämmen und spitz zulaufend zuschneiden.
6. Einen 40 cm langen Faden als Aufhängung befestigen.

Schlüsselanhänger aus Rippenknoten

Motivlänge
ca. 10,5 cm
(ohne Karabiner gemessen)
Material
- 3 Baumwollfäden in Natur, geflochten, ø 2-3 mm, 80 cm lang
- Baumwollfaden in Natur, geflochten, ø 2-3 mm, 30 cm lang
- Karabiner, Öse 2 cm

1. 3 x 80 cm lange Baumwollfäden mit dem von vorne geknoteten Ankerknoten an der Öse des Karabiners befestigen.
2. Acht schräg nach unten rechts verlaufende Reihen Rippenknoten knoten. Dabei immer den linken, äußeren Strang über die restlichen Stränge schräg nach unten rechts halten. Der Trägerfaden der Reihe zuvor dient immer als letzter Arbeitsfaden.
3. Alle Stränge in der Mitte zusammenführen und mit einem Wickelknoten fixieren. Nutzen Sie einen 30 cm langen Faden.

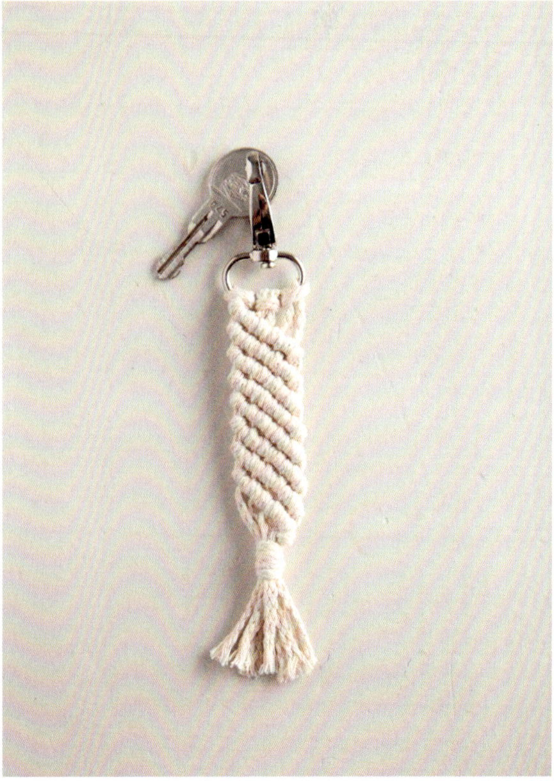

MUSTER

Muster mit dem Ankerknoten

Abwechselnde Ankerknoten

Für einen Strang aus abwechselnden Ankerknoten wird mit dem gelegten Ankerknoten gearbeitet. Dabei entsteht ein dekorativer, dünner Musterstrang mit kleinen Schlaufen an der Seite, an denen auch neue Fäden als Fransen befestigt werden können, wie z. B. für eine Feder (s. Seite 77). So kann der Musterstrang einerseits für sich als einzelnes Element stehen, z. B. bei einer Schnullerkette, aber auch als Musterelement in einem Wandbehang.

In meinem Beispiel habe ich zwei Fäden befestigt und somit mit vier Strängen gearbeitet. Der Musterstrang aus abwechselnden Ankerknoten kann aber auch mit nur drei Strängen (zwei Arbeitsfäden und einem Trägerfaden) oder mehr Strängen (hier erhöht sich die Anzahl der Trägerfäden entsprechend) geknotet werden.

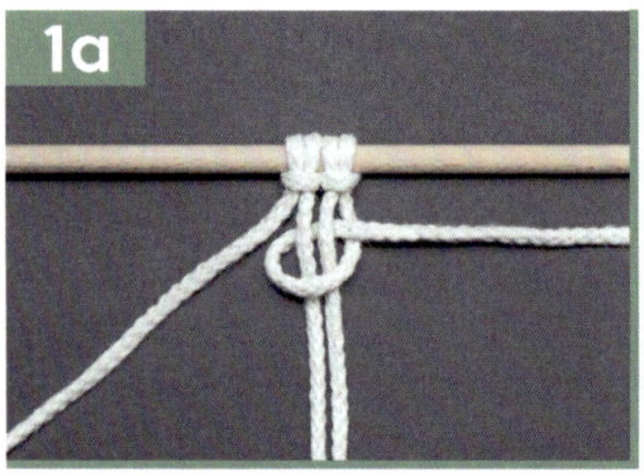

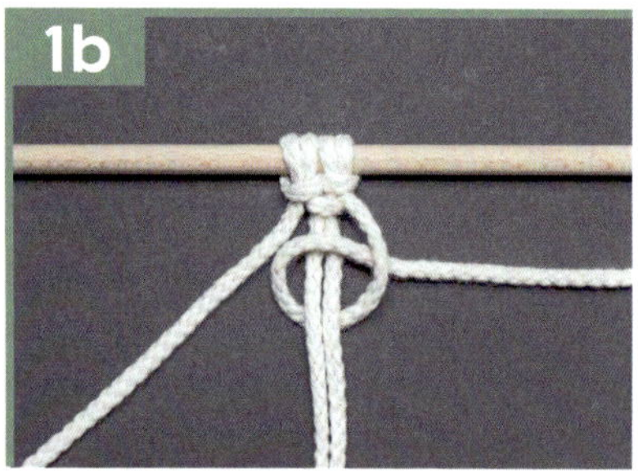

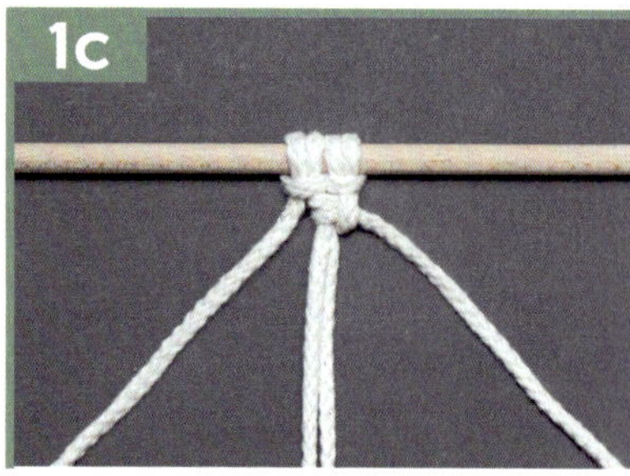

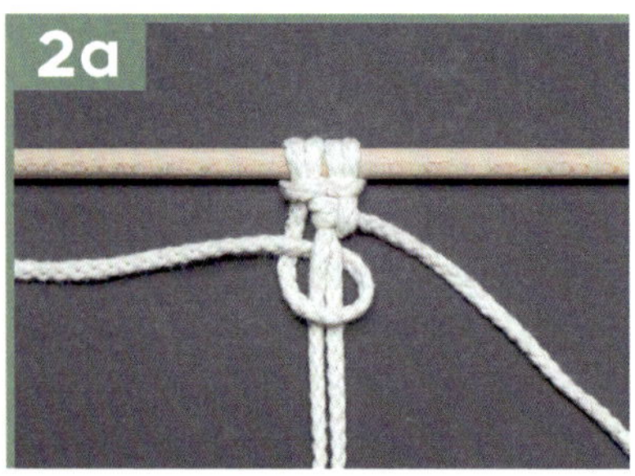

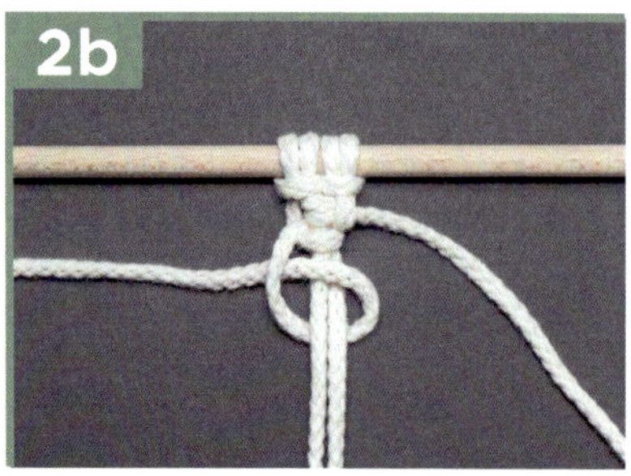

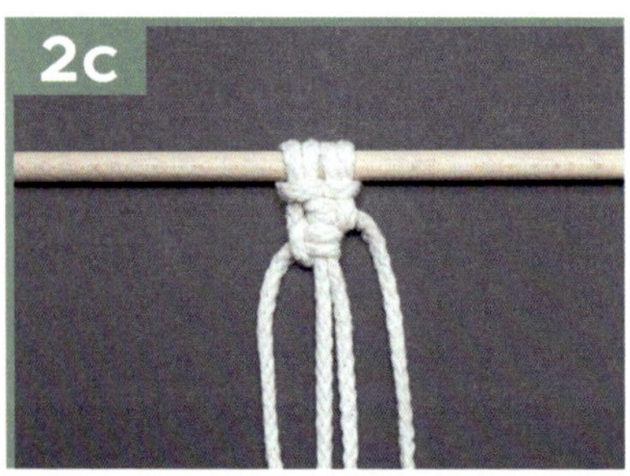

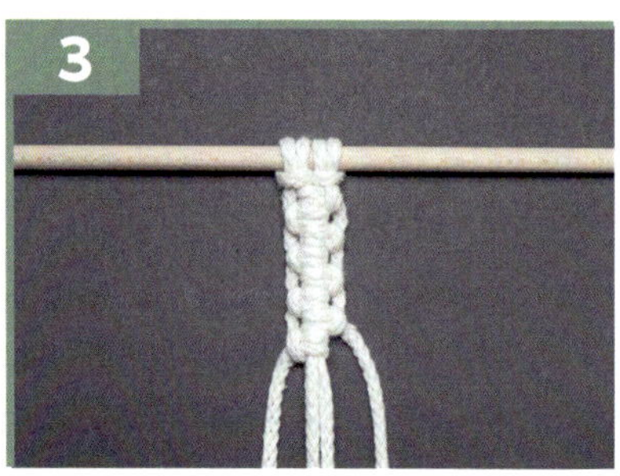

1 Legen Sie mit dem rechten, äußeren Arbeitsfaden einen Ankerknoten um die beiden mittleren Trägerfäden. Gehen Sie dazu vor, wie beim gelegten Ankerknoten auf Seite 21 beschrieben.

2 Wiederholen Sie Schritt 1 für den linken, äußeren Arbeitsfaden für einen weiteren gelegten Ankerknoten.

3 Für einen Musterstrang werden nun abwechselnd mit dem rechten und dem linken, äußeren Strang ein gelegter Ankerknoten geknotet. Wiederholen Sie dies so oft, wie gewünscht.

Überkreuzte, abwechselnde Ankerknoten

Auch ein Musterstrang überkreuzter, abwechselnder Ankerknoten kann für sich stehen oder aber als Musterelement in einem größeren Makramee-Projekt zum Einsatz kommen. Genau wie bei den abwechselnden Ankerknoten, entstehen auch hier kleine Schlaufen an der Seite, an denen zusätzlich Fäden befestigt werden können.

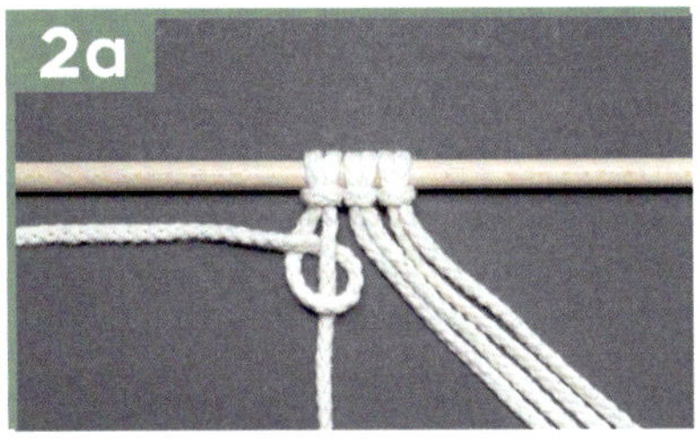

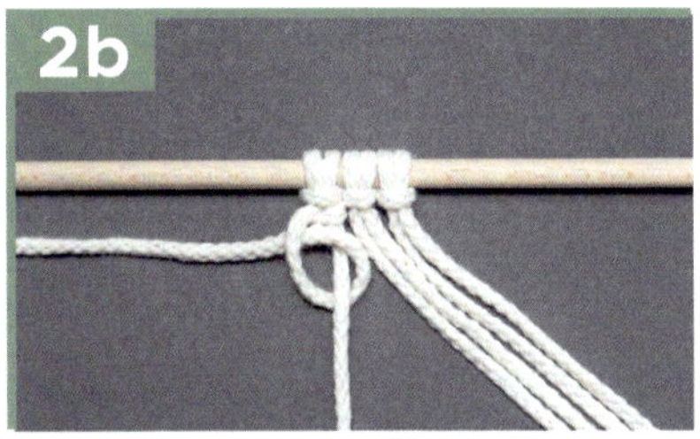

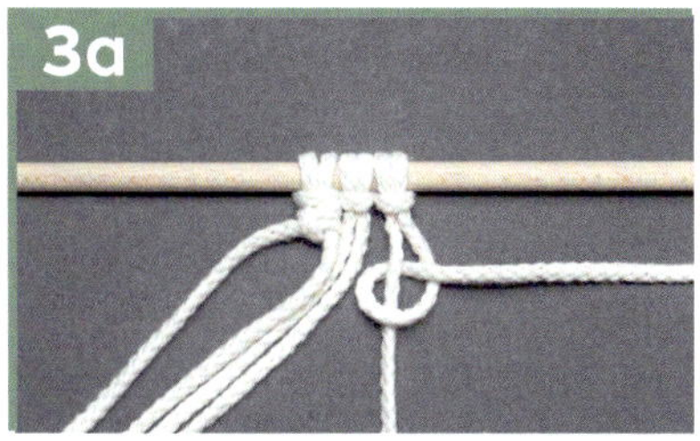

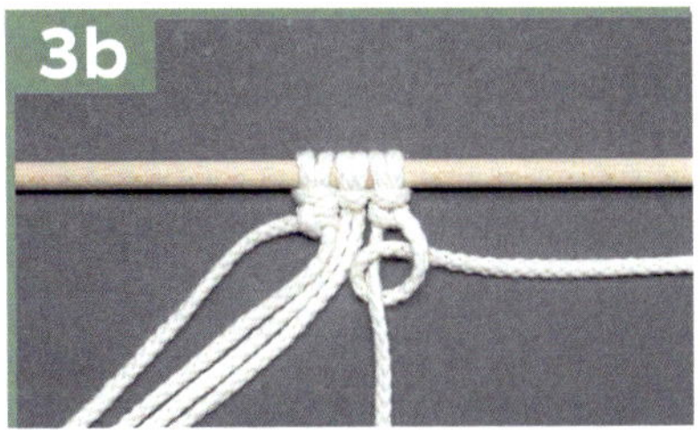

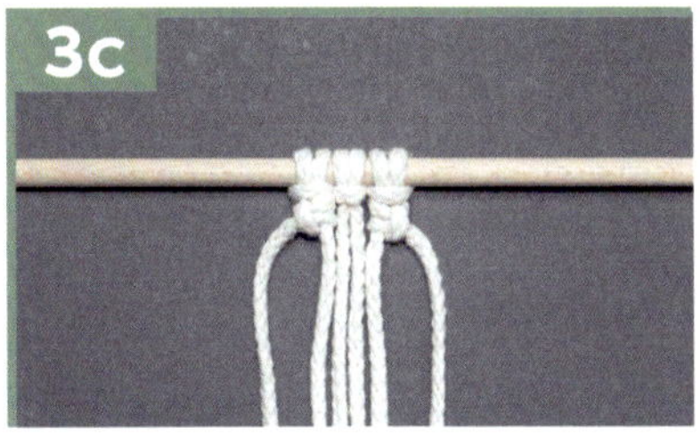

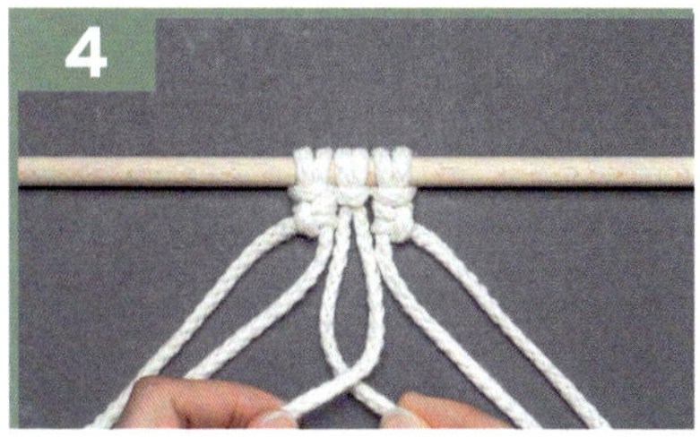

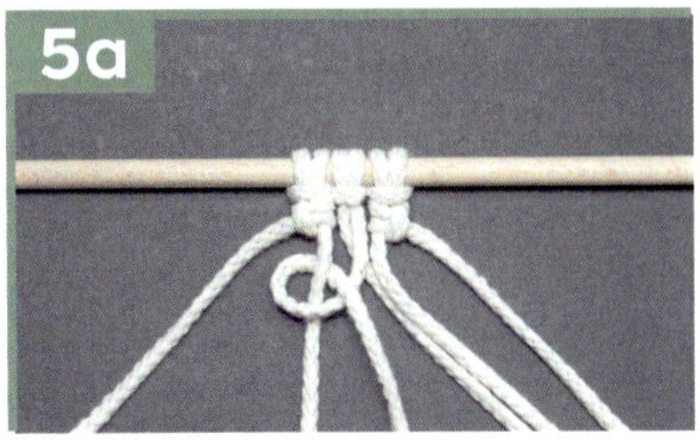

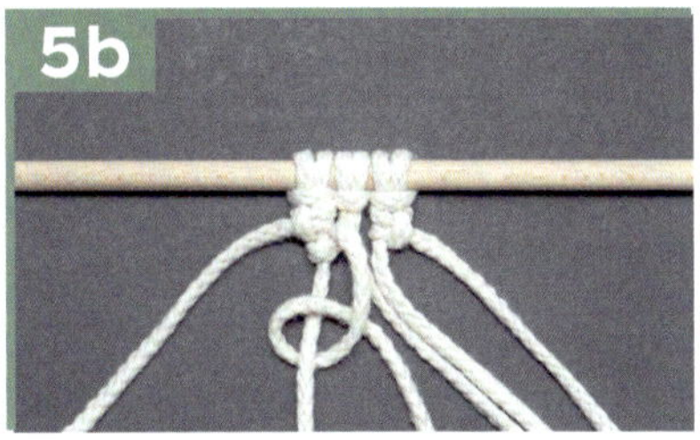

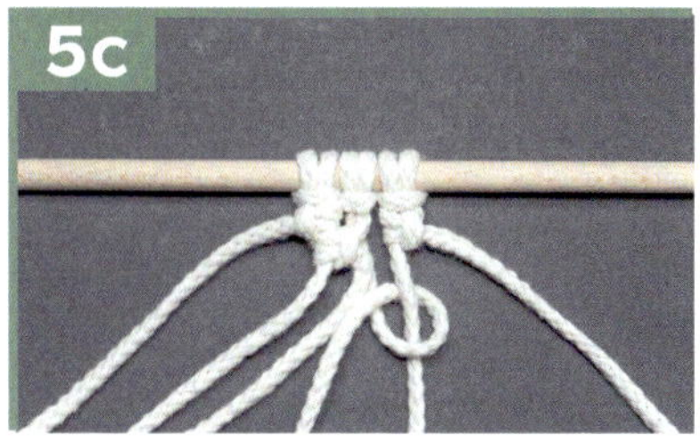

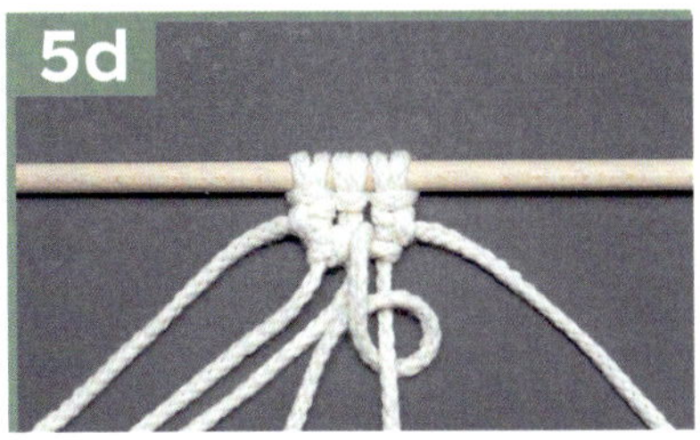

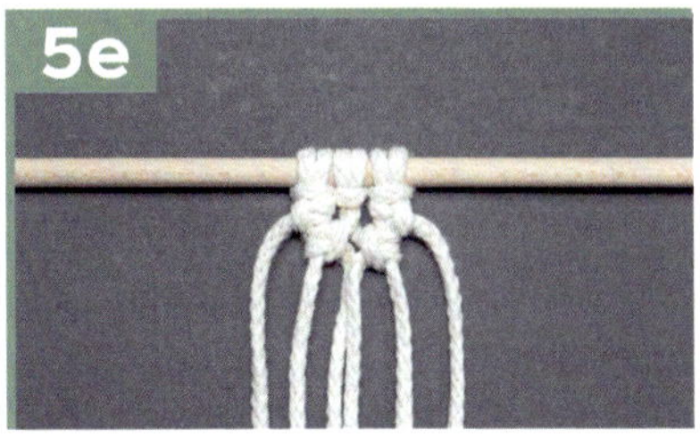

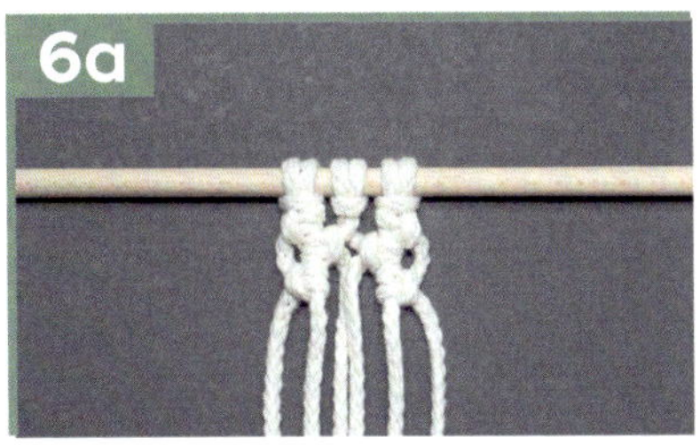

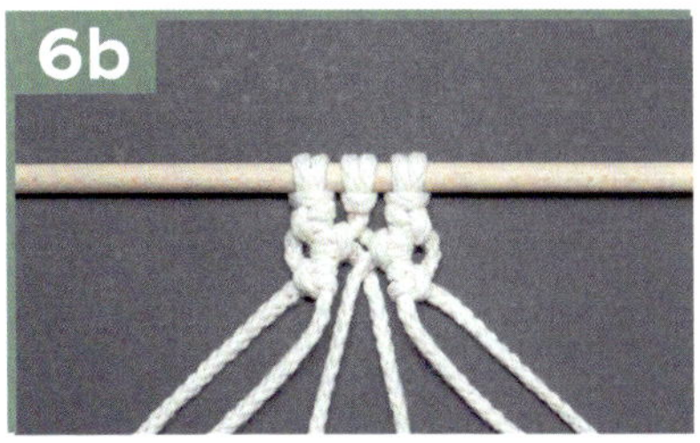

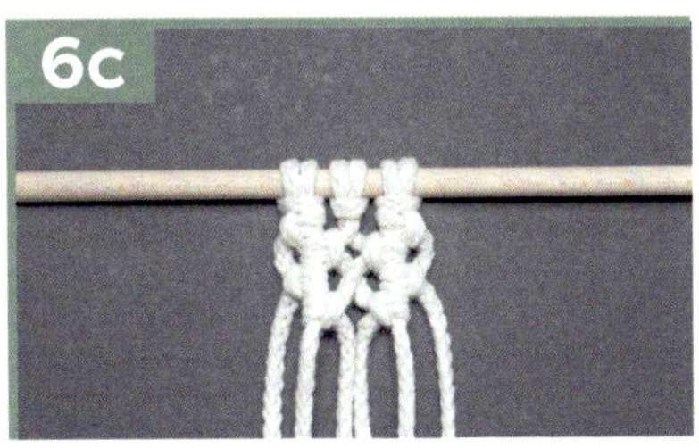

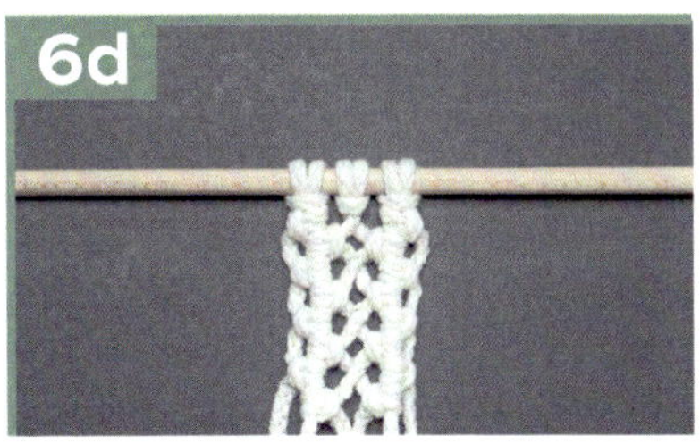

1 Befestigen Sie drei Fäden, sodass Sie mit sechs Strängen arbeiten können.

2 Mit dem linken, äußeren Strang einen gelegten Ankerknoten (s. Seite 20) um den danebenliegenden Strang, der als Trägerfaden dient, knoten.

3 Wiederholen Sie Schritt 2 für den rechten, äußeren Strang.

4 Überkreuzen Sie die beiden mittleren Stränge.

5 Nun wird mit dem rechten der mittleren Stränge ein gelegter Ankerknoten um den linken Trägerfaden geknotet und dann mit dem linken der mittleren Stränge um den rechten Trägerfaden.

6 Wiederholen Sie für einen Musterstrang Schritt 2–5 so oft, wie gewünscht.

Muster mit dem Kreuzknoten

Versetzter Kreuzknoten

Versetzte Kreuzknoten sind die kleinste Muster-Einheit bei den Kreuzknoten. Auf diesem Prinzip basieren beinahe alle weiteren Muster-Elemente. Die versetzten Kreuzknoten sorgen dafür, dass zusammenhängende Flächen und Muster entstehen, egal ob in Reihen oder Runden geknotet wird.
Ein versetzter Kreuzknoten wird immer zwischen den beiden Kreuzknoten der Reihe zuvor geknotet.

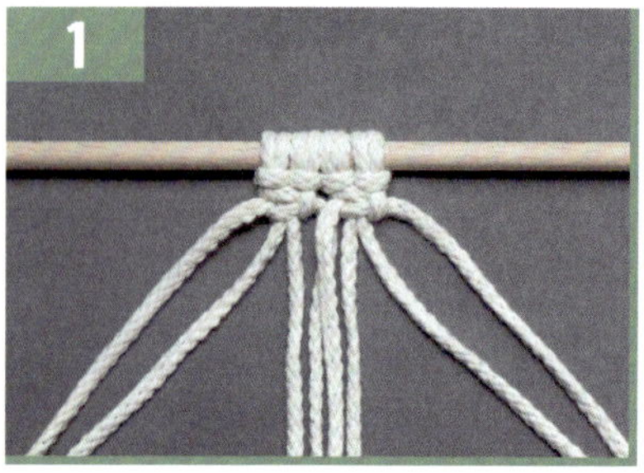

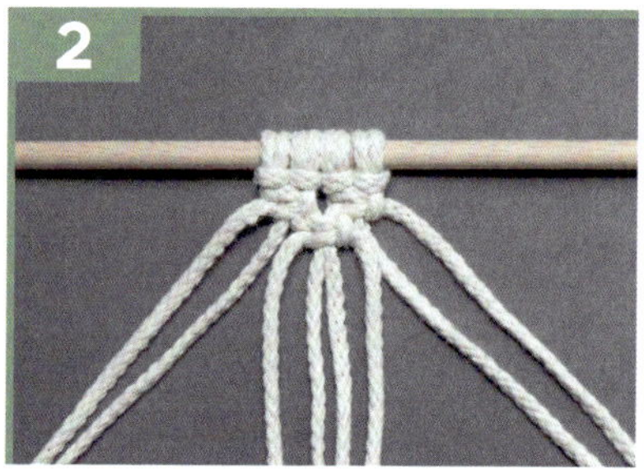

1 Nehmen Sie sich die acht Stränge von zwei nebeneinanderliegenden Kreuzknoten her und legen Sie die jeweils beiden äußeren Stränge weg.

2 Mit den mittleren vier Strängen einen Kreuzknoten knoten.

Abnehmende Kreuzknoten-Reihen

‚Abnehmende Reihen' bedeutet, dass jede neue Reihe kürzer geknotet wird, als die vorherige, dadurch dass in jeder folgenden Reihe ein Knoten weniger geknotet wird.

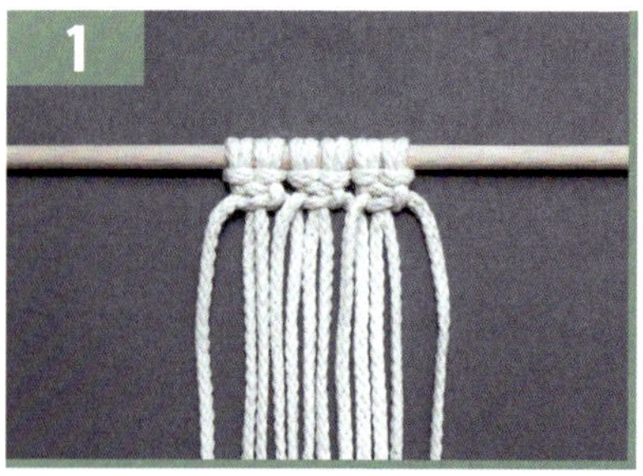

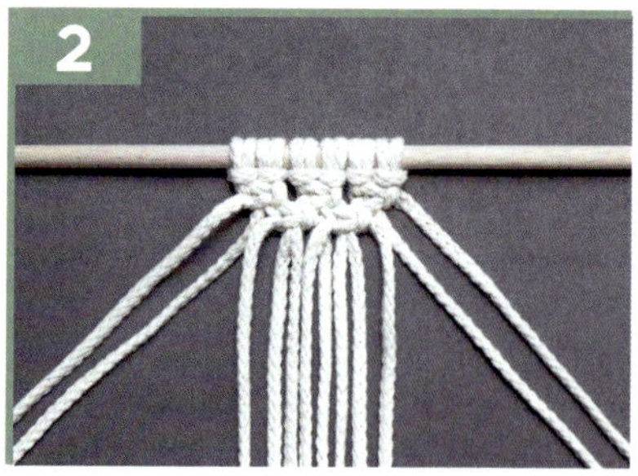

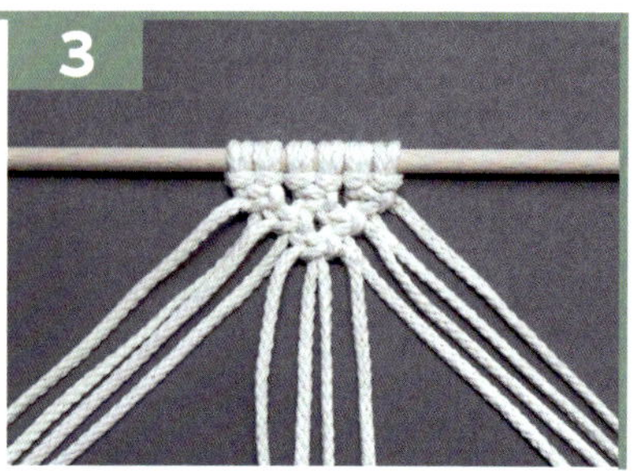

1 Mit allen Strängen so viele Kreuzknoten knoten wie möglich (in meinem Beispiel drei Kreuzknoten mit zwölf Strängen).

2 Legen Sie die jeweils äußeren beiden Stränge weg und knoten Sie mit den restlichen Strängen einen Kreuzknoten weniger als in Schritt 1 (in meinem Beispiel zwei Kreuzknoten aus den übrigen acht Strängen).

3 Für eine weitere abnehmende Reihe legen Sie zusätzlich die beiden jeweils äußeren Stränge weg. Knoten Sie nun mit den restlichen Strängen einen Kreuzknoten weniger als in Schritt 2 (in meinem Beispiel ein Kreuzknoten aus den übrigen vier Strängen).

Zunehmende Kreuzknoten-Reihen

'Zunehmende Reihen' bedeutet, dass jede neue Reihe länger geknotet wird als die vorherige, dadurch dass in jeder folgenden Reihe ein Knoten mehr geknotet wird.

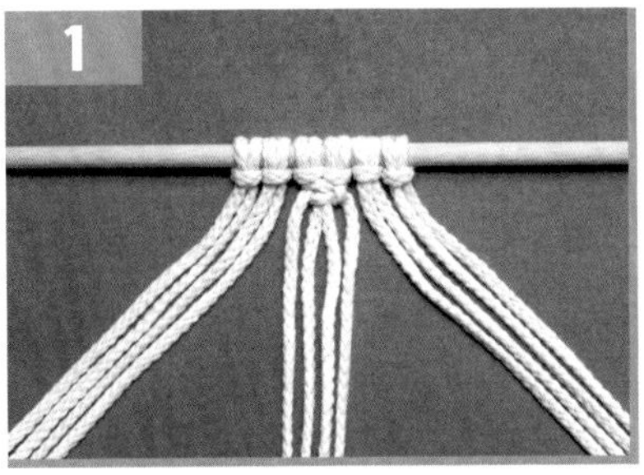

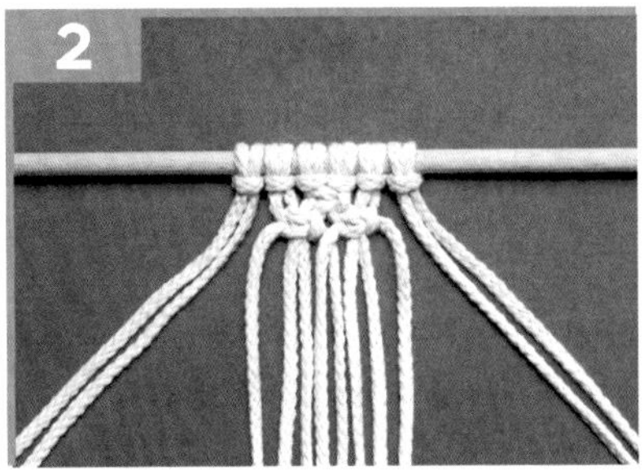

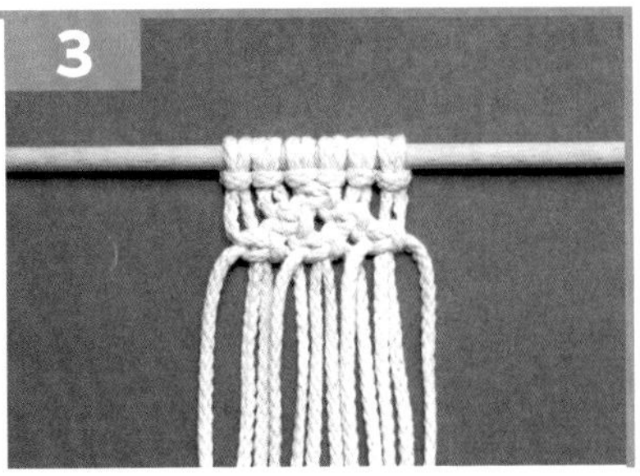

1 Knoten Sie mit den mittleren vier Strängen einen Kreuzknoten.

2 Auf beiden Seiten jeweils zwei Stränge hinzunehmen, sodass vier Stränge mehr vor Ihnen liegen. Knoten Sie nun zwei Kreuzknoten (einen Kreuzknoten mehr als in Schritt 1).

3 Für eine weitere zunehmende Reihe nehmen Sie zusätzlich jeweils zwei weitere Stränge auf beiden Seiten hinzu, sodass nun erneut vier Stränge mehr vor Ihnen liegen, also insgesamt zwölf Stränge. Knoten Sie damit drei Kreuzknoten (wieder einen mehr als in Schritt 2).

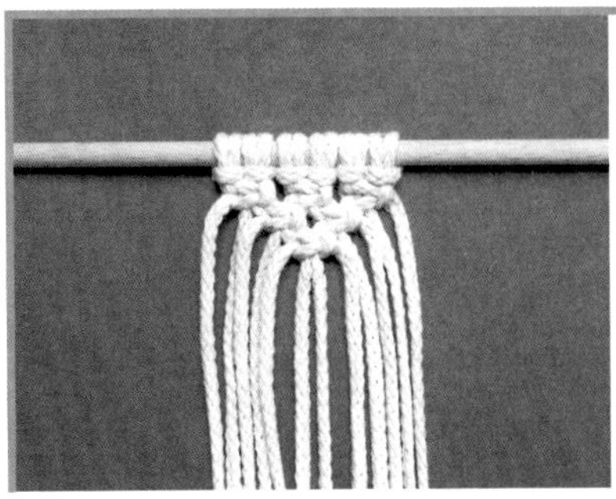

Dreiecke aus Kreuzknoten

Das Prinzip der abnehmenden und zunehmenden Reihen wird genutzt, um z. B. Dreiecke aus Kreuzknoten zu knoten. Die Größe eines Kreuzknoten-Dreiecks wird bestimmt durch die Basis.

Die Basis ist bei abnehmenden Reihen die erste Reihe und bei zunehmenden Reihen die letzte Reihe aus Kreuzknoten (in meinem Beispiel drei Kreuzknoten). Die Anzahl der Basis-Kreuzknoten bestimmt die Reihenanzahl des Kreuzknoten-Dreiecks. Bei drei Basis-Kreuzknoten besteht das Kreuzknoten-Dreieck auch aus drei Reihen (der Basis, der ersten Abnahme/Zunahme und der zweiten Abnahme/Zunahme). Dementsprechend würde ein Kreuzknoten-Dreieck mit einer Basis von sechs Kreuzknoten aus sechs Reihen bestehen.

Rauten aus Kreuzknoten-Dreiecken

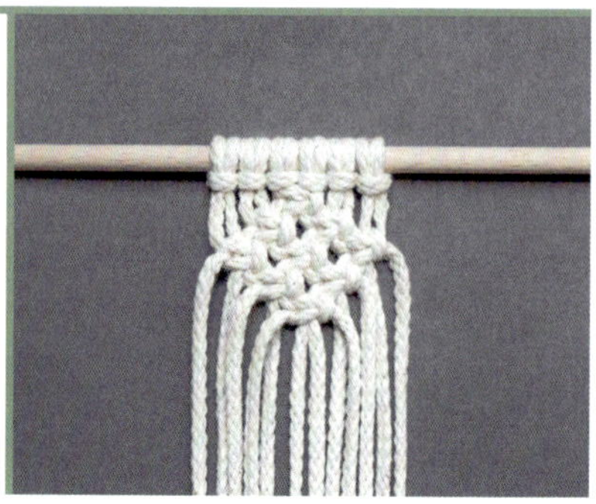

Eine Kreuzknoten-Raute ist zusammengesetzt aus zwei Kreuzknoten-Dreiecken. Hier bildet die Basis der Dreiecke die Mitte der Raute und damit die breiteste Stelle. Im Fall der Raute entspricht die Anzahl der Basis-Kreuzknoten nicht der Anzahl der Reihen.
Für eine Raute wird zuerst ein Dreieck aus zunehmenden Reihen geknotet, bis die Anzahl der gewünschten Basis-Kreuzknoten erreicht ist (in meinem Beispiel drei Kreuzknoten) und anschließend werden abnehmende Reihen für das zweite Dreieck geknotet (in meinem Beispiel zwei abnehmende Reihen). Meine Beispiel-Raute mit einer Basis von drei Kreuzknoten besteht also aus fünf Kreuzknoten-Reihen.

Fläche aus Kreuzknoten

Eine zusammenhängende, gerade Fläche aus Kreuzknoten wird aus abwechselnd einer abnehmenden und einer zunehmenden Reihen geknotet, sodass weder ein abnehmendes noch ein zunehmendes Muster entsteht, sondern eine rechteckige Fläche. Die abnehmenden Reihen werden klassisch mit einem Kreuzknoten weniger geknotet.
Die Basis wird hier durch die Anzahl der Kreuzknoten der ersten Reihe bestimmt. Sie entscheidet über die Breite der Fläche.

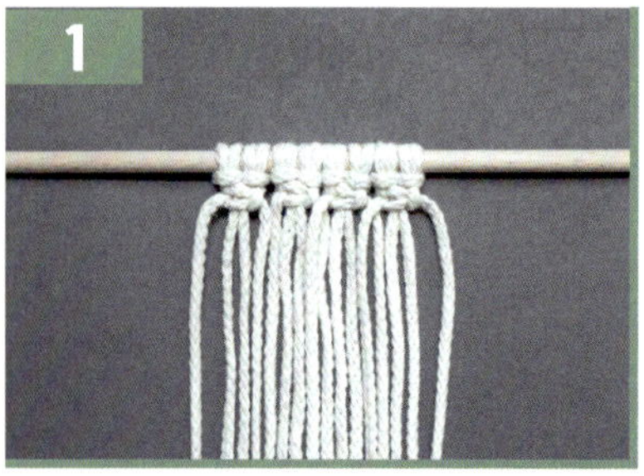

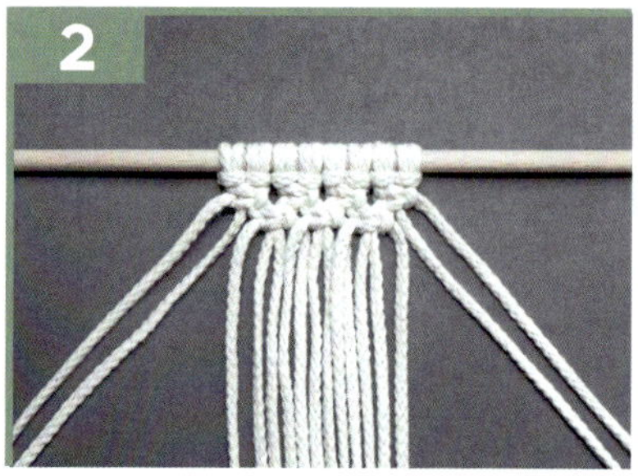

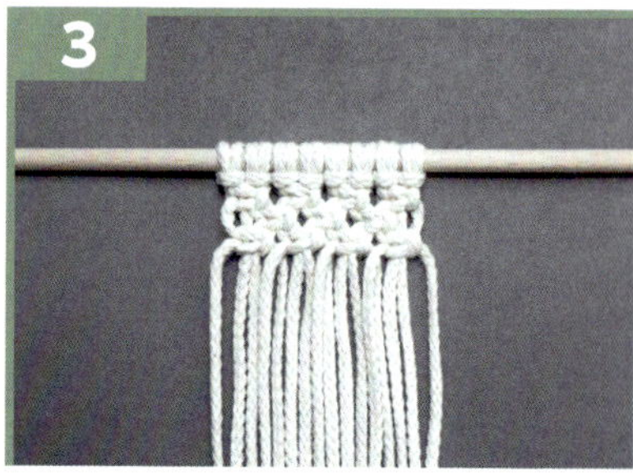

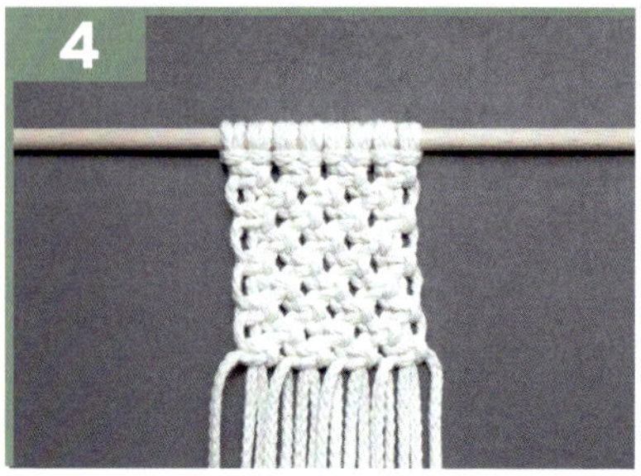

1 Knoten Sie die Basis Ihrer geraden Fläche (in meinem Beispiel vier Kreuzknoten aus 16 Strängen).

2 Eine abnehmende Reihe knoten (in meinem Beispiel bestehend aus drei Kreuzknoten aus zwölf Strängen).

3 Nun knoten Sie eine zunehmende Reihe und nehmen die in Schritt 2 beiseite gelegten Stränge wieder hinzu (in meinem Beispiel vier Kreuzknoten aus 16 Strängen).

4 Wiederholen Sie abwechselnd Schritt 2 und 3 für eine gerade, zusammenhängende Fläche.

Netze aus Kreuzknoten

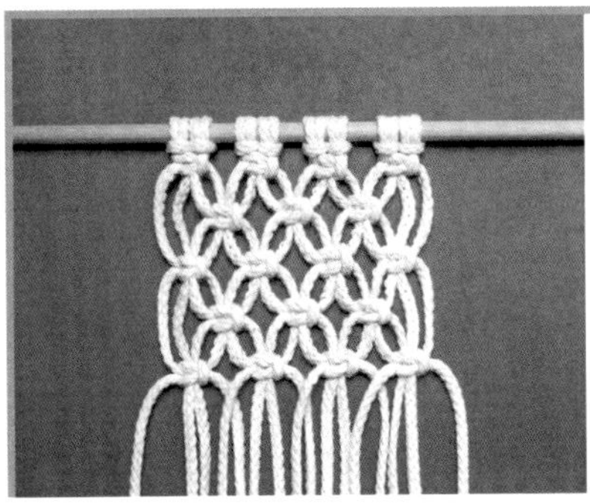

Nach dem Prinzip der geraden Flächen können auch Netze geknotet werden. Netze sind zusammenhängende Flächen bei denen die Kreuzknoten-Reihen allerdings in einem größeren Abstand zueinander geknotet werden. In meinem Beispiel habe ich etwa eine Fingerbreite Platz zwischen den einzelnen Reihen gelassen. Um ein harmonisches Bild zu erhalten, wird auch zwischen den befestigten Fäden bzw. den Basis-Kreuzknoten ein Zwischenraum geschaffen. Das bewirkt, dass die Netz-Variante der geraden Fläche einen größeren Raum einnimmt und breiter ist, obwohl mit genauso vielen Fäden geknotet wird. Im Umkehrschluss bedeutet das, dass für Netz-Muster weniger Fäden benötigt werden, um die gleiche Fläche abzudecken wie bei den Mustern ohne Abstände.

Diagonalen aus Kreuzknoten

Um Diagonalen aus Kreuzknoten anzufertigen, werden in eine Richtung versetzte Kreuzknoten geknotet, bis eine schräg verlaufende Linie aus Kreuzknoten entsteht.

Nach rechts verlaufende Diagonale

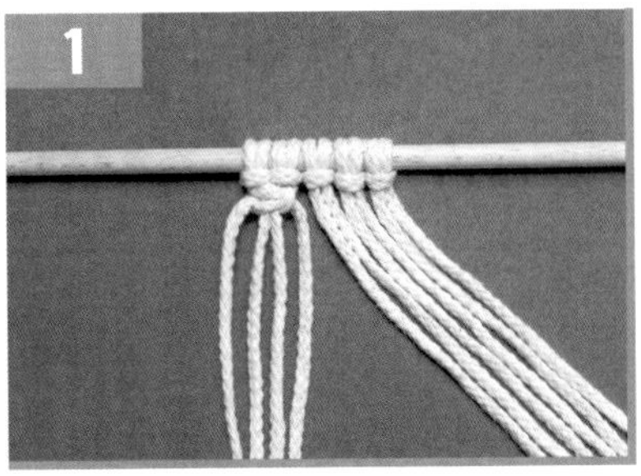

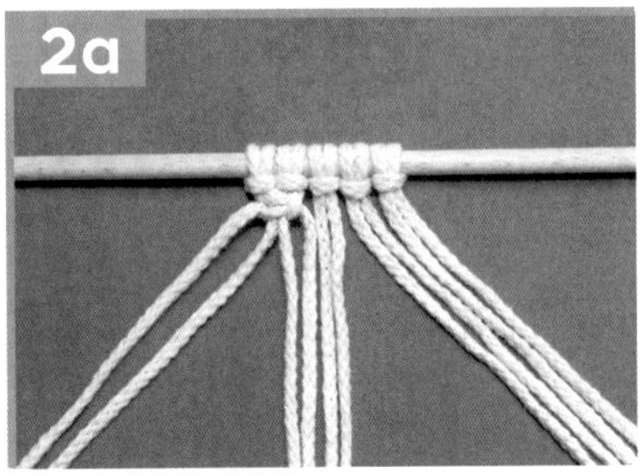

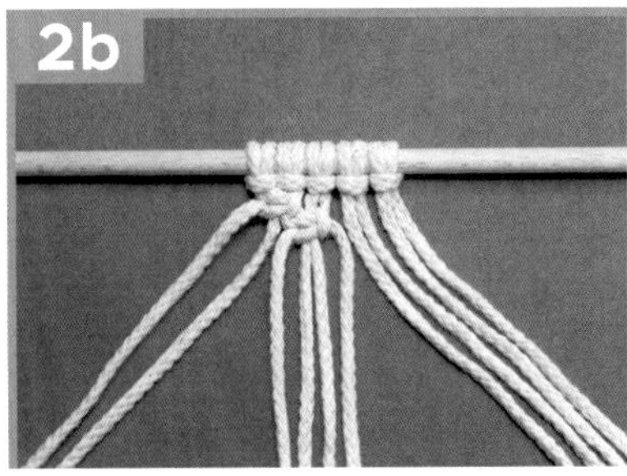

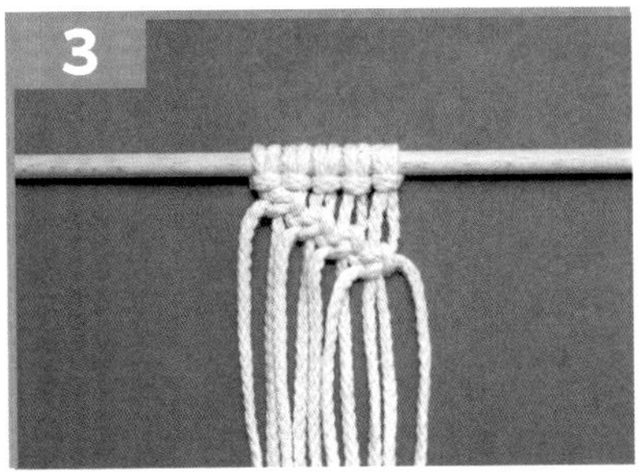

1 Mit den vier links äußeren Strängen einen Kreuzknoten als Startpunkt der Diagonale knoten.

2 Legen Sie die linken beiden Stränge des Kreuzknotens weg und nehmen Sie auf der rechten Seite zwei Stränge hinzu. Mit allen vier Strängen erneut einen Kreuzknoten knoten.

3 Wiederholen Sie Schritt 2 für weitere nach rechts versetzte Kreuzknoten (in meinem Beispiel zwei weitere Knoten, bis keine Stränge auf der rechten Seite mehr hinzugenommen werden können).

Nach links verlaufende Diagonale

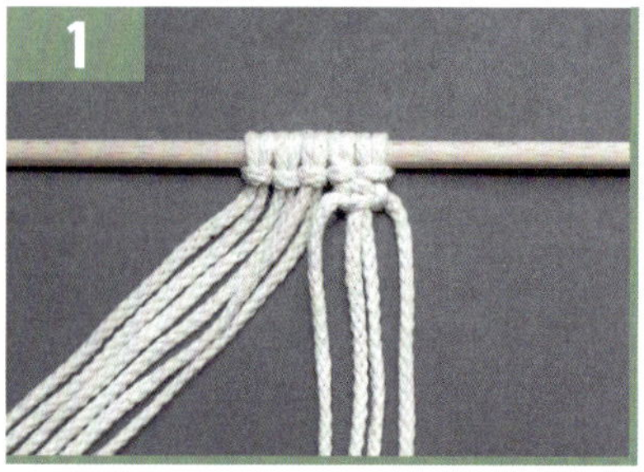

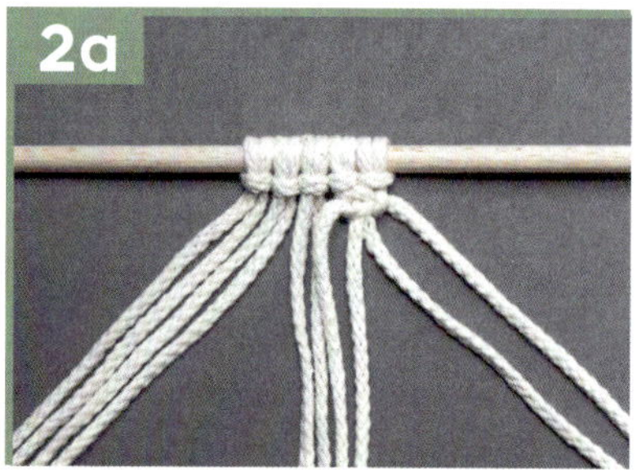

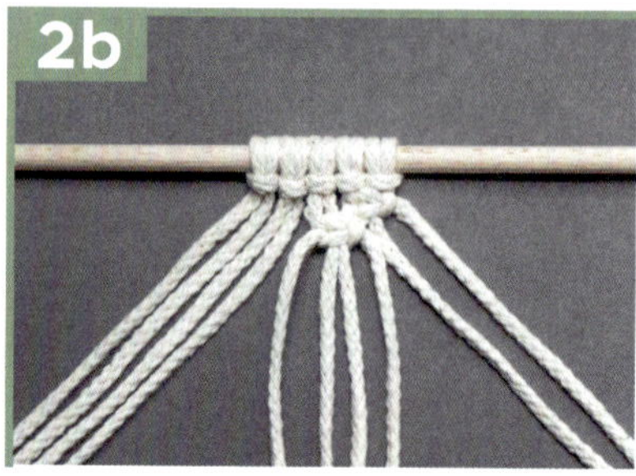

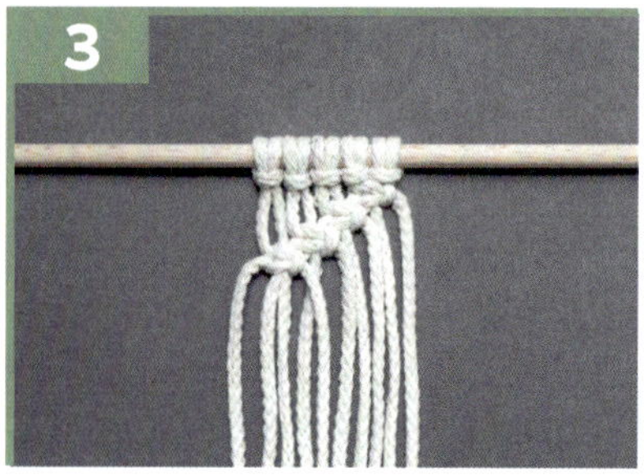

1 Mit den vier rechts äußeren Strängen einen Kreuzknoten als Startpunkt der Diagonale knoten.

2 Legen Sie die rechten beiden Stränge des Kreuzknotens weg und nehmen Sie auf der linken Seite zwei Stränge hinzu. Mit allen vier Strängen erneut einen Kreuzknoten knoten.

3 Wiederholen Sie Schritt 2 für weitere nach links versetzte Kreuzknoten (in meinem Beispiel zwei weitere Knoten, bis keine Stränge auf der linken Seite mehr hinzugenommen werden können).

Spitze aus Kreuzknoten-Diagonalen

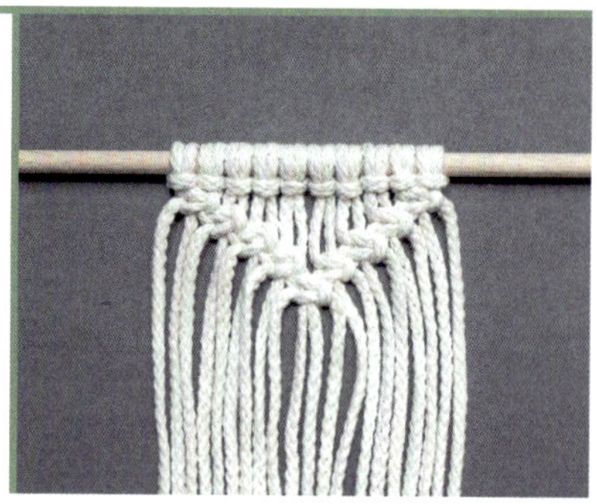

Kreuzknoten-Spitzen werden aus einer nach rechts und einer nach links zueinander verlaufenden Diagonale zusammengesetzt. Um die beiden zueinander verlaufenden Diagonalen an der Spitze zu verbinden, wird mit den mittleren vier Strängen (die beiden rechten, äußeren Stränge der nach rechts verlaufenden Diagonale und die beiden linken, äußeren Stränge der nach links verlaufenden Diagonale) ein Kreuzknoten geknotet.
Bei Spitzen aus Kreuzknoten-Diagonalen entsteht im Vergleich zu den Dreiecken aus Kreuzknoten kein gefülltes Muster, sodass der Freiraum für Deko-Elemente wie Perlen oder Tasseln genutzt werden kann.

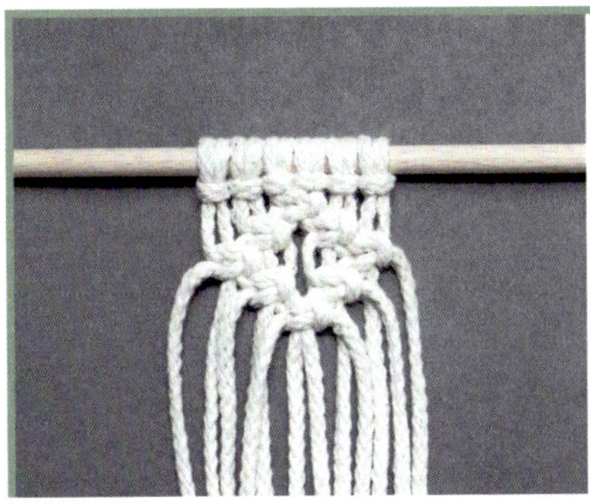

Raute aus Kreuzknoten-Diagonalen

Eine Raute aus Kreuzknoten-Diagonalen ist wie die Spitze aus Diagonalen ein nicht-gefülltes Muster. Tasseln können nach dem Fertigstellen an der Raute angebracht werden, Perlen müssten aufgefädelt werden, bevor der untere Teil der Raute geschlossen wird.
Die Raute aus Diagonalen wird im ersten Schritt mit einer nach links und einer nach rechts auseinander verlaufenden Diagonale geknotet. Dabei ist der mittlere Kreuzknoten, der die obere Spitze der Raute bildet, der Startpunkt beider Diagonalen. Anschließend wird eine Spitze aus Kreuzknoten-Diagonalen geknotet.

Zunehmende Kreuzknoten-Reihen durch Zunahme von Fäden

Die Zunahme von Fäden kann durch ein Muster vorgegeben werden oder sinnvoll sein, wenn ein breiteres Muster an einem schmalen Trägermedium, wie einem Ring, befestigt ist. Diese Technik ist auch hilfreich, wenn um einen Ring in Runden geknotet wird und vermieden werden soll, dass sich das Muster wölbt. Ein Muster wölbt sich, sobald zu viel Spannung auf ihm liegt. Um dem entgegenzuwirken, werden im Laufe des Musters Fäden hinzugefügt, um das Muster breiter machen zu können und so die Spannung zu nehmen. Die Zunahme der Fäden erfolgt immer an den beiden äußeren Strängen, wie bei den schon beschriebenen klassischen, zunehmenden Kreuzknoten-Reihen.

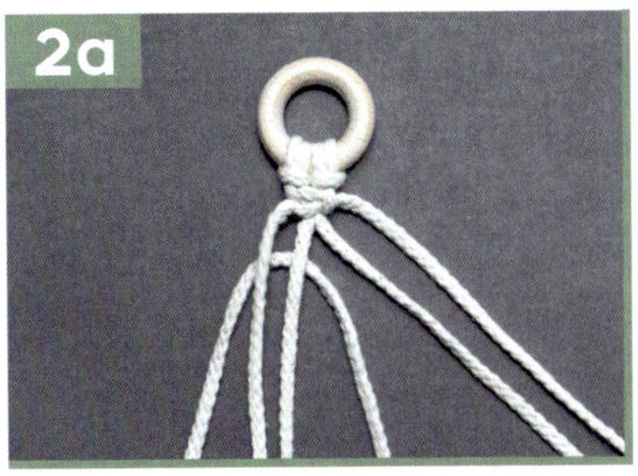

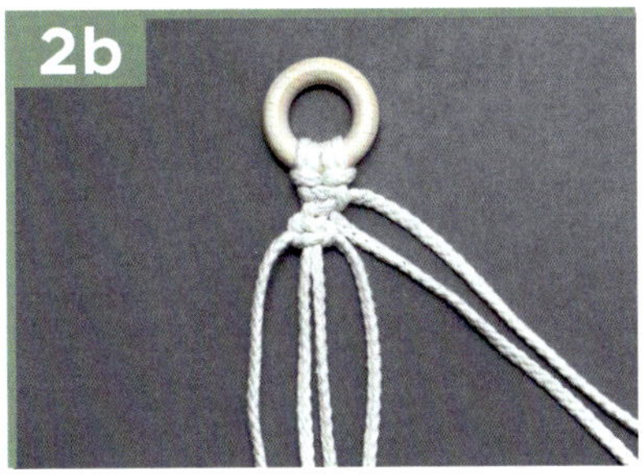

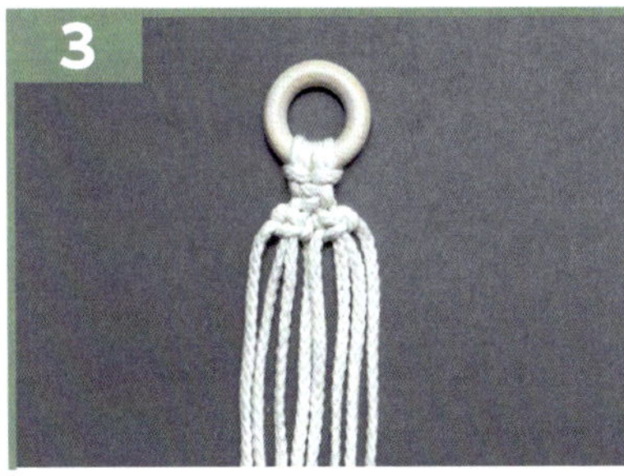

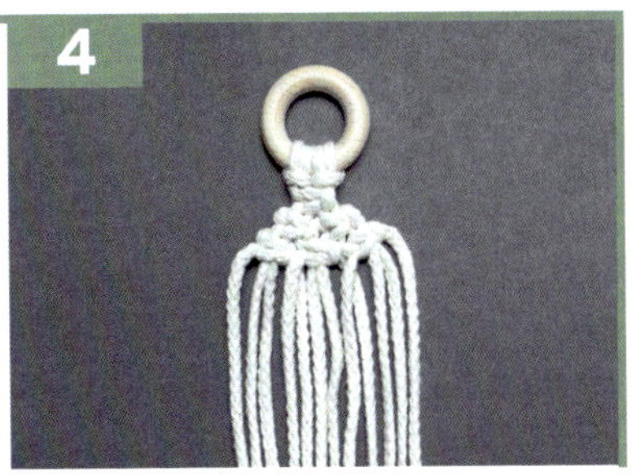

1 Ich habe zwei Fäden an einem kleinen Holzring mit dem Ankerknoten befestigt und einen Kreuzknoten mit den vier Strängen geknotet.

2 An den beiden Strängen links außen wird nun ein neuer Faden mit einem Kreuzknoten befestigt (s. Seite 23). Schieben Sie den Kreuzknoten nach oben zu dem ersten Kreuzknoten aus Schritt 1.

3 Wiederholen Sie Schritt 2 für die rechten beiden äußeren Stränge.

4 In den nächsten Reihen werden wieder an den jeweils beiden äußeren Strängen je ein neuer Faden mit einem Kreuzknoten befestigt und mit den restlichen mittleren Strängen Kreuzknoten geknotet (in der Reihe ein zusätzlicher, sodass die dritte Reihe aus insgesamt drei Kreuzknoten besteht).

> ☞ **Hinweis**
>
> » Es wird immer ausdrücklich geschrieben sein, wenn rückseitige Rippenknoten geknotet werden sollen. Sollte nur von Rippenknoten die Rede sein, sollen diese klassisch auf der Vorderseite geknotet werden.

Muster mit dem Rippenknoten

Rückseitige Rippenknoten

Der rückseitige Rippenknoten wird auf der Rückseite des Makramee-Projekts geknotet. So entsteht ein neues Muster, denn Rippenknoten erscheinen auf der Rückseite als senkrecht verlaufende Schlaufen.

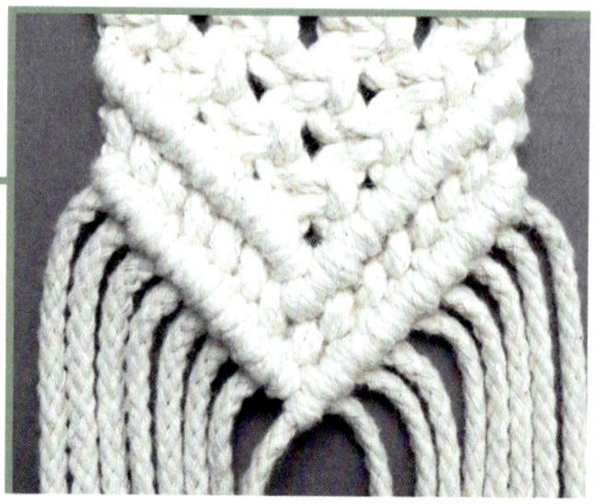

1

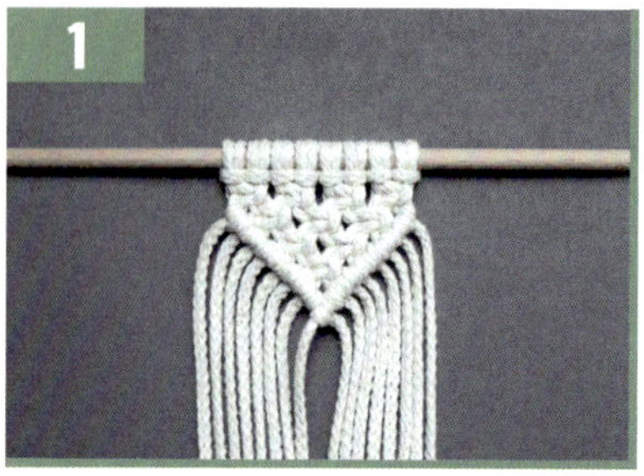

2a

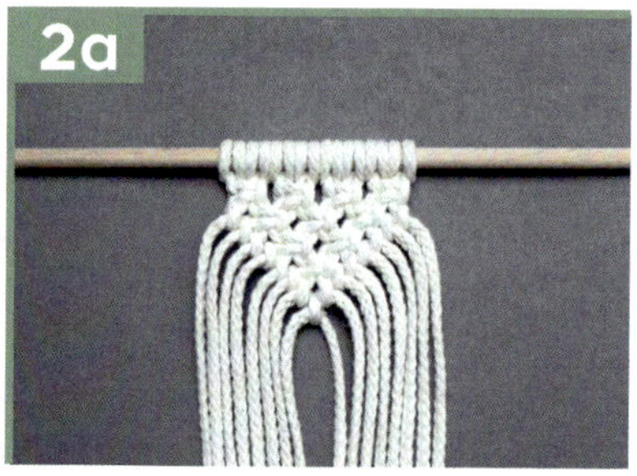

2b

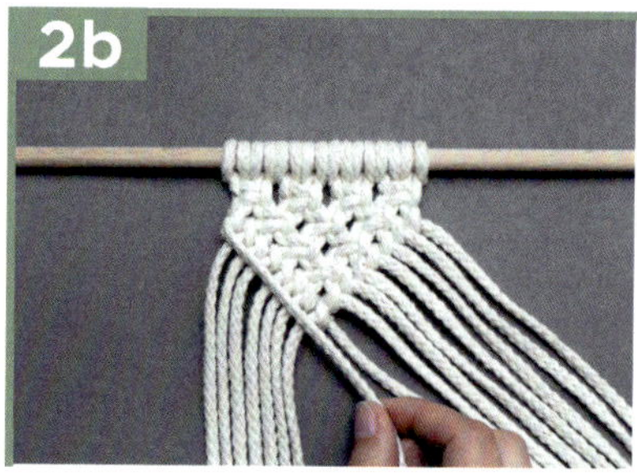

2c

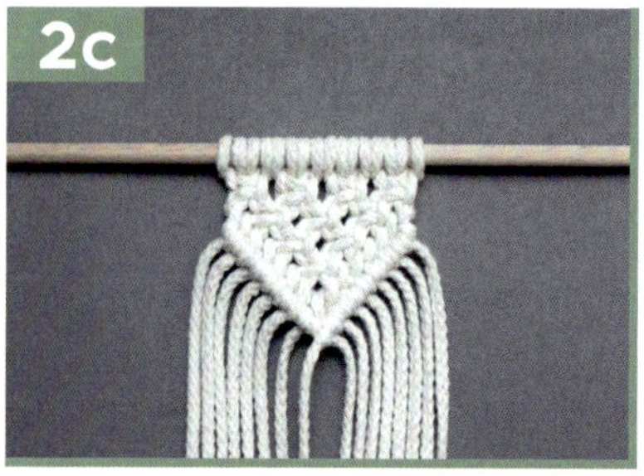

3

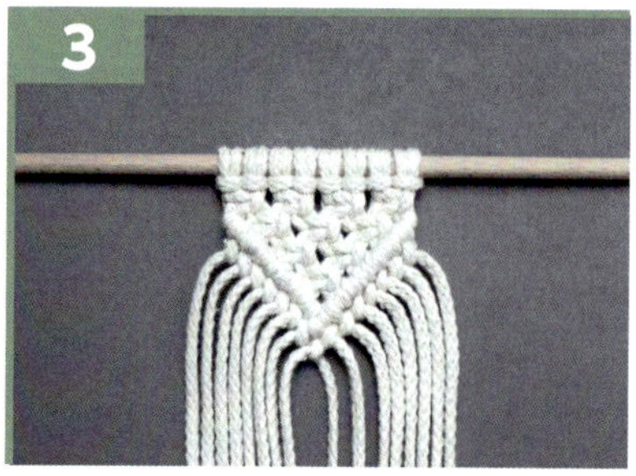

4

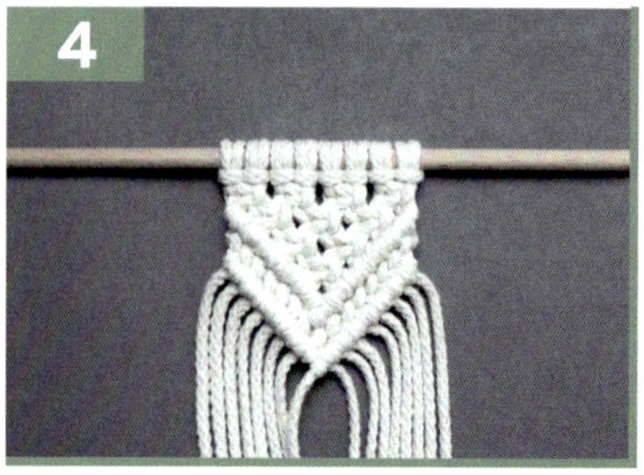

1 Für mein Beispiel habe ich ein Kreuzknoten-Dreieck mit einer Basis aus vier Kreuzknoten und entlang beider Flanken eine Reihe Rippenknoten geknotet (s. Seite 27).

2 Wenden Sie das Makramee-Stück auf die Rückseite. Knoten Sie erneut entlang beider Flanken eine Reihe Rippenknoten.

3 Das Makramee-Stück wieder auf die Vorderseite wenden. Sie sehen nun die senkrechten Schlaufen des rückseitigen Rippenknotens.

4 Besonders schön sehen die rückseitigen Rippenknoten-Reihen in Kombination mit den klassischen Rippenknoten-Reihen aus, daher habe ich für mein Beispiel mein Muster mit einer weiteren Reihe Rippenknoten entlang beider Flanken auf der Vorderseite abgeschlossen.

Zunahme von Fäden als Rippenknoten

Die Zunahme von Fäden als Rippenknoten kann durch das Muster vorgegeben werden oder sinnvoll sein, wenn ein breiteres Muster an einem schmalen Trägermedium befestigt wird.
Diese Technik kann auch helfen, wenn die Stränge der Rippenknoten mal zu kurz werden (dazu mehr auf Seite 33).
Um Rippenknoten nachzuahmen, wird der von hinten geknotete Ankerknoten verwendet. Es sollte hier beachtet werden, dass den beiden halben Schlägen des Rippenknotens ein Strang zugeordnet wird (mit einem Strang werden zwei halbe Schläge für einen Rippenknoten geknotet), während die beiden nachgeahmten halben Schläge durch den Ankerknoten zwei Strängen zugeordnet werden. Sollte mit den befestigten Fäden als Rippenknoten weitere Rippenknoten-Reihen geknotet werden, werden diese also länger sein als die nachgeahmte Rippenknoten-Reihe, da mehr Stränge zur Verfügung stehen und so mehr halbe Schläge geknotet werden. Dem kann durch das Zusammenschieben der Rippenknoten und das Auseinanderziehen der nachgeahmten Rippenknoten entgegengewirkt werden.

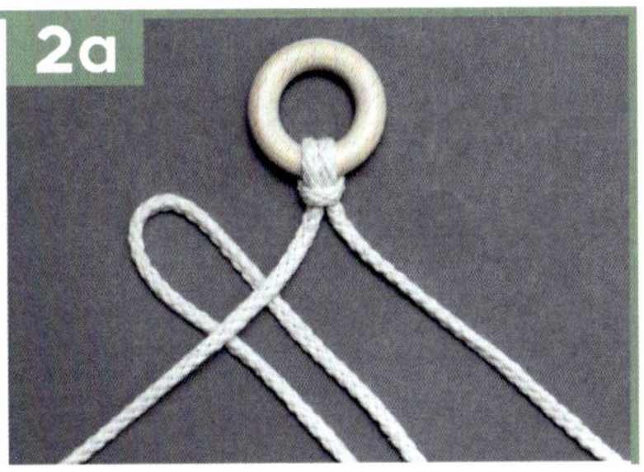

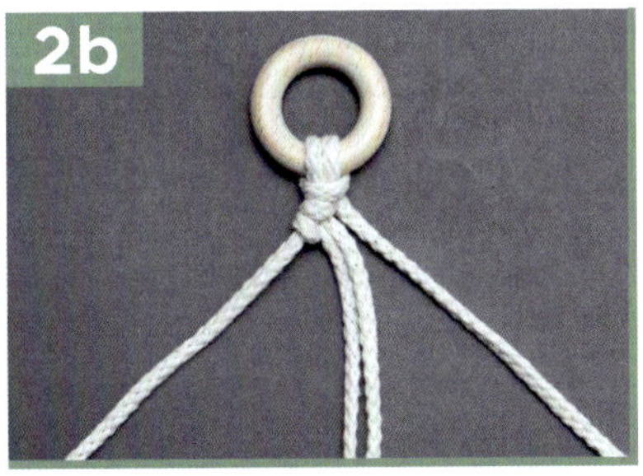

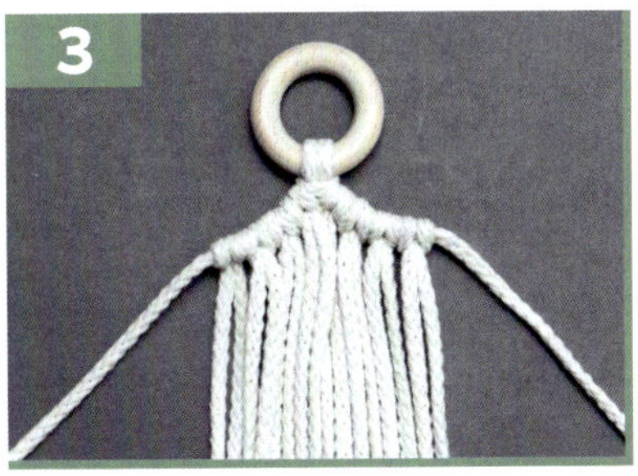

1 Im Beispiel habe ich einen Faden an einem kleinen Holzring mit dem Ankerknoten befestigt.

2 Beide Stränge werden aufgeteilt. Befestigen Sie an dem einen Strang einen neuen Faden mit dem von hinten geknoteten Ankerknoten.

3 Wiederholen Sie das für beide Stränge, bis Sie an beiden Strängen je vier neue Fäden befestigt haben. Nun sehen Sie, dass mehrere mit dem von hinten geknoteten Ankerknoten befestigten Fäden nebeneinander einer Rippenknoten-Reihe sehr ähnlich sehen.

Glatter Abschluss ohne Fransen mit Rippenknoten

Normalerweise erzeugt eine Reihe Rippenknoten herunterhängende Fransen. Es ist aber auch möglich, mit Rippenknoten eine Kante ohne Fransen zu knoten.
Mit dieser Technik werden alle Stränge an einem Punkt gesammelt. Für einen dekorativen Abschluss kann zusätzlich ein Wickelknoten genutzt werden. Sie eignet sich z. B. für Schlüsselanhänger oder Lesezeichen.

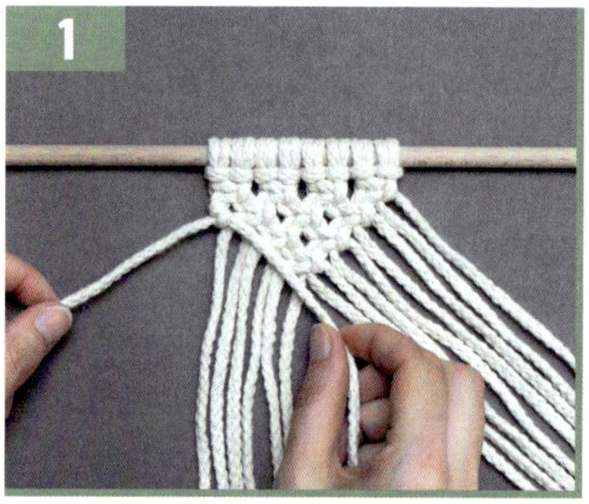

1 Fertigen Sie den ersten Rippenknoten der Reihe an, wie üblich.

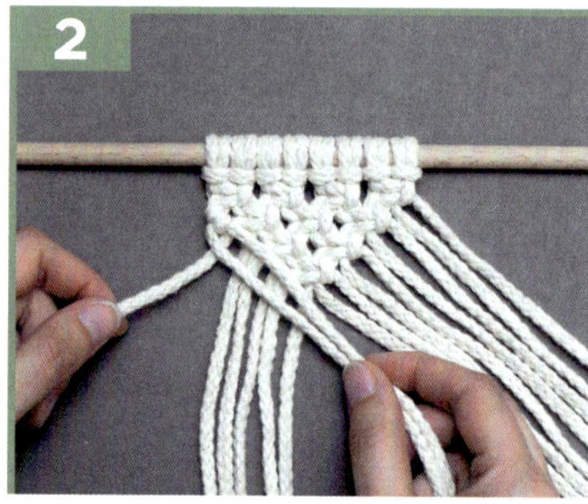

2 Für den zweiten Rippenknoten der Reihe nutzen Sie den Arbeitsfaden des vorherigen Rippenknotens als zusätzlichen Trägerfaden, sodass Sie hier einen Rippenknoten um zwei Trägerfäden knoten.

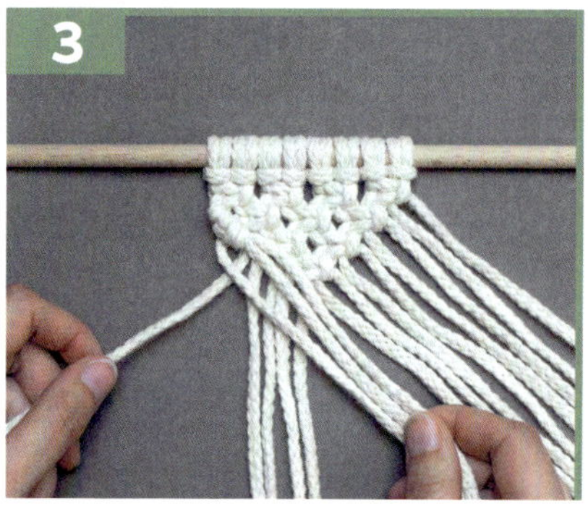

3 Bei jedem weiteren Rippenknoten wird der Arbeitsfaden des vorherigen Rippenknotens als zusätzlicher Trägerfaden verwendet, sodass Sie mit fortschreitender Rippenknoten-Anzahl auch um mehr Trägerfäden knoten. Das sorgt auch dafür, dass die geknotete Rippenknoten-Reihe immer dicker wird.

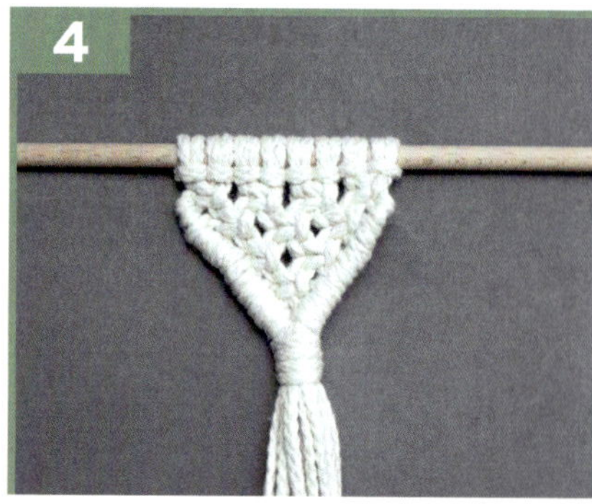

4 Wenn Sie diese Technik an einem Dreieck nutzen, so wie in meinem Beispiel, sammeln sich alle Stränge in der Mitte. Als Abschluss für diese Stränge bietet sich ein Wickelknoten an.

Abwechselnde halbe Schläge

Hier werden keine ganzen Rippenknoten geknotet, sondern es wird nur mit halben Schlägen, also quasi einem halben Rippenknoten, gearbeitet.
Ein Strang aus abwechselnden halben Schlägen kann als Zierelement in z. B. Wandbehängen genutzt werden oder für Makramee Schmuck als Armband oder Kette.

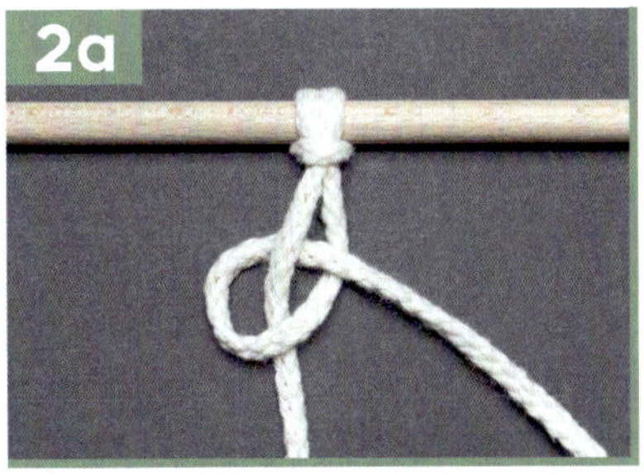
2a

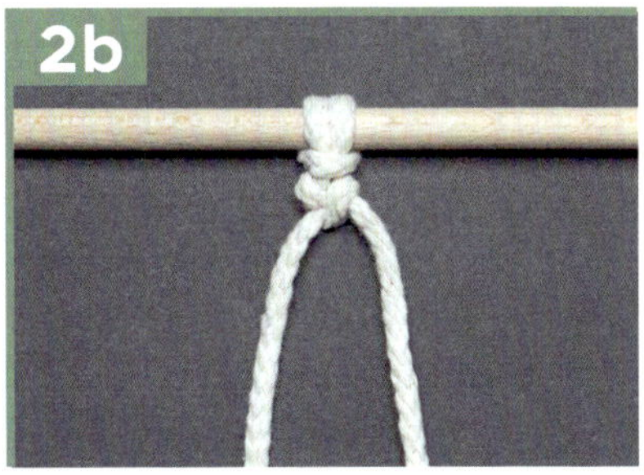
2b

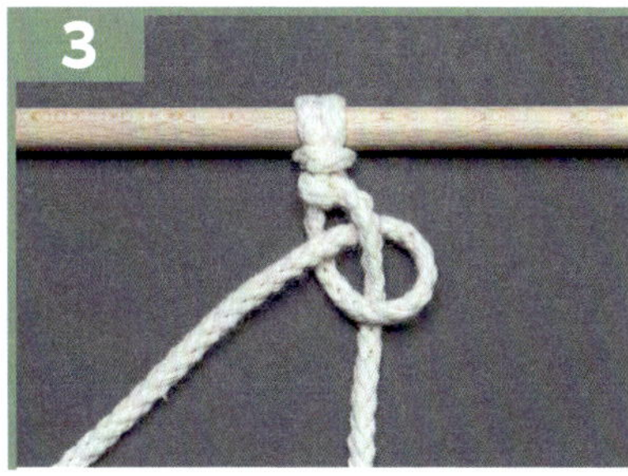
3

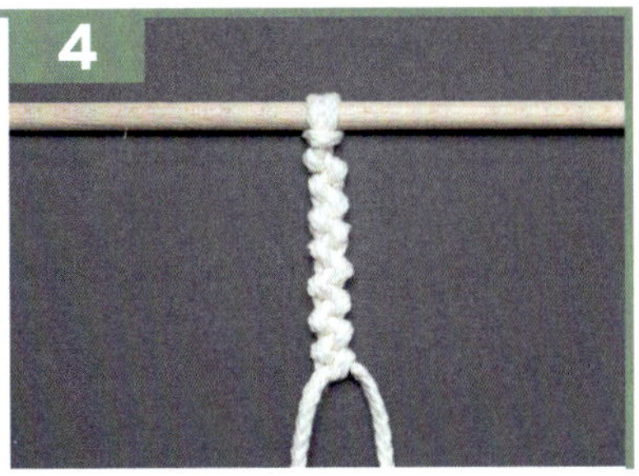
4

1 Für einen Strang aus abwechselnden halben Schlägen werden zwei Stränge benötigt, daher habe ich in meinem Beispiel einen Faden mit einem Ankerknoten befestigt.

2 Knoten Sie nun mit dem rechten Strang einen halben Schlag um den linken Strang.

3 Anschließend wird ein halber Schlag mit dem linken Strang um den rechten Strang geknotet.

4 Wiederholen Sie abwechselnd Schritt 2 und 3, bis Sie die gewünschte Länge erreicht haben.

Florale Muster-Stränge

Die floralen Muster-Stränge bestehen ausschließlich aus Rippenknoten. Sie können auch mit mehr oder weniger Strängen geknotet werden als in meinem Beispiel.
Sie sind sehr dekorativ und können z. B. als Schnullerketten (s. Seite 122) für sich stehen oder auch in einem Wandbehang eingearbeitet werden.

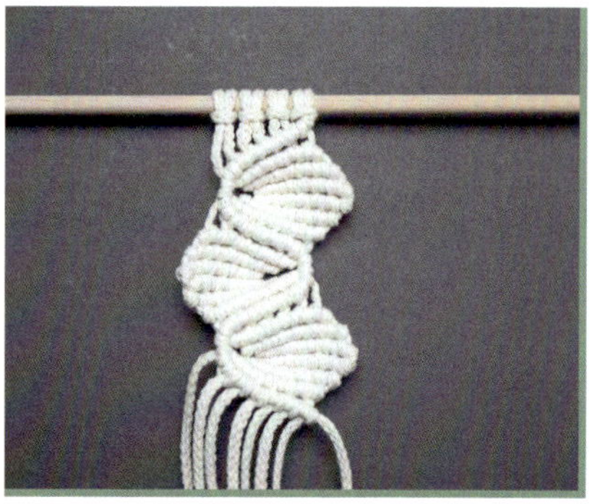

Muster mit Blütenblättern

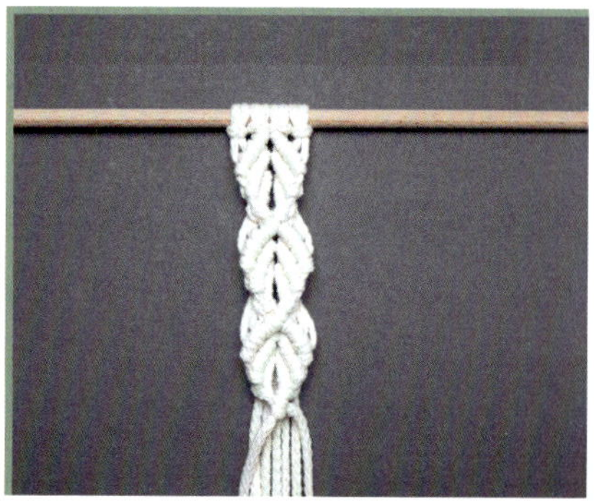

Muster mit Blättern

Muster-Strang: Blütenblätter

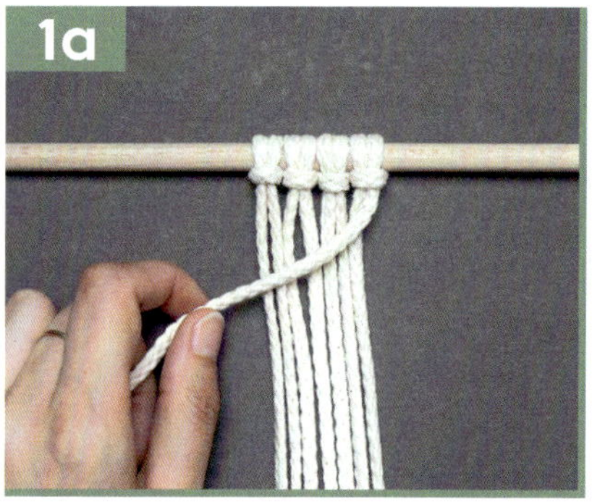

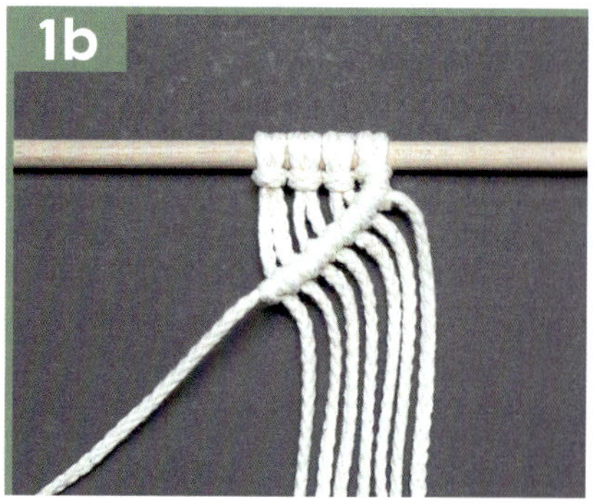

1 Halten Sie den rechten, äußeren Strang schräg nach unten links über die Arbeitsfäden und knoten Sie eine Reihe Rippenknoten für das erste nach rechts verlaufende Blütenblatt.

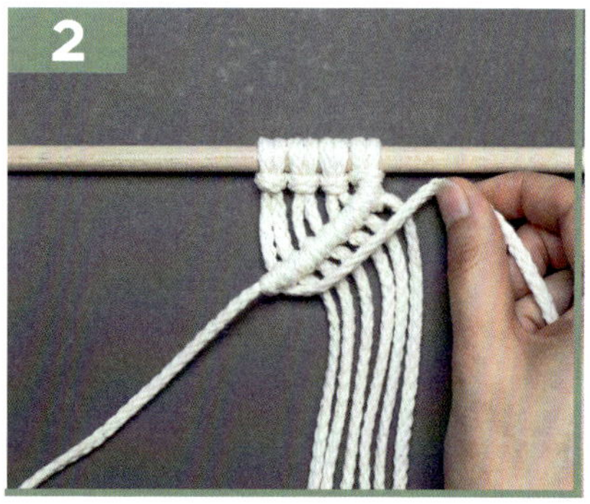

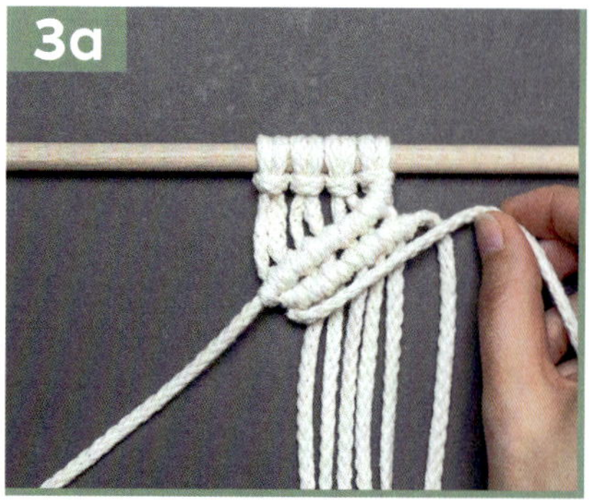

2 Den Trägerfaden aus Schritt 1 beiseitelegen. Der linke, äußere Arbeitsfaden der eben geknoteten Rippenknoten-Reihe dient nun als Trägerfaden. Halten Sie diesen schräg nach oben rechts über die Arbeitsfäden und knoten Sie eine Reihe Rippenknoten.

3 Wiederholen Sie Schritt 2 für zwei weitere Rippenknoten-Reihen, sodass dann vier Reihen Rippenknoten vor Ihnen liegen. Der Trägerfaden der Reihe zuvor dient dann immer als letzter Arbeitsfaden.

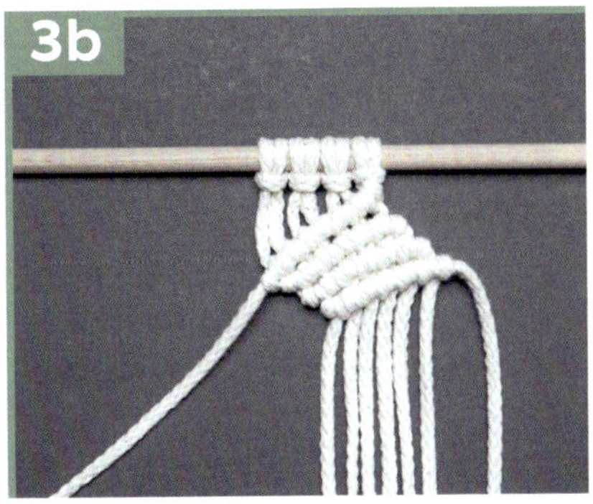
3b

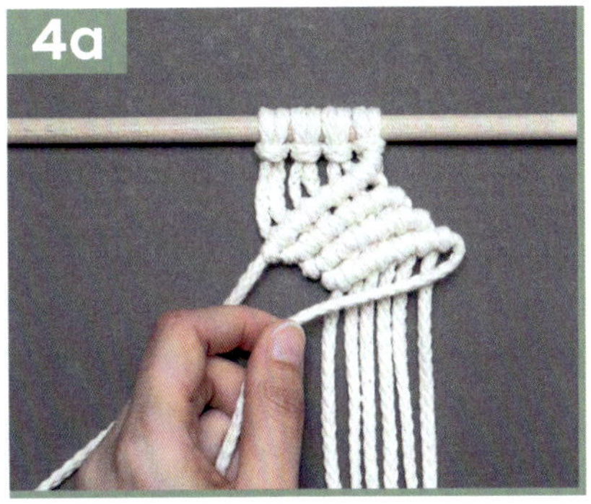
4a

4 Nun werden drei weitere Rippenknoten-Reihen in die andere Richtung geknotet. Nutzen Sie dazu immer den rechts äußeren Strang als Trägerfaden.

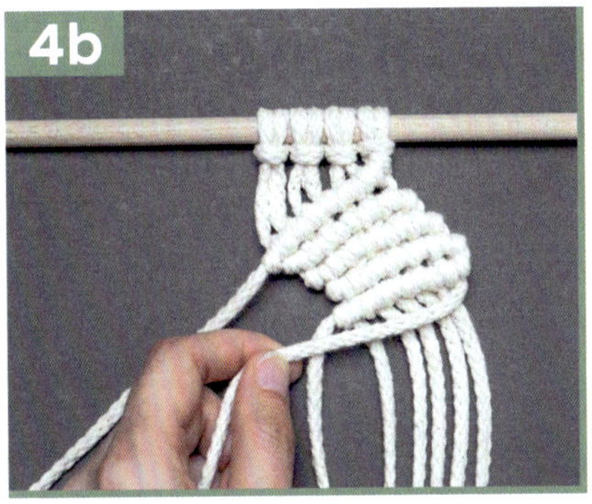
4b

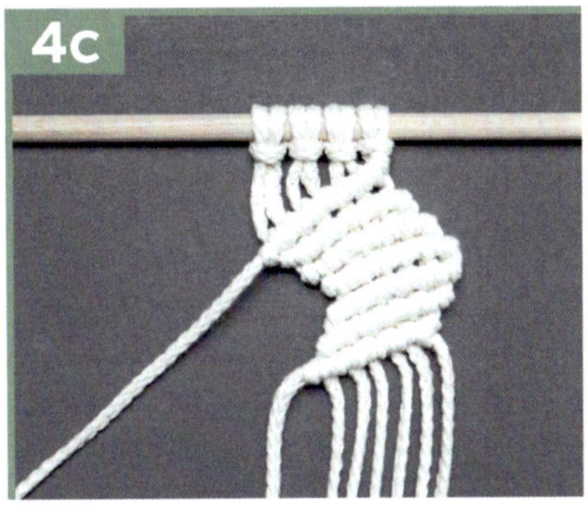
4c

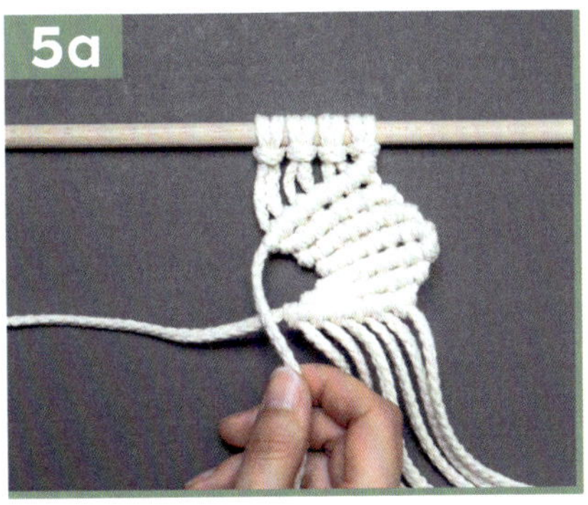
5a

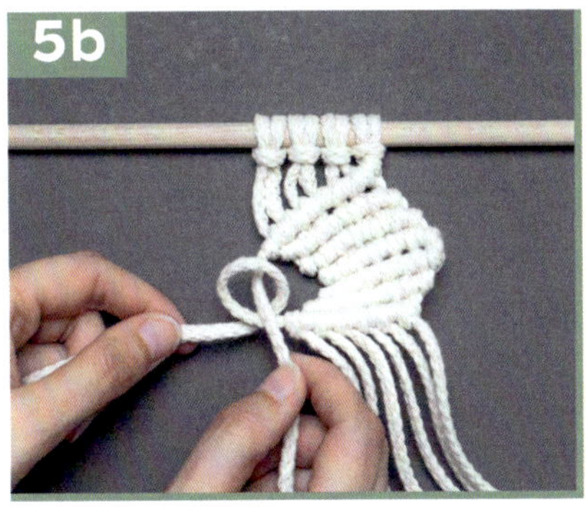
5b

5 Um eine Blüte zu formen, wird das Ende der Rippenknoten-Reihe aus Schritt 1 und das Ende der letzten Reihe aus Schritt 4 miteinander verbunden. Dazu wird nun der in Schritt 2 beiseitegelegte Trägerfaden genutzt. Halten Sie diesen über den Trägerfaden der letzten Reihe aus Schritt 4, der nun als Arbeitsfaden dient und knoten Sie einen Rippenknoten, sodass sich die beiden Reihen Rippenknoten berühren.

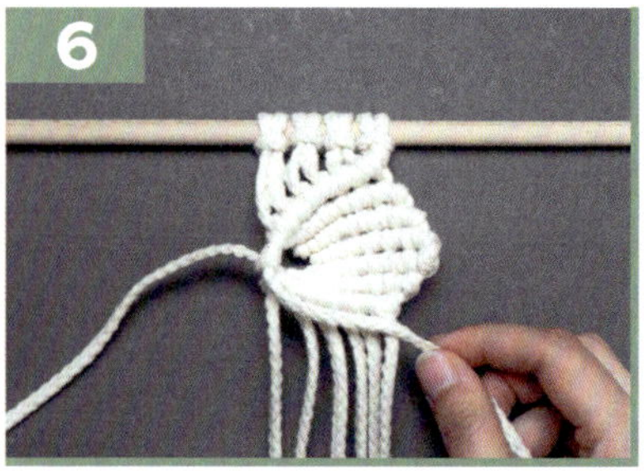
6

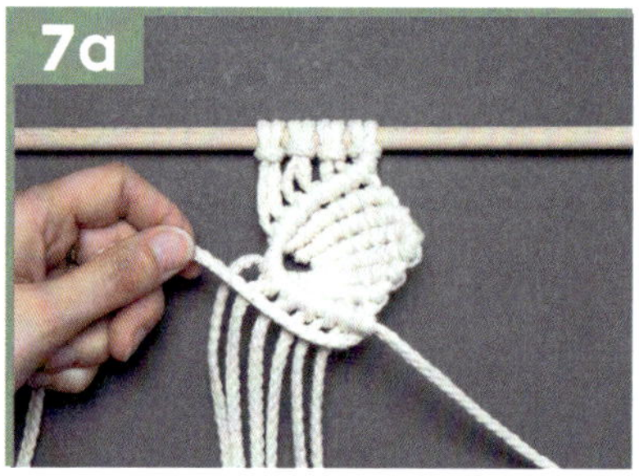
7a

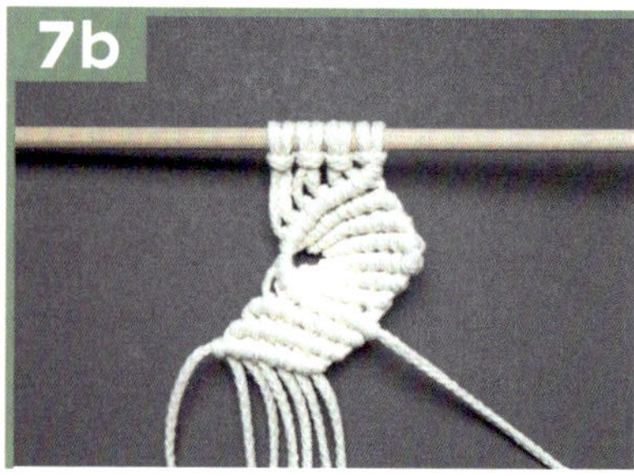
7b

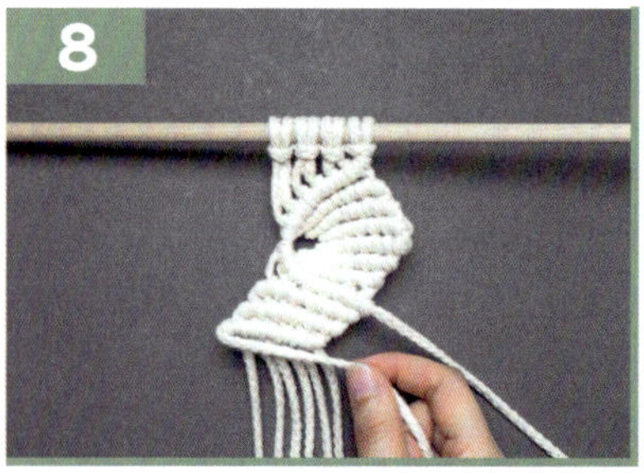
8

6 Die Reihe Rippenknoten mit den restlichen Arbeitsfäden fortführen.

7 Es folgt ein nach links gerichtetes Blütenblatt. Gehen Sie dazu vom Prinzip vor, wie schon beschrieben. Legen Sie also auch hier den Trägerfaden aus Schritt 6 weg und knoten Sie drei nach links verlaufende Rippenknoten-Reihen. Wobei immer der rechte, äußere Strang als Trägerfaden dient.

8 Anschließend knoten Sie drei nach links verlaufende Rippenknoten-Reihen. Hier wird immer der linke, äußere Strang als Trägerfaden genutzt.

9 Zum Schluss kommt wieder der zu Beginn weggelegte Trägerfaden zum Einsatz, um die Blüte zu formen.

Muster-Strang: Blätter

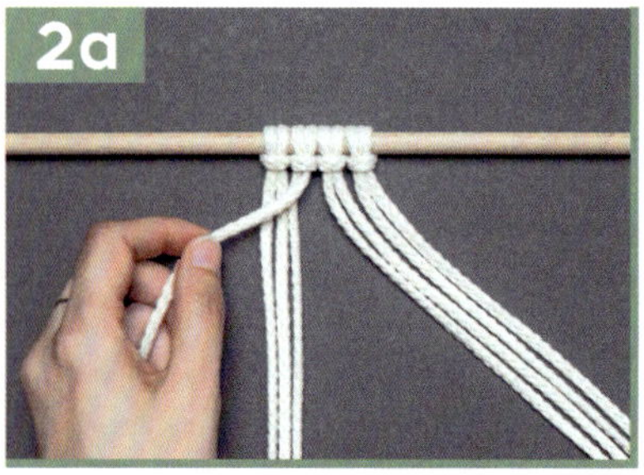
2a

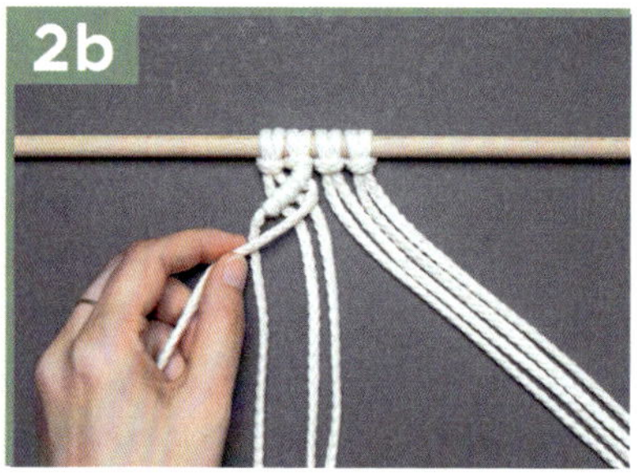
2b

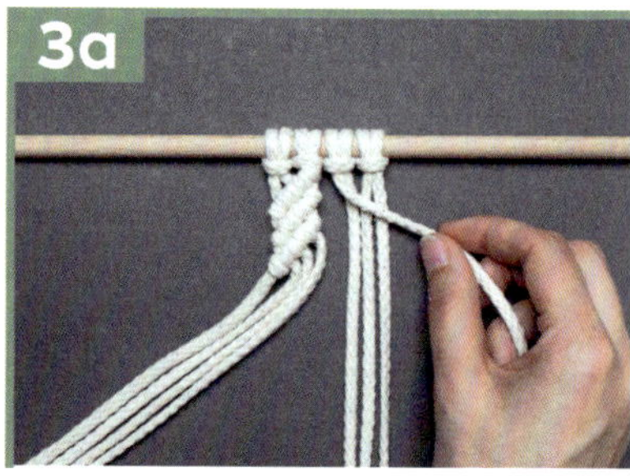
3a

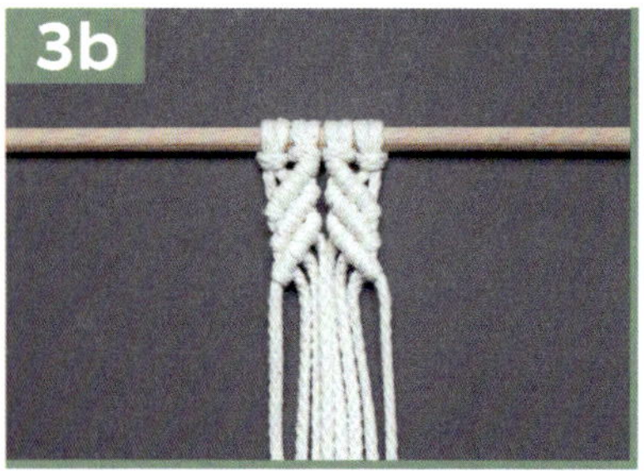
3b

1 Teilen Sie alle Stränge in der Mitte auf, sodass auf beiden Seiten gleich viele liegen (in meinem Beispiel je vier Stränge). Legen Sie die Stränge der rechten Seite vorerst weg.

2 Mit den linken Strängen drei schräg nach unten links verlaufende Reihen Rippenknoten knoten. Nutzen Sie den rechten, äußeren Strang als Trägerfaden. Der Trägerfaden der Rippenknoten-Reihe zuvor dient immer als letzter Arbeitsfaden für die aktuelle Reihe.

3 Wiederholen Sie Schritt 2 für die Stränge der rechten Seite. Hier werden schräg nach unten rechts verlaufende Reihen Rippenknoten geknotet.

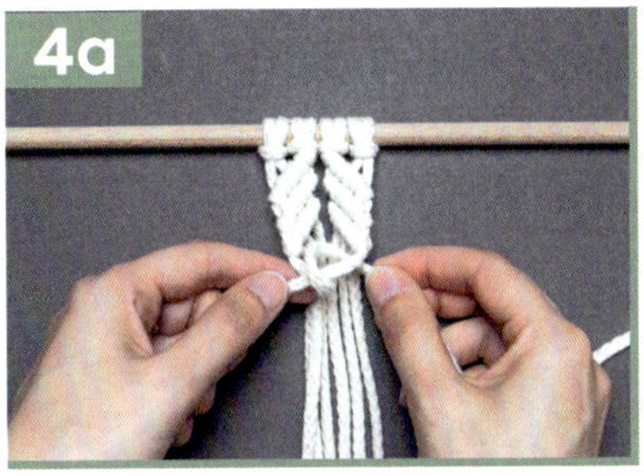
4a

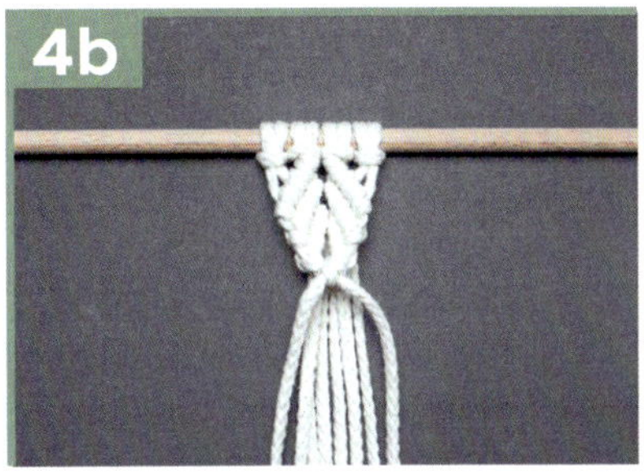
4b

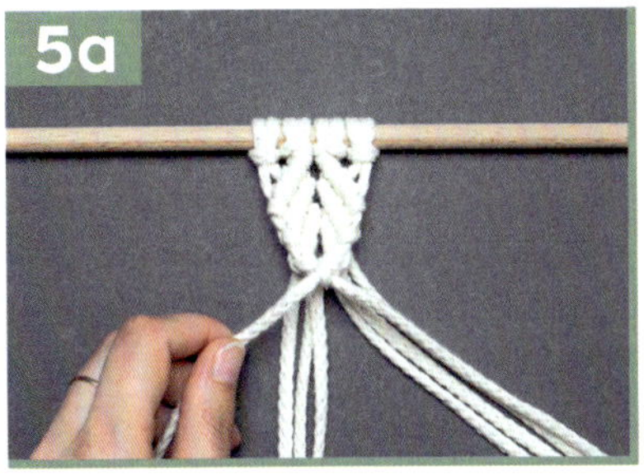
5a

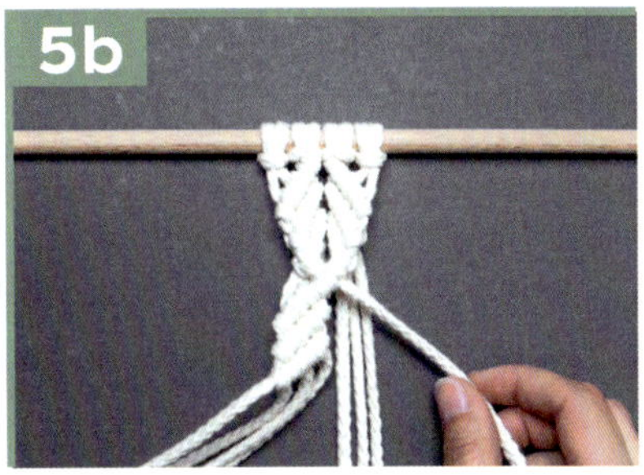
5b

4 Um ein Blatt zu formen, werden nun die beiden Enden der letzten rechten und linken Rippenknoten-Reihe miteinander verbunden. Halten Sie dazu den rechten, äußeren Strang als Trägerfaden über den linken, äußeren Strang. Mit den linken, äußeren Strang als Arbeitsfaden einen Rippenknoten knoten, sodass sich beide Rippenknoten-Reihen in der Mitte treffen. Die restlichen Fäden bleiben hier unberührt und verlaufen dahinter.

5 Für das nächste Blatt werden die Stränge wieder in der Mitte aufgeteilt. Die beiden Stränge aus Schritt 4 dienen nun als Trägerfäden für die neuen Reihen Rippenknoten. Gehen Sie sonst vor, wie schon beschrieben

Klassisches Diamant-Muster

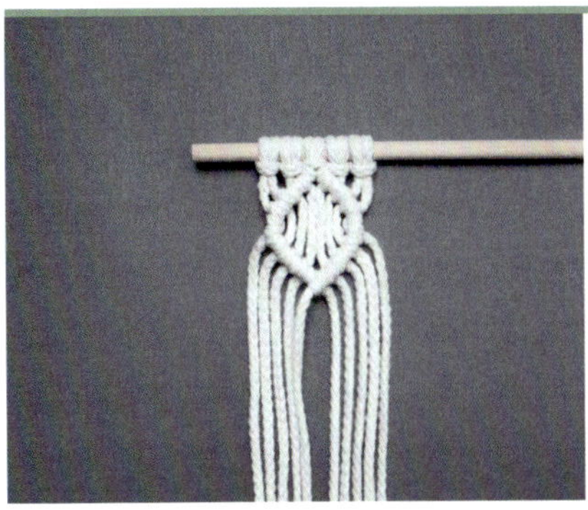

Beim klassischen Diamant-Muster werden mithilfe von Rippenknoten-Reihen kleine Zellen geknotet. Diese können mit den unterschiedlichsten Füllungen geknotet werden. Das können Knoten-Kombinationen sein, aber auch Schmuckelemente wie Tasseln. Da es ein Allrounder ist, kann es bei jeder möglichen Art von Projekt zum Einsatz kommen.
In meinem Beispiel ist das Diamant-Muster mit zehn Strängen geknotet. Das Muster kann aber ebenfalls mit mehr oder weniger Strängen angefertigt werden.

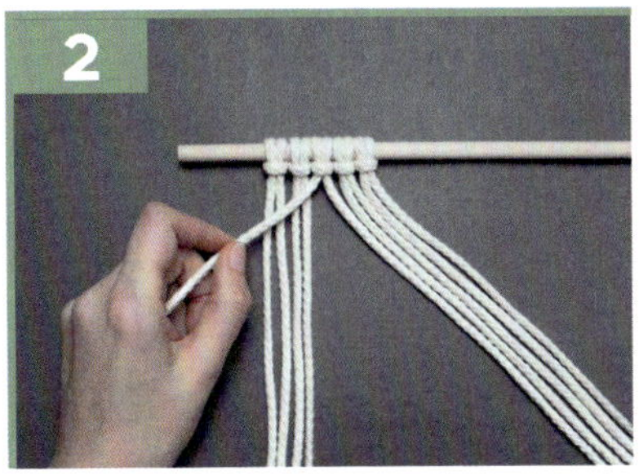
2

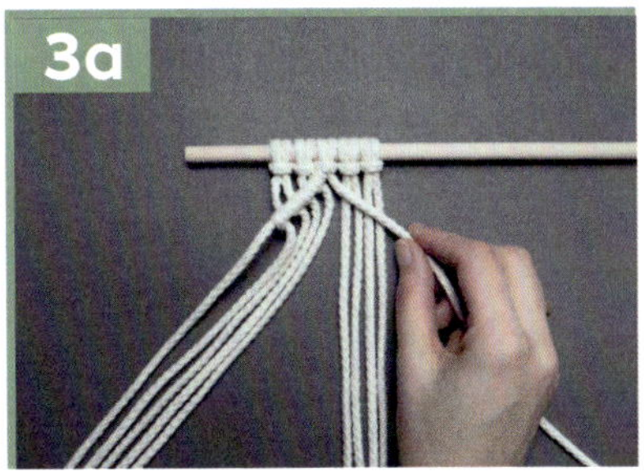
3a

1 Befestigen Sie fünf Fäden mit dem Ankerknoten am Trägermedium.

2 Alle Stränge in der Mitte aufteilen, sodass auf beiden Seiten je fünf Stränge liegen. Legen Sie die Stränge der rechten Seite für diesen Schritt weg. Halten Sie den rechten Strang der linken Seite in einem Winkel von ca. 45° nach unten über die vier Arbeitsfäden. Knoten Sie eine Reihe Rippenknoten.

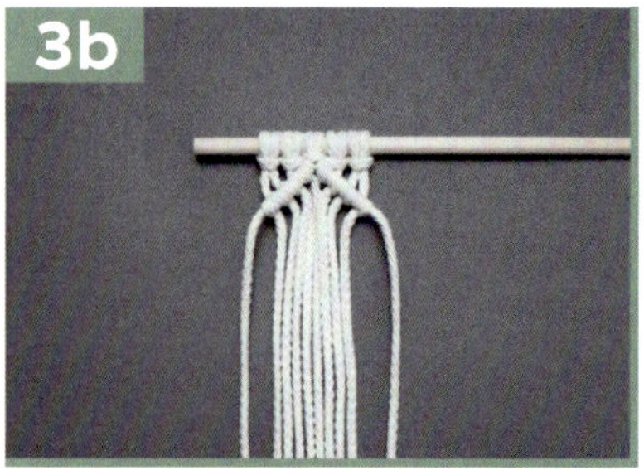

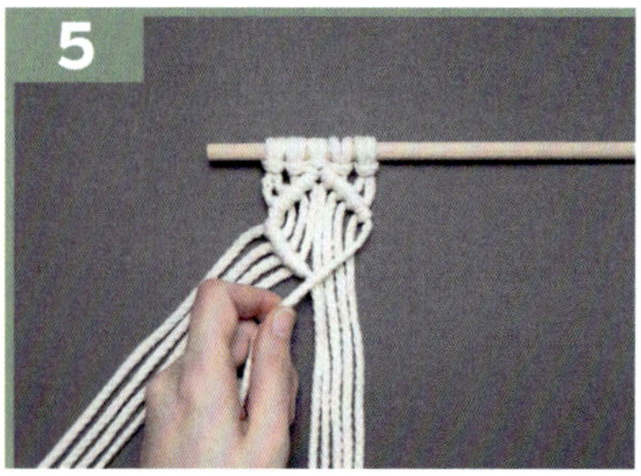

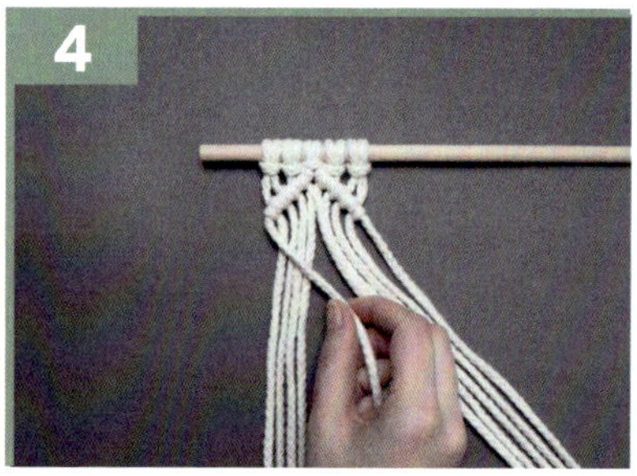

3 Wiederholen Sie Schritt 2 für die Stränge der rechten Seite. Nutzen Sie hier den linken Strang als Trägerfaden.

4 Nun könnten Sie die Zelle mit einem Muster füllen oder sie ohne Füllung schließen.

5 Zum Verschließen der Zelle werden jetzt zwei zueinander verlaufende Reihen Rippenknoten geknotet. Legen Sie dazu die fünf Stränge der rechten Seite wieder weg. Dann den äußeren Strang der linken Seite über die vier Arbeitsfäden schräg nach unten in die Mitte halten und eine Rippenknoten-Reihe knoten.

6 Wiederholen Sie Schritt 5 für die Stränge der rechten Seite. Verbinden Sie die Reihen Rippenknoten in der Mitte, indem Sie den Trägerfaden der linken Seite als zusätzlichen, fünften Arbeitsfaden für die rechte Seite nutzen.

7 Schritt 2–6 für weitere Zellen wiederholen.

Diamantmuster-Füllungen

Großer Kreuzknoten

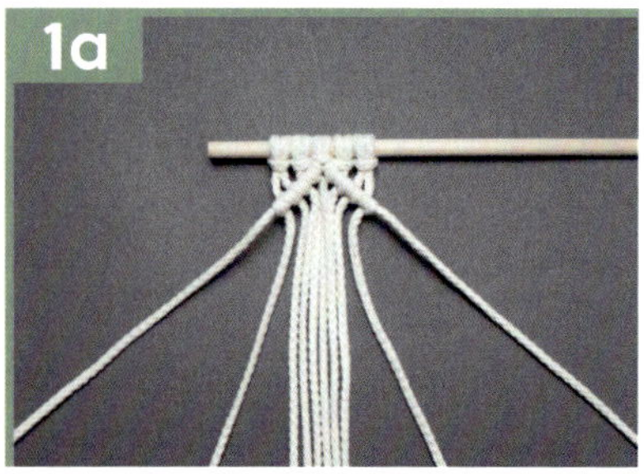

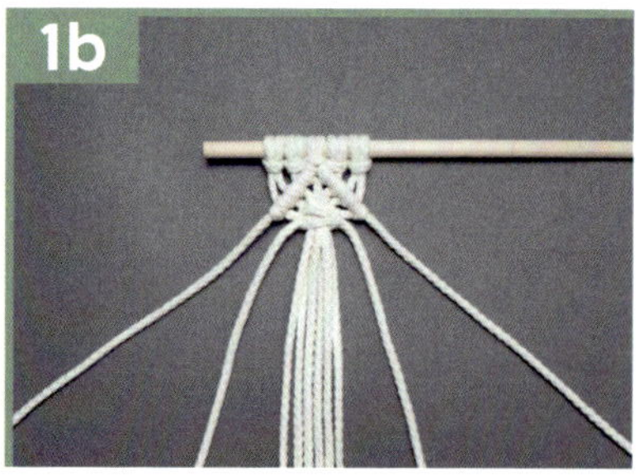

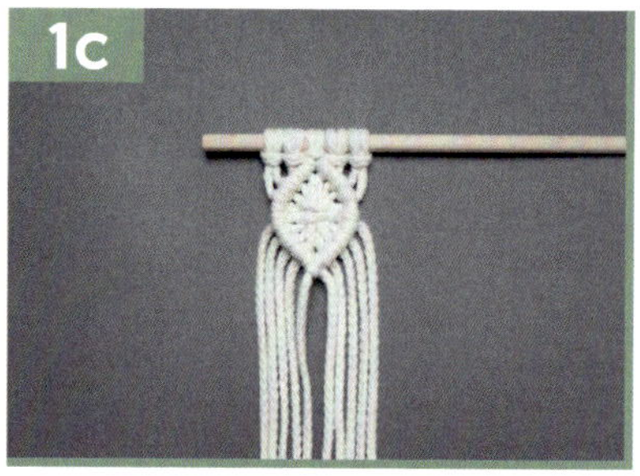

1 Legen Sie die beiden Trägerfäden des Diamant-Musters beiseite. Nutzen Sie für den großen Kreuzknoten die nun beiden außen liegenden Stränge als Arbeitsfäden. Knoten Sie damit einen Kreuzknoten um die sechs in der Mitte liegenden Stränge, die nun als Trägerfäden dienen. Hinweis: Ziehen Sie nach dem Knoten des Kreuzknotens vorsichtig an allen Trägerfäden, damit sie keine Schlaufen werfen.

Blatt

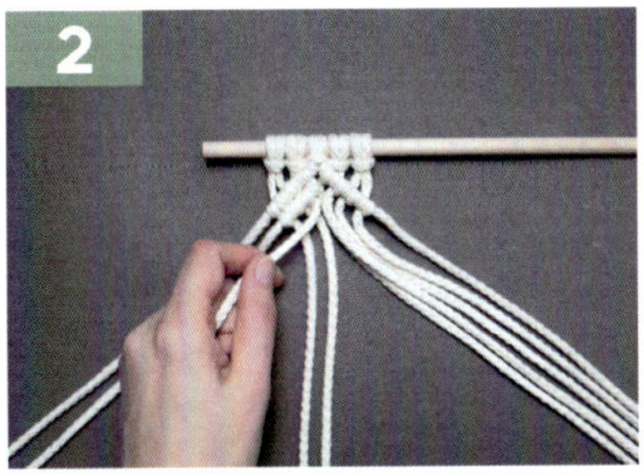

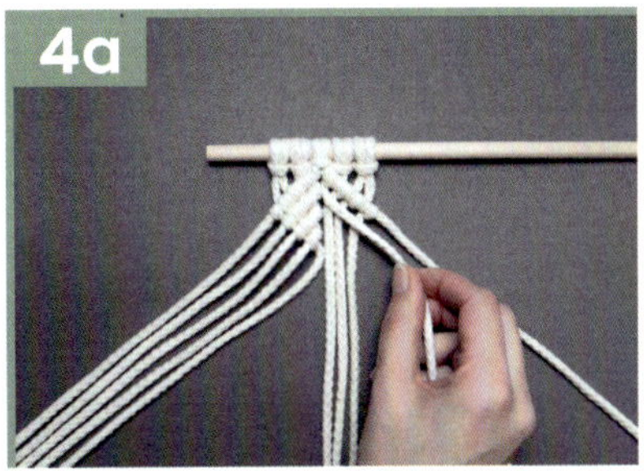

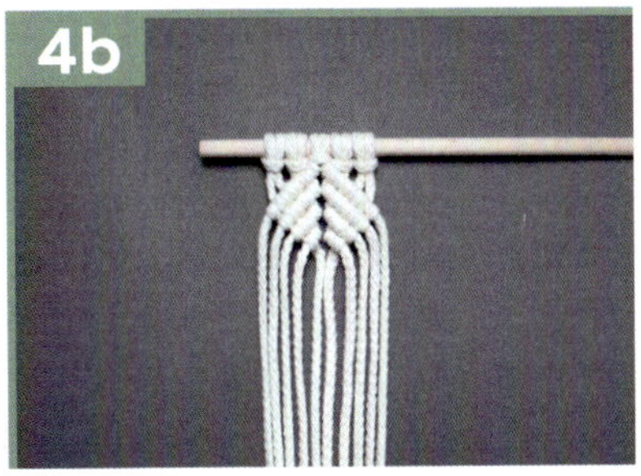

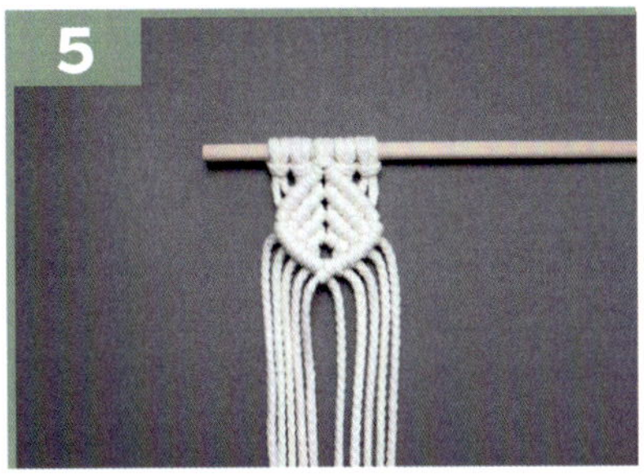

1 Die Trägerfäden des Diamant-Musters werden beiseitegelegt. Mit diesen wird bei der Füllung nicht geknotet. Teilen Sie nun die restlichen Stränge in der Mitte auf, sodass auf beiden Seite je vier Stränge liegen.

2 Legen Sie die vier Stränge der rechten Seite vorerst weg. Halten Sie den innenliegenden, rechten Strang der linken Seite über die Arbeitsfäden schräg nach außen. Knoten Sie eine Reihe Rippenknoten.

3 Legen Sie den Trägerfaden der gerade geknoteten Rippenknoten-Reihe nun ebenfalls beiseite. Wiederholen Sie das Vorgehen aus Schritt 1 für den nun ganz rechts liegenden Strang der linken Seite. Sie knoten nun mit einem Arbeitsfaden weniger.

4 Wiederholen Sie Schritt 2. Hier knoten Sie nur noch mit einem Arbeitsfaden.

5 Wiederholen Sie Schritt 1-3 für die rechten Stränge. Hier nutzen Sie immer den linken äußeren Strang als Trägerfaden.

Beerenknoten

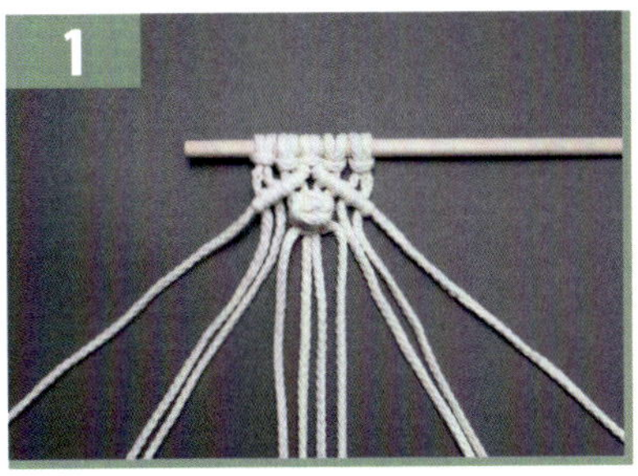

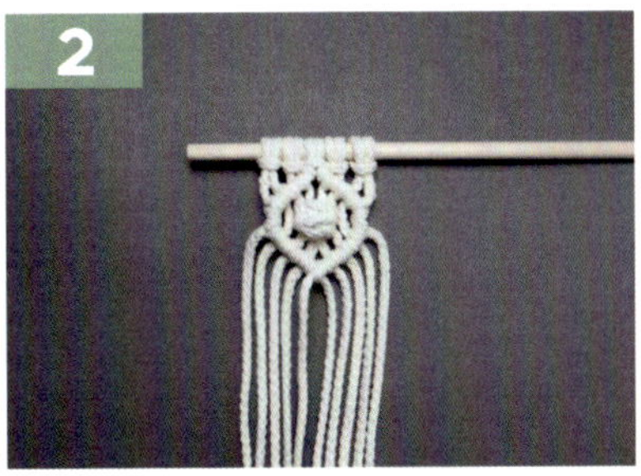

1 Knoten Sie mit den vier mittleren Stränge einen Beerenknoten (s. Seite 26). Der erste Kreuzknoten des Beerenknotens wird dazu etwas unterhalb der Mitte (= ca. 2 cm von der oberen Spitze der Zelle entfernt) geknotet.

Gewebtes Muster

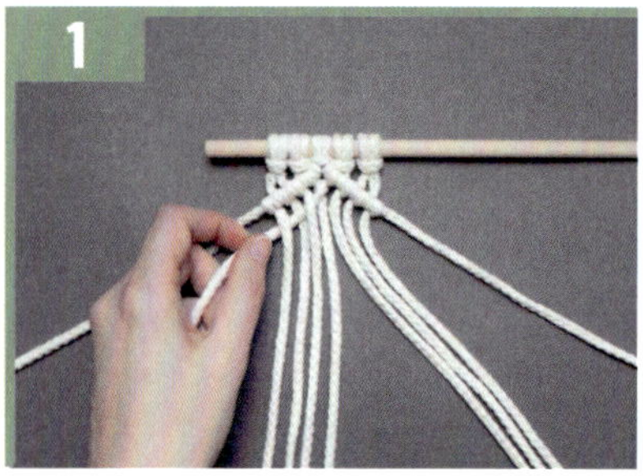

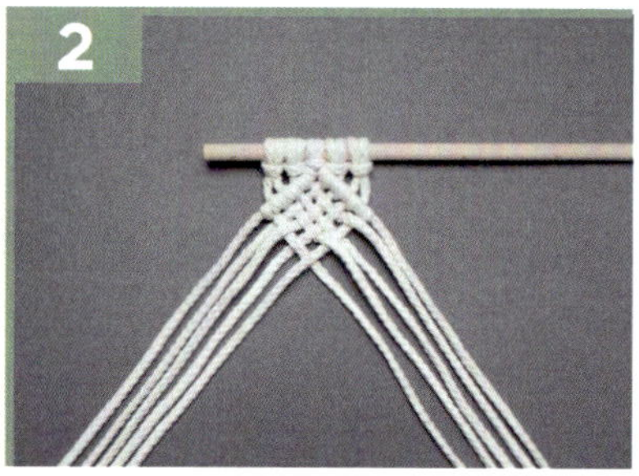

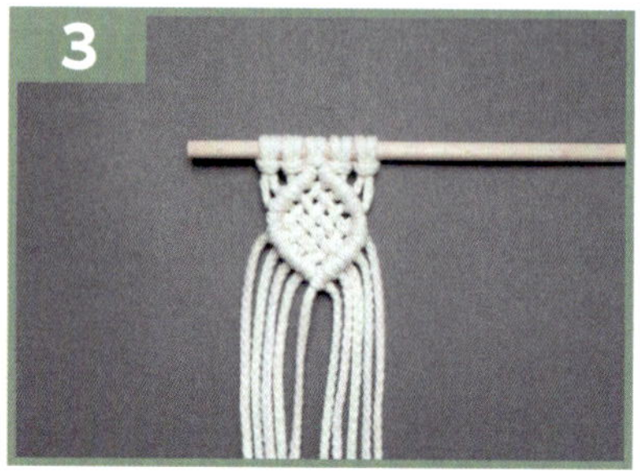

1 Für diese Füllung werden die Arbeitsfäden des Diamant-Musters ineinander verwebt. Die Trägerfäden der Diamant-Musters bleiben unangetastet und werden beiseite gelegt. Nehmen Sie den ersten Strang der rechten Seite und führen Sie ihn abwechselnd über und unter die Stränge der linken Seite.

2 Wiederholen Sie Schritt 1 für den nächsten Strang der rechten Seite. Dieses Mal wird der Faden erst unter und dann über die anderen Stränge geführt, sodass ein gewebtes Muster entsteht.

3 Wiederholen Sie Schritt 1 und 2 abwechselnd für die beiden restlichen Stränge und dann spiegelverkehrt für die Stränge der linken Seite.

Doppeltes Diamant-Muster

Das doppelte Diamant-Muster ist eine Abwandlung des klassischen Diamant-Musters und ist ebenfalls vielseitig einsetzbar.

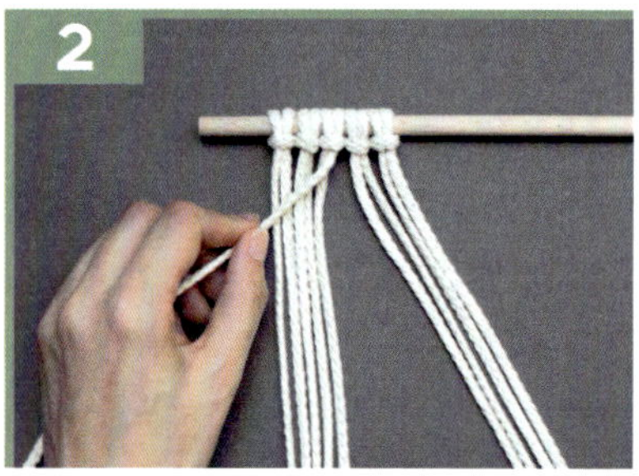

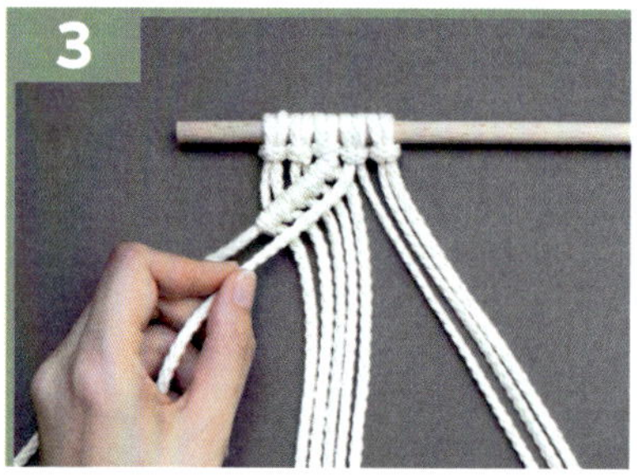

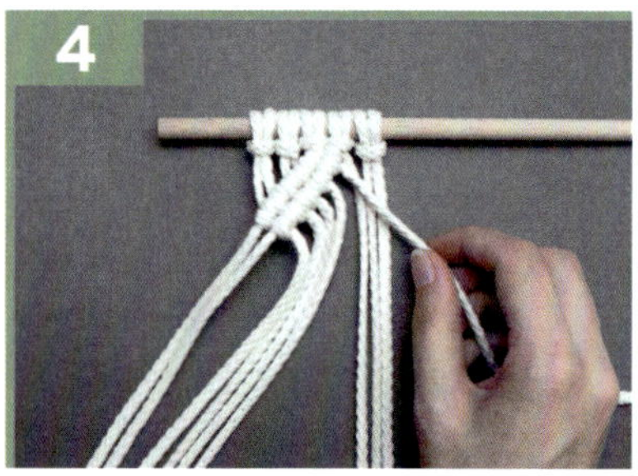

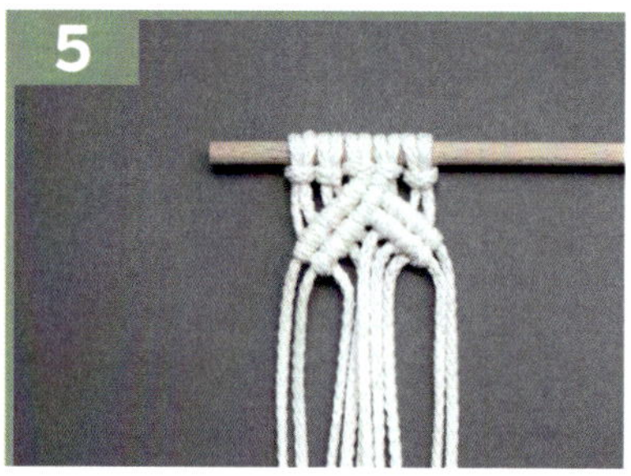

1 Für dieses doppelte Diamant-Muster werden zehn Stränge verwendet. Ich habe fünf Fäden mit dem Ankerknoten am Trägermedium befestigt.

2 Es folgt eine Reihe Rippenknoten. Dafür den fünften Strang von rechts als Trägerfaden in einem Winkel von ca. 45° schräg nach unten links über die fünf Arbeitsfäden halten und eine Reihe Rippenknoten knoten.

3 Es wird eine weitere Reihe Rippenknoten parallel zur Reihe aus Schritt 2 geknotet. Halten Sie dazu den vierten Strang von rechts als Trägerfaden schräg nach unten links über die fünf Arbeitsfäden aus Schritt 2 und knoten Sie eine Rippenknoten-Reihe. Der Trägerfaden aus Schritt 2 wird hierbei nicht verarbeitet.

4 Es folgen zwei nach rechts verlaufende Reihen. Für die erste halten Sie den ersten Arbeitsfaden aus Schritt 3 (4. Strang von rechts) als Trägerfaden schräg nach unten rechts über die drei Arbeitsfäden und knoten die Reihe.

5 Für die zweite Reihe nutzen Sie den zweiten Arbeitsfaden aus Schritt 3 als Trägerfaden und halten diesen schräg nach unten rechts über die drei Arbeitsfäden. Knoten Sie eine Rippenknoten-Reihe. Auch hier bleibt der Trägerfaden der ersten Reihe ungeknotet.

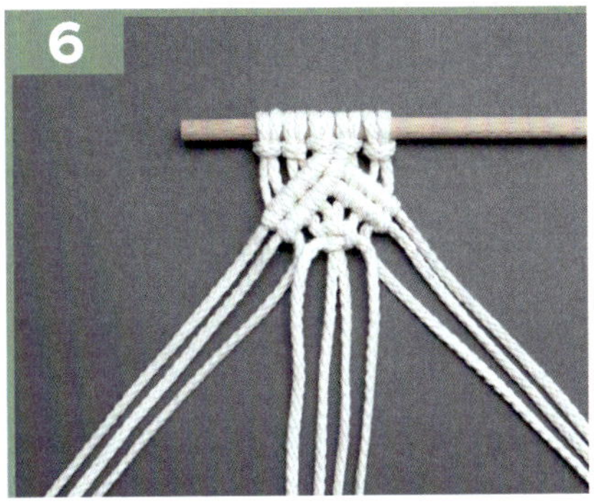

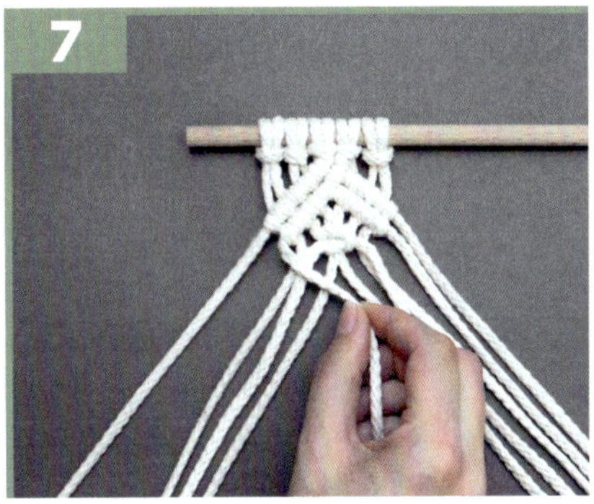

6 Knoten Sie mit den vier mittleren Strängen einen Kreuzknoten in einem Abstand von ca. 1 cm zu den Rippenknoten, damit der Knoten später in der Mitte des Diamant-Musters sitzt.

7 Teilen Sie alle Stränge in der Mitte auf. Legen Sie die fünf rechten Stränge weg. Zusätzlich den äußeren, linken Trägerfaden beiseite legen. Halten Sie nun den zweiten Trägerfaden von links zur unteren Mitte hin über die drei Arbeitsfäden und knoten Sie eine Reihe Rippenknoten.

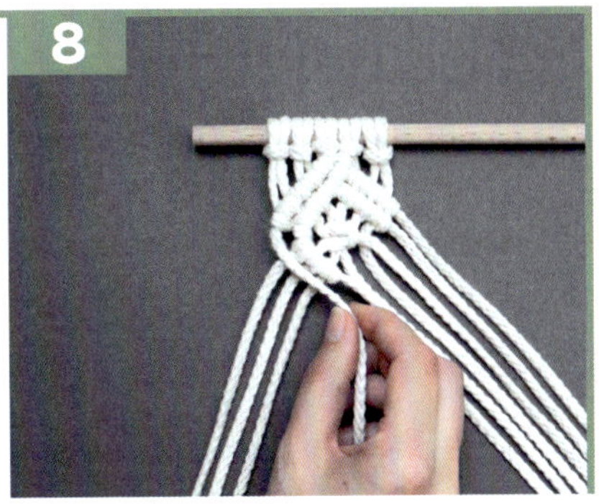

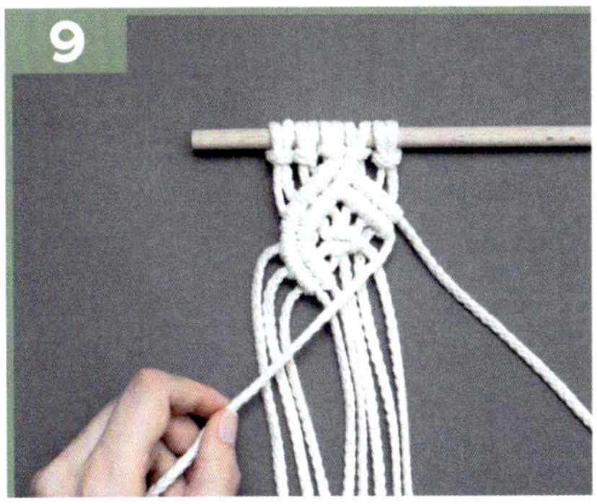

8 Es folgt die zweite, äußere Reihe Rippenknoten. Halten Sie dafür den äußeren Trägerfaden schräg nach unten in die Mitte über die drei Arbeitsfäden und knoten Sie erneut eine Reihe. Auch hier bleibt der Trägerfaden aus Schritt 7 ungeknotet.

9 Nun wird die erste Zelle des Musters geschlossen und die neue Zelle begonnen. Dazu den rechten Trägerfaden weglegen. Der zweite Trägerfaden wird nun nach links außen über alle acht restlichen Stränge gehalten. Knoten Sie eine Reihe Rippenknoten damit.

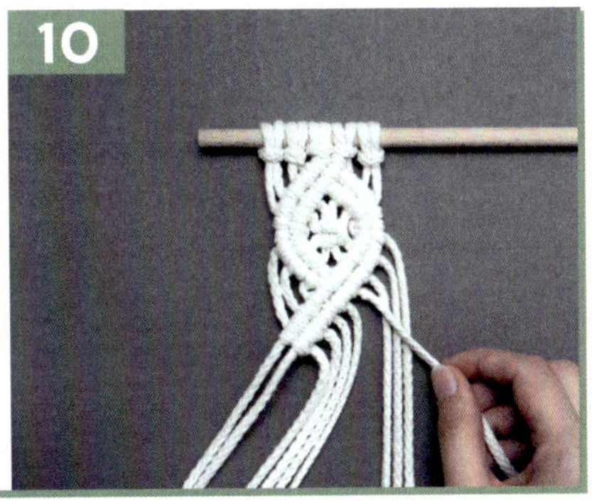

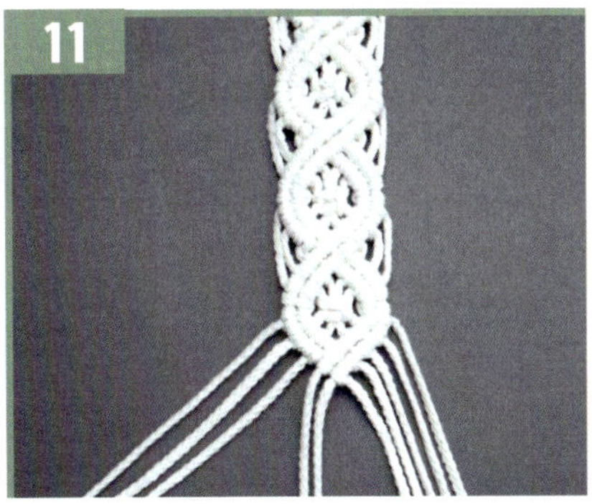

10 Es folgt die zweite, parallel verlaufende Reihe Rippenknoten. Halten Sie dafür den äußeren Trägerfaden schräg nach unten links über alle acht Arbeitsfäden und knoten Sie eine Reihe Rippenknoten.

11 Wiederholen Sie Schritt 4–10, bis Sie die gewünschte Anzahl an Zellen geknotet haben.

IDEENINSEL

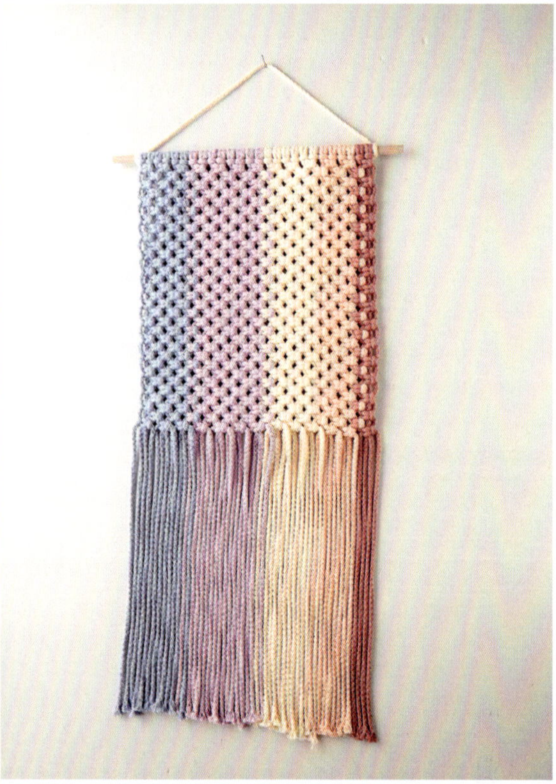

Makramee Regenbogen Wandbehang

Motivlänge
ca. 56 cm
(ohne Aufhängung gemessen)

Material

- 26 Baumwollfäden in verschiedenen Farben, geflochten, ø 4 mm, 2,60 cm lang
- Baumwollfaden in Natur, geflochten, ø 4 mm, 60 cm lang
- Rundholz, ø 8 mm, 30 cm lang

1. Befestigen Sie 26 x 2,60 m lange Baumwollfäden mit dem von vorne geknoteten Ankerknoten an einem 30 cm langem Rundholz.
2. Mit allen Fäden eine gerade Fläche mit 31 Reihen aus Kreuzknoten knoten.
3. Kürzen Sie die Enden auf die gewünschte Länge.
4. Befestigen Sie einen 60 cm langen Baumwollfaden mit zwei Doppelknoten außen am Rundholz zum Aufhängen des Wandbehangs.

Makramee Schlüsselanhänger mit Diamant-Muster

Motivlänge
ca. 10,5 cm
(ohne Karabiner gemessen)

Material

- 3 Baumwollfäden in Natur, geflochten, ø 2-3 mm, 90 cm lang
- Baumwollfaden in Natur, geflochten, ø 2-3 mm, 30 cm lang
- Karabiner, 2 cm Öse
- 3 Holzperlen, ø 8 mm

1. Befestigen Sie 3 x 90 cm lange Baumwollfäden mit dem von vorne geknoteten Ankerknoten am Karabiner.
2. Knoten Sie ein Diamant-Muster mit drei Zellen, wobei jede Zelle mit einer Holzperle gefüllt wird. Dazu auf die mittleren beiden Fäden die Perle auffädeln.
3. Alle Stränge in der Mitte zusammenführen und mit einem Wickelknoten fixieren. Nutzen Sie dazu einen 30 cm langen Faden.
4. Dann die Enden kürzen.

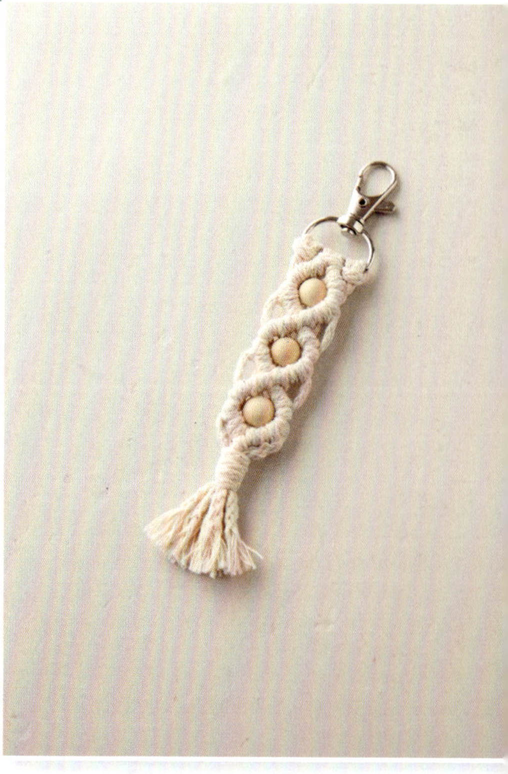

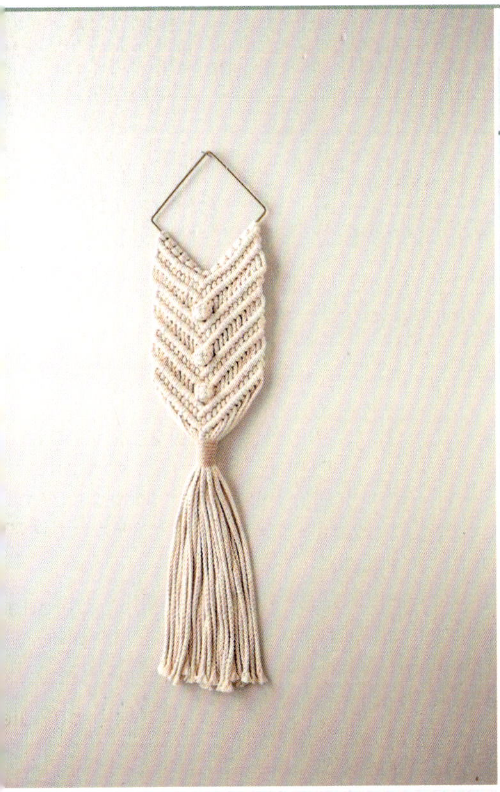

Wandbehang aus Rippenknoten und Beerenknoten

Motivlänge
ca. 60 cm (mit Ring)
Material
- 13 Baumwollfäden in Natur, geflochten, ø 4 mm, 3,50 m lang
- Baumwollfaden in Nude/Puderrosa, geflochten, ø 4 mm, 70 cm lang
- Metallring Quadrat in Gold, 10 cm groß

1. Abwechselnd eine Reihe Rippenknoten auf der Vorder- und Rückseite entlang der beiden Kanten des Quadrats knoten, bis Sie drei Reihen geknotet haben. Die Reihen werden in der Mitte verbunden.
2. Es folgt ein Beerenknoten mit den mittleren vier Strängen.
3. Wiederholen Sie abwechselnd Schritt 2–3 bis Sie die Abfolge drei Mal geknotet haben. Darauf folgt eine weitere Abfolge Rippenknoten (Schritt 2) als Abschluss. Durch den Beerenknoten wird die darauffolgende Reihe immer im Abstand von ca. 1,5 cm zu der Reihe davor geknotet.
4. Zum Schluss alle Stränge mittig zusammenführen und mit dem 70 cm-Faden zu einem Wickelknoten fixieren. Die Enden wie gewünscht kürzen.

Makramee Windlicht

Motivlänge
ca. 10 cm
Material
- 31 Baumwollfäden in Flieder, geflochten, ø 2–3 mm, 60 cm lang
- Baumwollfaden in Flieder, geflochten, ø 2–3 mm, 90 cm lang
- Konservenglas, Schraubverschluss ø 7,5 cm, Höhe 10 cm

1. 31 x 60 cm lange Baumwollfäden mit dem von vorne geknoteten Ankerknoten mittig an einem 90 cm langen Baumwollfaden befestigen.
2. Den 90 cm-Faden unterhalb des Schraubverschlusses mit einem Doppelknoten befestigen. Die Enden des Fadens sollten gleich lang sein, da mit ihnen auch geknotet wird.
3. Mit allen Fäden vier Kreuzknoten-Dreiecke mit einer Basis von vier Kreuzknoten anfertigen.
4. Entlang der Flanken der Dreiecke Rippenknoten (s. Seite 28) knoten. Dabei dienen die jeweils äußeren Stränge der Dreiecke als Trägerfäden.
5. Zwischen den Dreiecken kleine Kreuzknoten-Rauten mit einer Basis von zwei Kreuzknoten in einem Abstand von ca. 1 cm zu den Dreiecken knoten.
6. Die Enden auf Glas-Höhe kürzen.

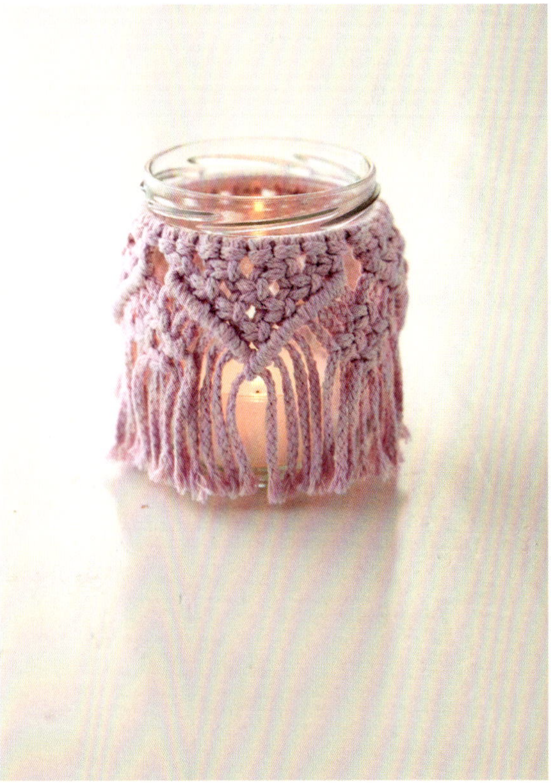

Zierelemente

Tasseln

Tasseln oder auch Quasten sind verspielte, kleine Deko-Elemente, die am Ende an den geknoteten Elementen befestigt werden können. Es gibt verschiedene Möglichkeiten, Tasseln zu befestigen. Ich zeige Ihnen einige davon. Für Tasseln können Sie drei bis fünf 20–30 cm lange Stränge benutzen. Ich habe für meine Beispiel-Tasseln 25 cm langes, einfach gezwirntes Garn verwendet. Sie können auch geflochtenes Garn verwenden und dieses mit einer Tierhaarbürste auskämmen (zum Glätten, mit Wasser besprühen und erneut kämmen). Nutzen Sie hier gerne Garnreste.
Die Anzahl der Fäden können Sie auch ändern, je nachdem ob Ihre Tassel größer oder kleiner wirken soll.

Tasseln um einen Kreuzknoten befestigen

1a

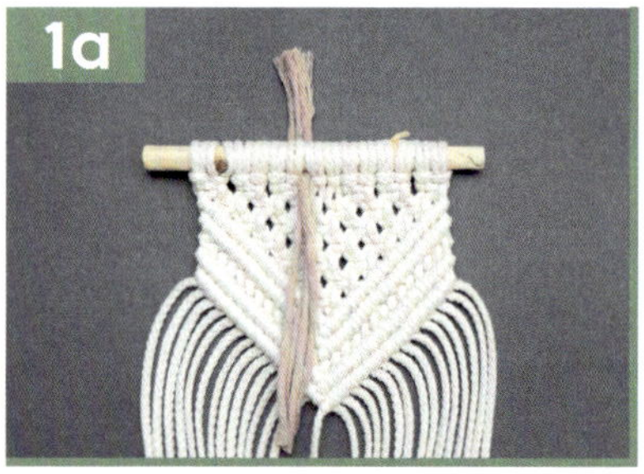

1b

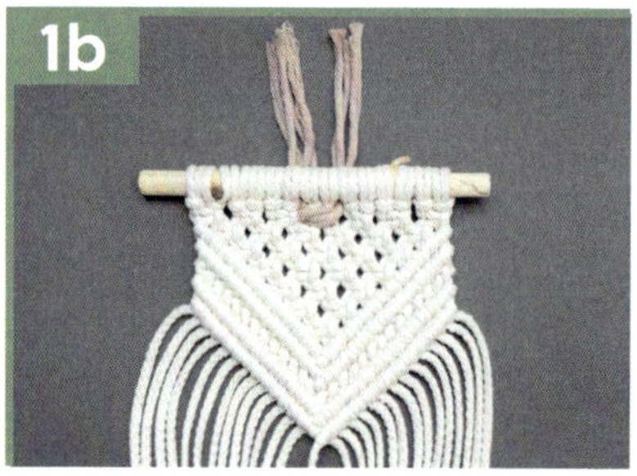

2

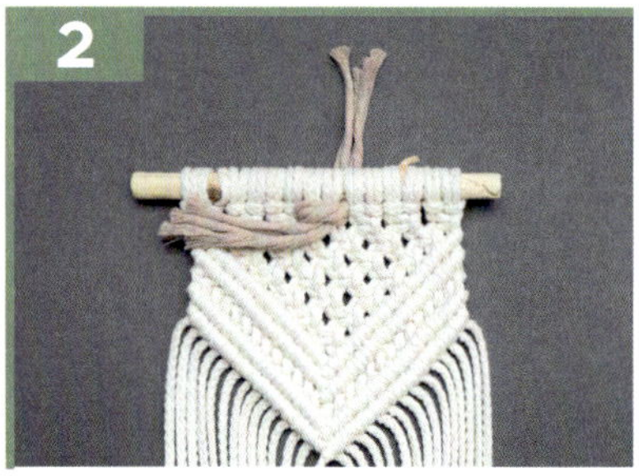

3

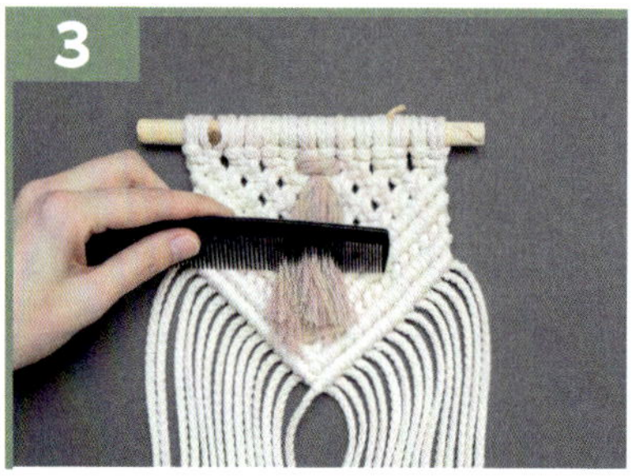

1 Führen Sie drei Fäden rechts und links vom Kreuzknoten durch den kleinen Zwischenraum von vorne nach hinten. Hier gerne einen spitzen Gegenstand zur Hilfe nehmen (z. B. eine Häkel- oder Stricknadel).

2 Anschließend werden alle Fäden durch den kleinen Zwischenraum unter dem Kreuzknoten von hinten nach vorne geführt. Am besten immer erst die drei Stränge der einen Seite und anschließend die Stränge der anderen Seite durch den Zwischenraum führen.

3 Tassel kämmen und auf die gewünschte Länge kürzen.

Tasseln in einer leeren Zelle/Raute befestigen

Lassen Sie für diese Art der Befestigung beim Knoten der Zellen/Rauten die Füllung weg.

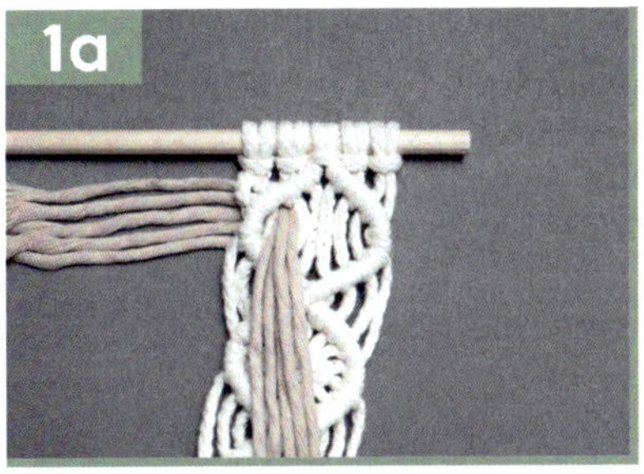

1a

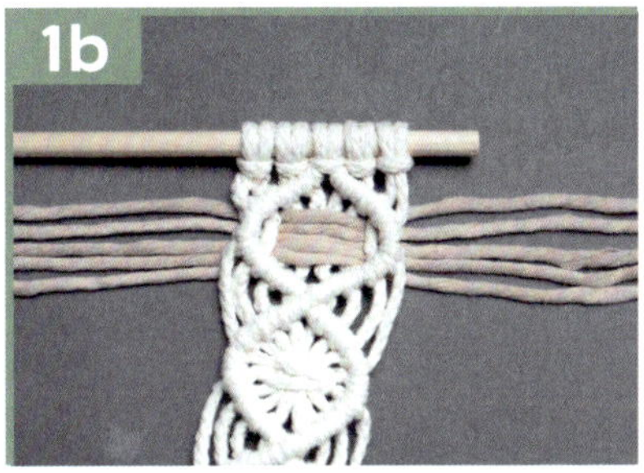

1b

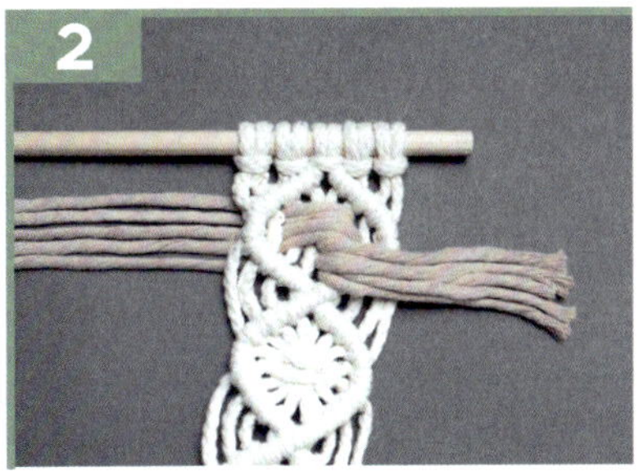

2

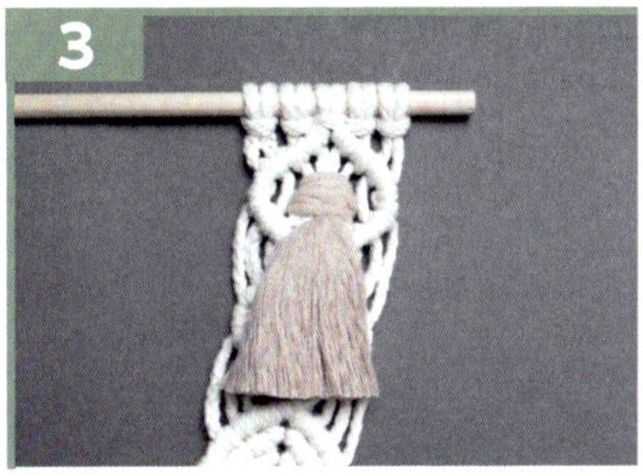

3

1 Führen Sie fünf Fäden rechts und links durch den zweiten Zwischenraum von der Mitte aus gezählt von vorne nach hinten. Bei kleineren Zellen nutzen Sie für diesen Schritt den ersten Zwischenraum von der Mitte aus gezählt.

2 Danach werden alle Fäden durch den mittleren Zwischenraum von hinten nach vorne geführt.

3 Tassel kämmen und auf die gewünschte Länge kürzen.

Tasseln an den Schlaufen eines Diamant-Musters befestigen

Diese Möglichkeit bietet sich an, wenn Sie erst zum Schluss entscheiden, doch noch Tasseln an Ihrem Diamant-Muster befestigen zu wollen.

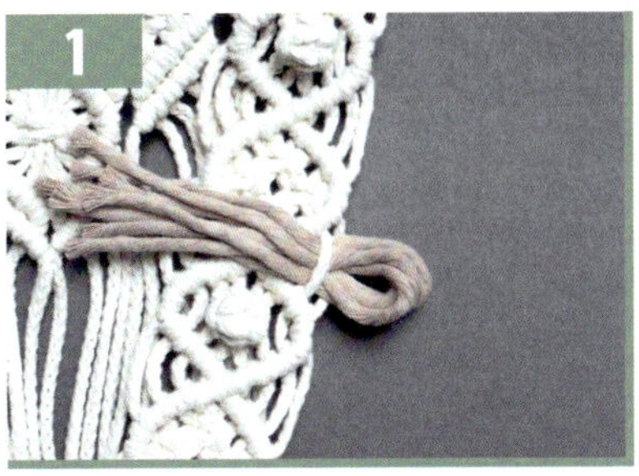

1

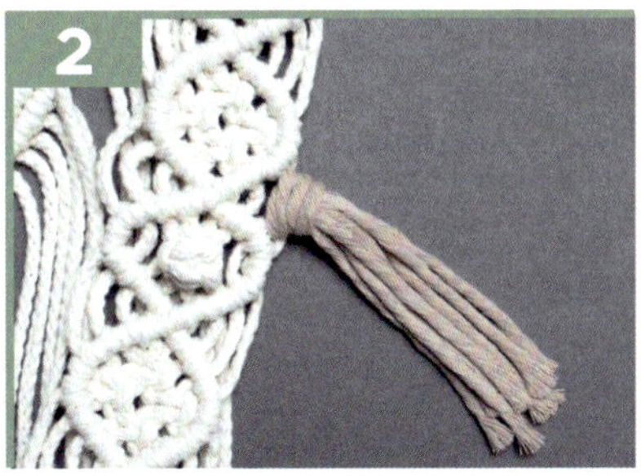

2

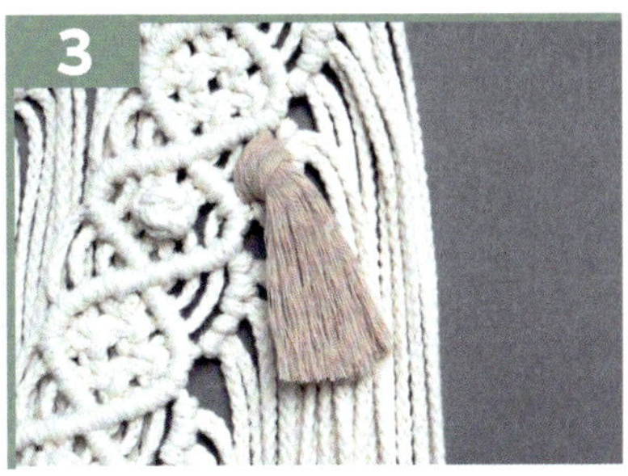

3

1 Vier Fäden mit dem von vorne geknoteten Ankerknoten an der zweiten Schlaufe von außen befestigen.

2 Tassel kämmen und auf die gewünschte Länge kürzen.

3 An der äußeren Schlaufe können so noch Fransen befestigt werden. Es ist Ihnen überlassen, ob Sie erst die Fransen oder erst die Tassel befestigen.

Tasseln an einem Element ohne Schlaufen befestigen

So können Sie Tasseln auch ungeplant nachträglich an einem Muster befestigen.

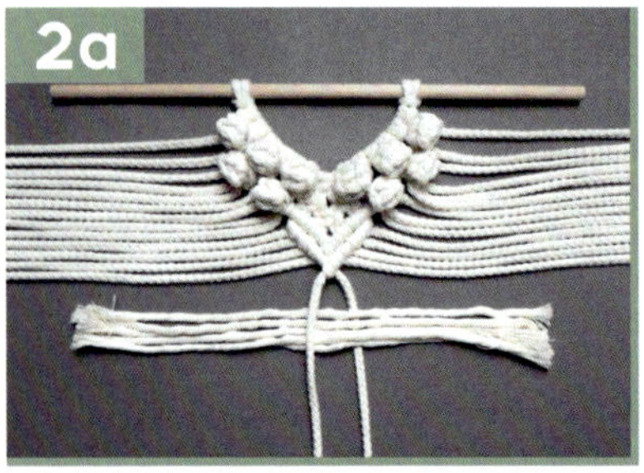
2a

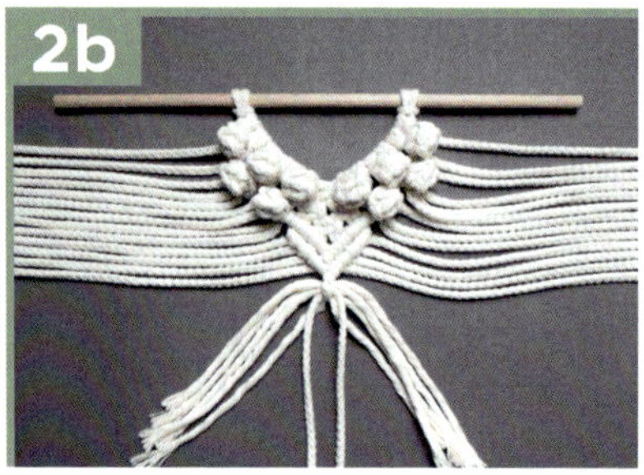
2b

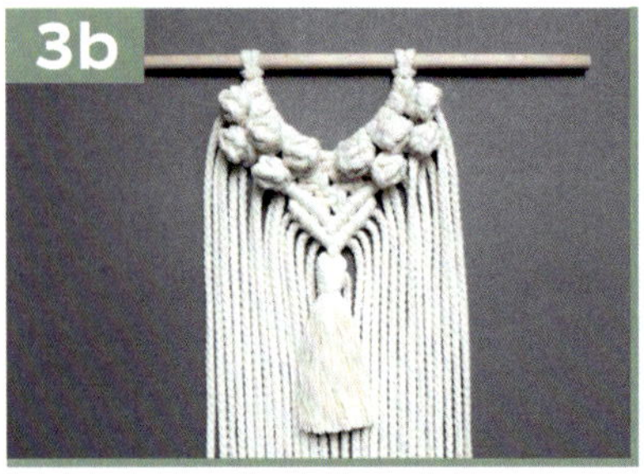
3b

1 Fünf Fäden zwischen zwei Stränge eines Muster-Elements legen und die beiden Stränge miteinander verknoten.

2 Um die Fäden für die Tassel mit einem 30 cm langen Faden einen Wickelknoten knoten. Achten Sie darauf, dass die beiden Stränge des Muster-Elements nicht im Wickelknoten fixiert werden. Außerdem sollten sie, nachdem der Wickelknoten angefertigt wurde, auf der Rückseite der Tassel positioniert sein.

3 Tassel kämmen und auf die gewünschte Länge kürzen.

Fassknoten

Der Fassknoten eignet sich als Schmuckelement oder als Abschluss für herunterhängende Fransen. Verteilen Sie diese dazu entweder zufällig oder entlang der Schnittkante.

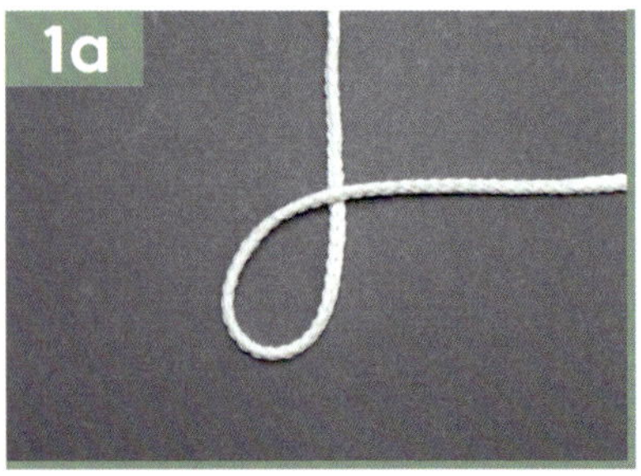
1a

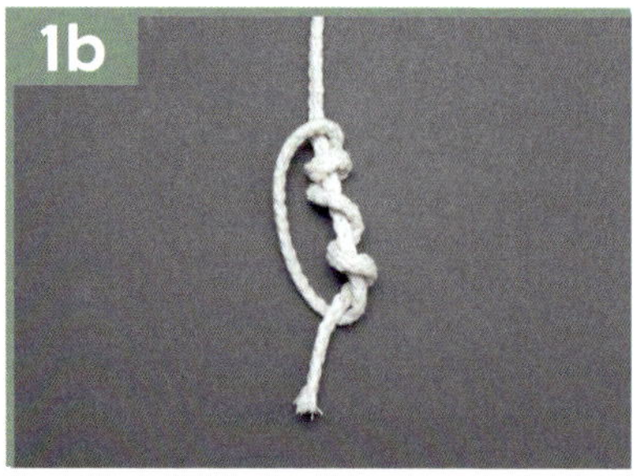
1b

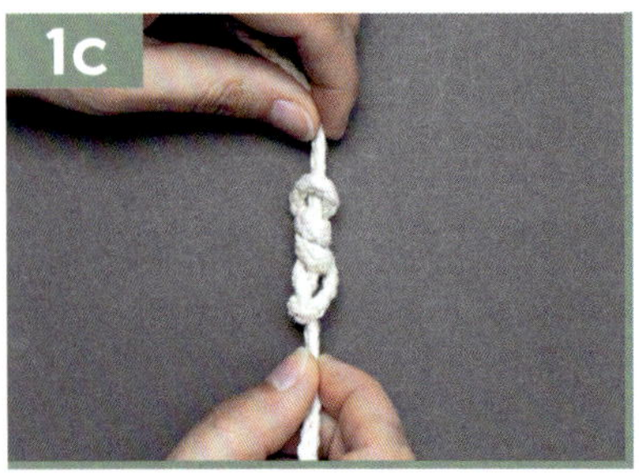
1c

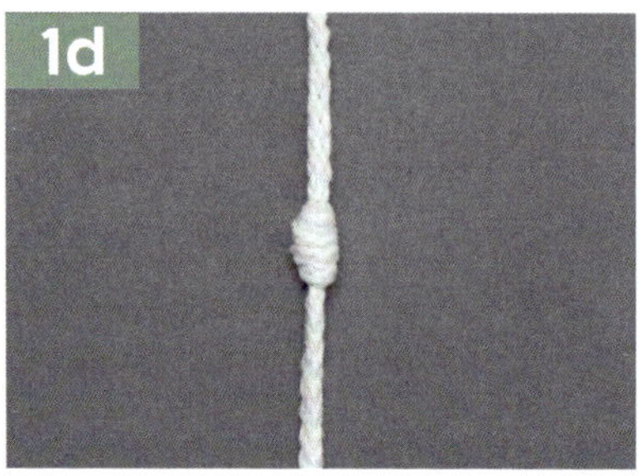
1d

1 Legen Sie eine Schlaufe und wickeln Sie das Ende drei bis vier Mal um die eine Seite der Schlaufe. Anschließend ziehen Sie den Knoten fest.

Flechten

Geflochtene Elemente und Stränge können in Muster eingearbeitet werden z. B. in Wandbehängen, aber auch für sich stehen z. B. bei Schlüsselanhängern. Dabei kann neben dem klassischen Flechten mit drei Strängen auch mit mehr Strängen geflochten werden.

Klassisches Flechten mit drei Elementen

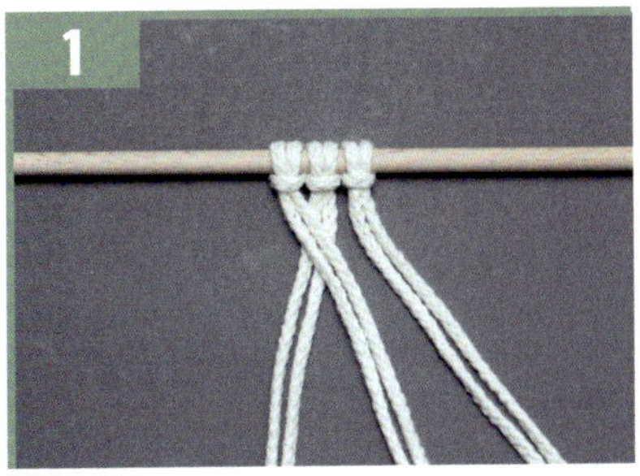
1

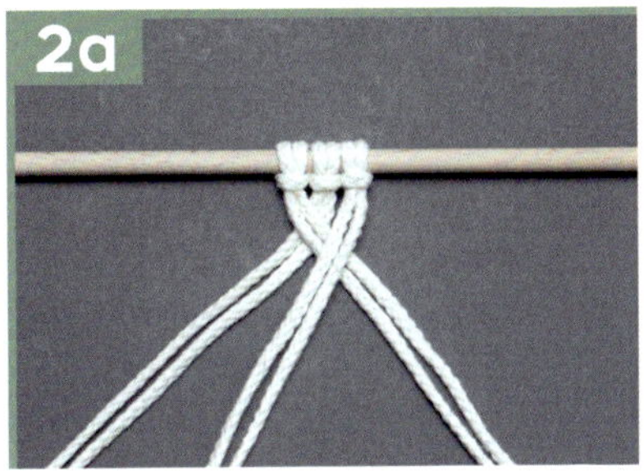
2a

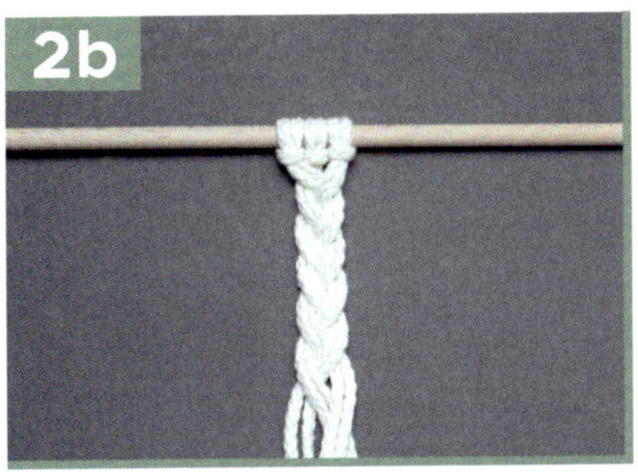
2b

1 In meinem Beispiel habe ich mit sechs Strängen geflochten und dazu drei Fäden mit einem Ankerknoten befestigt.

2 Zum Flechten der Stränge teilen Sie die Stränge in 3x2 Stränge auf. Legen Sie nun das linke Strangpaar über das mittlere Strangpaar.

3 Anschließend legen Sie das rechte Strangpaar über das mittlere Strangpaar.

4 Wiederholen Sie Schritt 2 und 3 abwechselnd für einen geflochtenen Strang mit drei Elementen.

Flechten mit vier Elementen

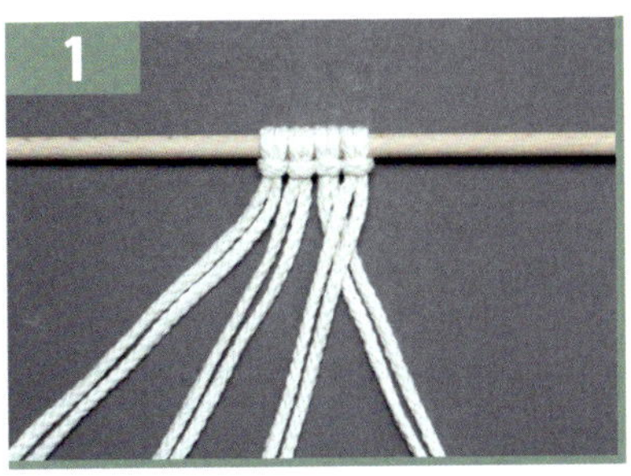
1

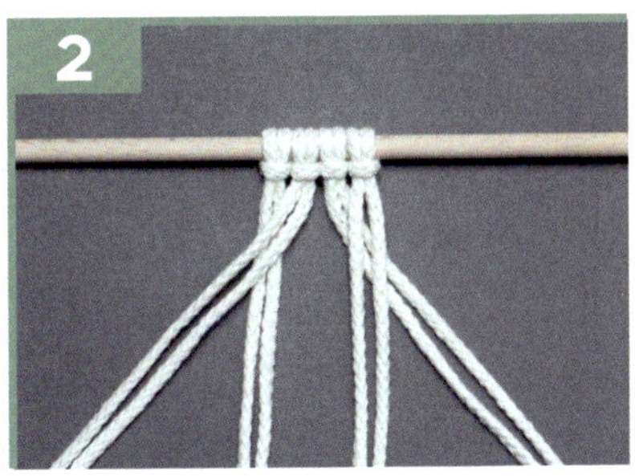
2

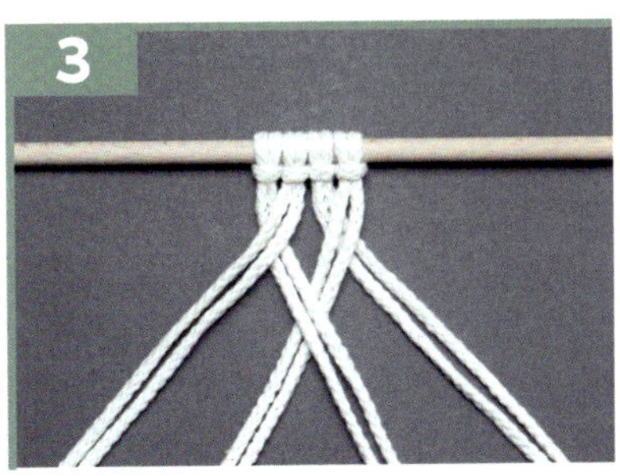
3

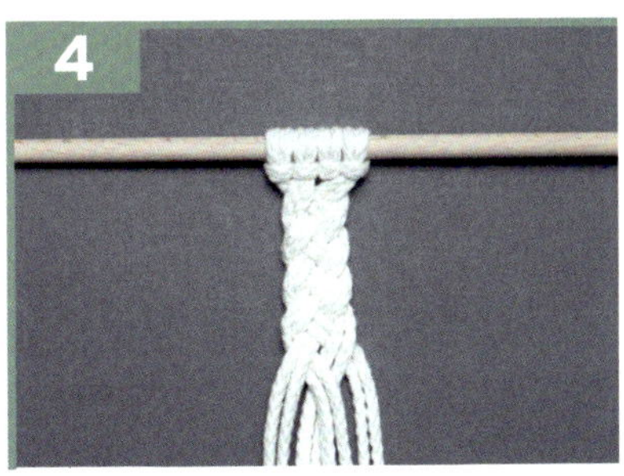
4

1 In meinem Beispiel wird mit acht Strängen geflochten. Dazu habe ich hier vier Fäden mit einem Ankerknoten befestigt.

2 Die Stränge werden in 4x2 Stränge aufgeteilt. Legen Sie nun zuerst das rechte Strangpaar über das links danebenliegende Strangpaar.

3 Danach wird das linke Strangpaar über das rechts danebenliegende Strangpaar gelegt.

4 Nun die beiden mittleren Strangpaare überkreuzen.

5 Wiederholen Sie Schritt 2-4 für einen geflochtenen Strang mit vier Elementen.

Josefinenknoten

(auch Brezelknoten)

Der Josefinenknoten ist ein schöner Schmuckknoten, der z. B. dekorativ einen Kreuzknoten ersetzen kann. Er wird mit zwei oder mehr Strängen geknotet. Es bietet sich an, den Josefinenknoten immer mit einer geraden Anzahl an Strängen zu knoten. Je mehr Stränge verwendet werden, desto größer erscheint der Knoten.

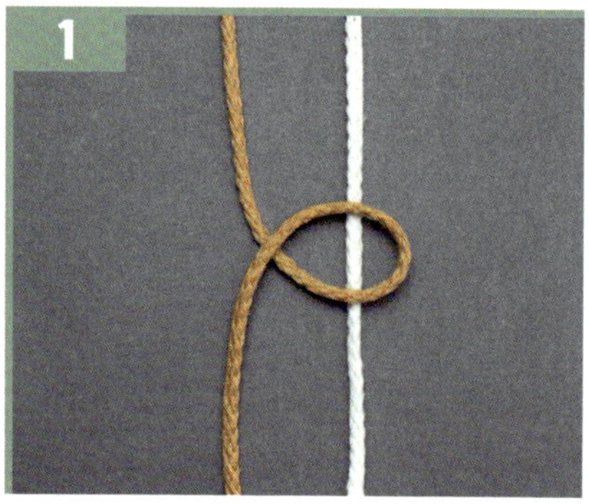

1 Legen Sie eine Schlaufe mit dem linken Strang über den rechten Strang, wie auf dem Bild gezeigt.

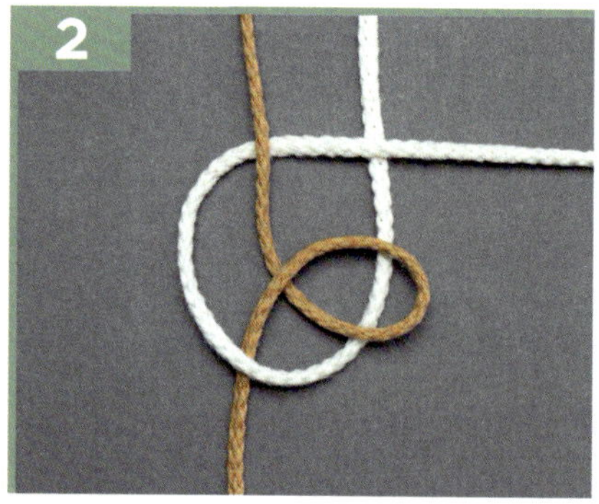

2 Den rechten Strang über den nach unten verlaufenden Teil und anschließend unter den nach oben verlaufenden Teil des linken Strangs führen.

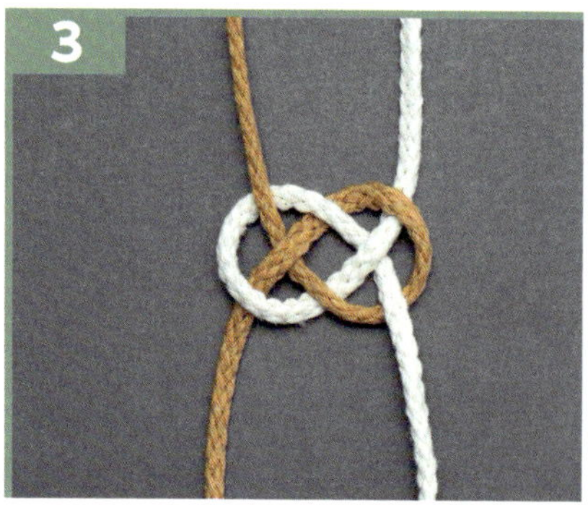

3 Danach den rechten Strang über den oberen Teil der Schlaufe des linken Strangs, dann unter den eigenen Strang und abschließend über den unteren Teil der Schlaufe des linken Strangs führen.

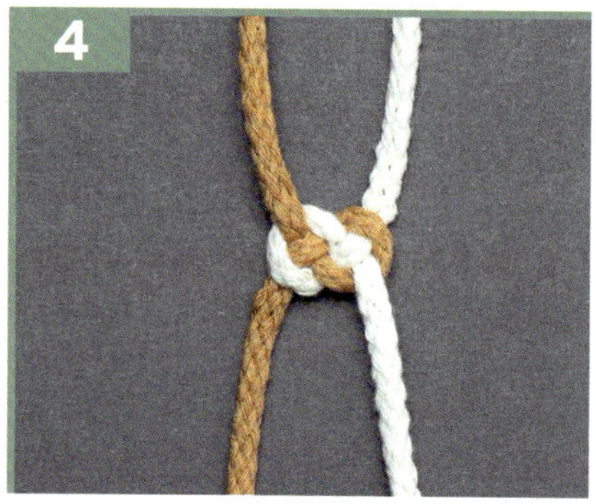

4 Nun wird der Knoten gleichmäßig festgezogen.

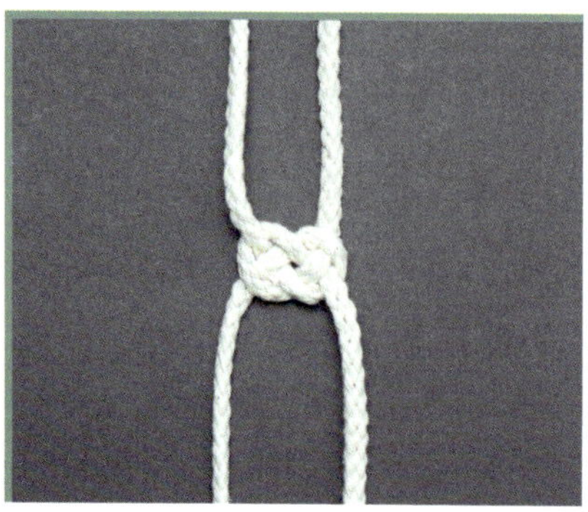

Pipa-Knoten

Der Pipa-Knoten ist ein reines Zierelement und wird nicht als tragender Knoten in einem Muster eingearbeitet. Er eignet sich aber hervorragend, um nachträglich noch einen Eyecatcher in einem Projekt einzuarbeiten oder als für sich stehender Zierknoten.

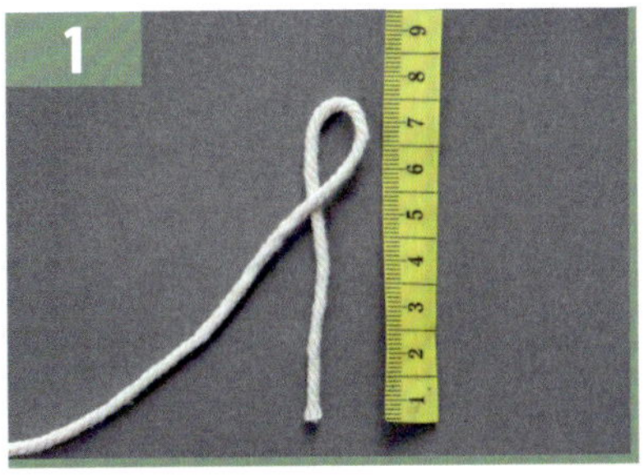

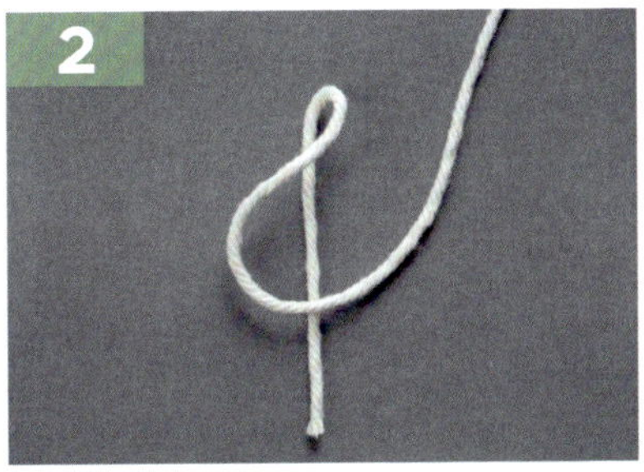

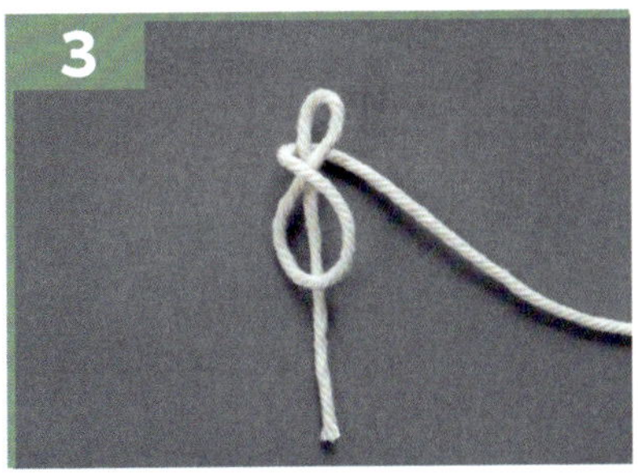

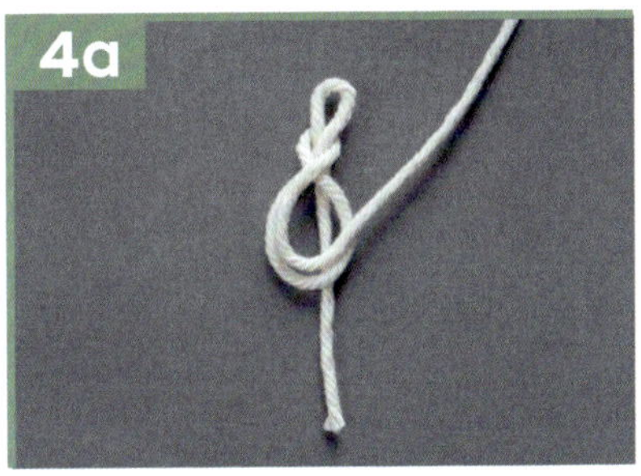

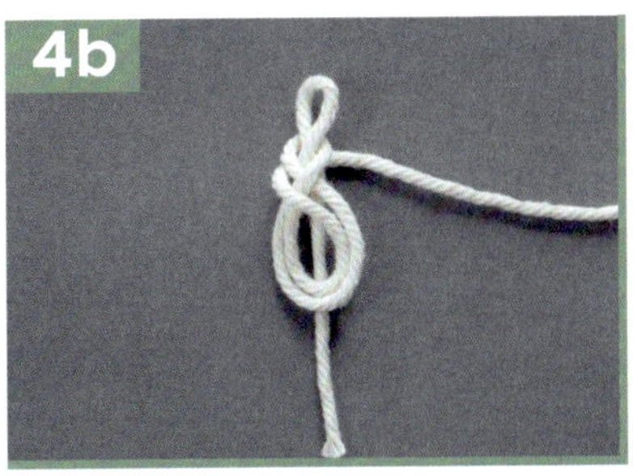

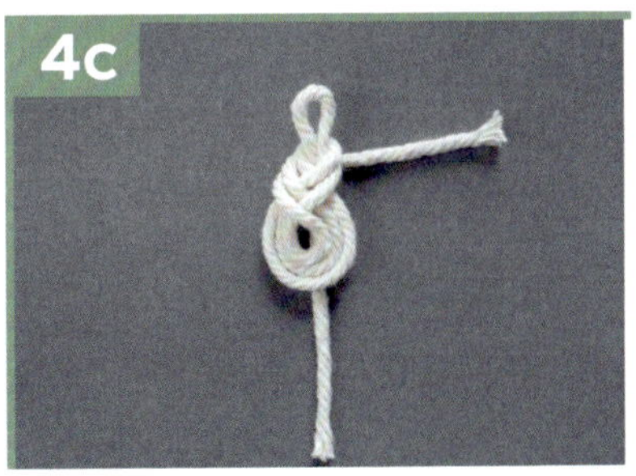

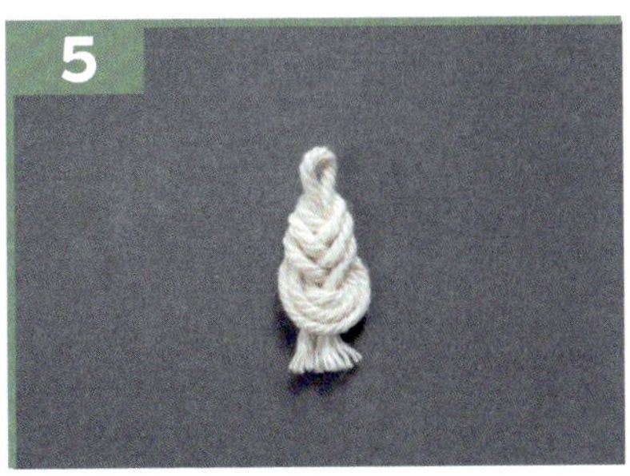

1 Legen Sie eine Schlaufe, so dass das längere Ende links über dem kurzen Ende liegt und das kurze Ende mit Schlaufe ca. 7 cm lang ist.

2 Führen Sie das lange Ende nach rechts über das kurze Ende, so dass eine zweite, größere Schlaufe unten entsteht.

3 Der Faden wird nach oben links um die erste kleinere Schlaufe gelegt und nach unten geführt. Er folgt dabei der schon gelegten großen Schlaufe und verläuft innen.

4 Wiederholen Sie Schritt 3 weitere zwei Male. Beim letzten Mal wird das Ende des Fadens durch das kleine Loch in der Mitte geführt und die Enden auf die gewünschte Länge gekürzt.

5 Ziehen Sie die Schlaufen vorsichtig in Form, so dass ein stabiler Knoten entsteht. Zu Beginn braucht man dafür ein bisschen Übung. Damit der Knoten nicht aufgehen kann, können Sie die Enden auf der Rückseite mit Textilkleber fixieren.

IDEENINSEL

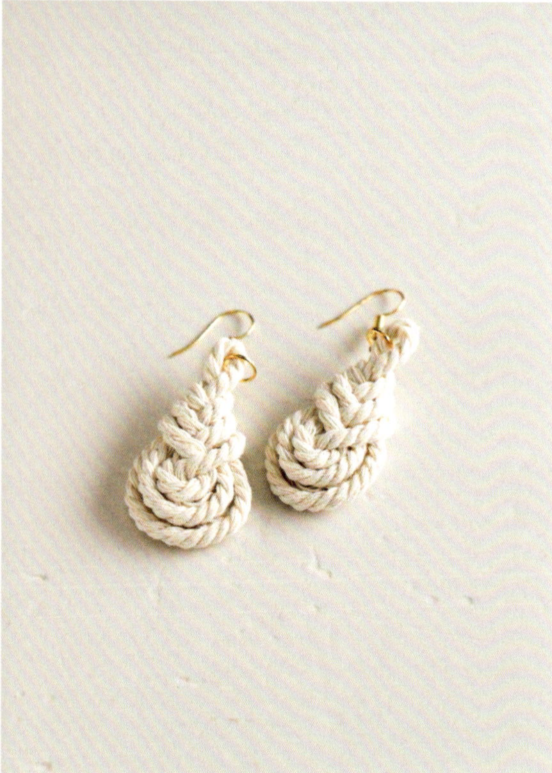

Pipa Ohrringe

Motivlänge
ca. 5 cm
(ohne Ohrhaken gemessen)
Material
- 2 Baumwollfäden in Natur, mehrfach gezwirnt, ⌀ 2–4 mm, 45 cm lang
- 2 Ohrhaken in Gold
- Textilkleber

1. Den Pipa Knoten zwei Mal knoten.
2. Nun je einen Pipa Knoten in einen Ohrhaken hängen.
3. Fixieren Sie die Enden mit Textilkleber

Tassel Geschenk-anhänger

Motivlänge
ca. 5 cm
Material
- Baumwollfaden in Natur, einfach gezwirnt, ⌀ 2–3 mm, 35 cm lang
- 10 Baumwollfäden in Natur, einfach gezwirnt, ⌀ 2–3 mm, 20 cm lang
- Baumwollfaden in Honig, einfach gezwirnt, ⌀ 2–3 mm, 30 cm lang
- Holzperle, ⌀ 2 cm

1. Einen 35 cm langen Faden mittig zusammenlegen und 1 cm von der Schlaufe verknoten.
2. Fädeln Sie eine 2 cm große Perle auf.
3. Befestigen Sie eine Tassel wie an einem Element ohne Schlaufen (s. Seite 60). Nutzen Sie dazu 10 Baumwollfäden für diese Tassel. Für den Wickelknoten einen 30 cm langen Faden nutzen und ihn ca. 1 cm von der Holzperle entfernt positionieren.
4. Enden auskämmen und kürzen.

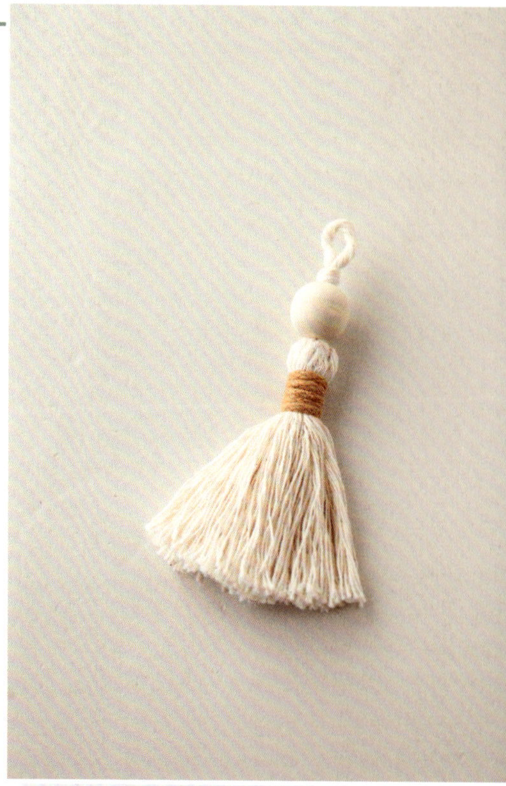

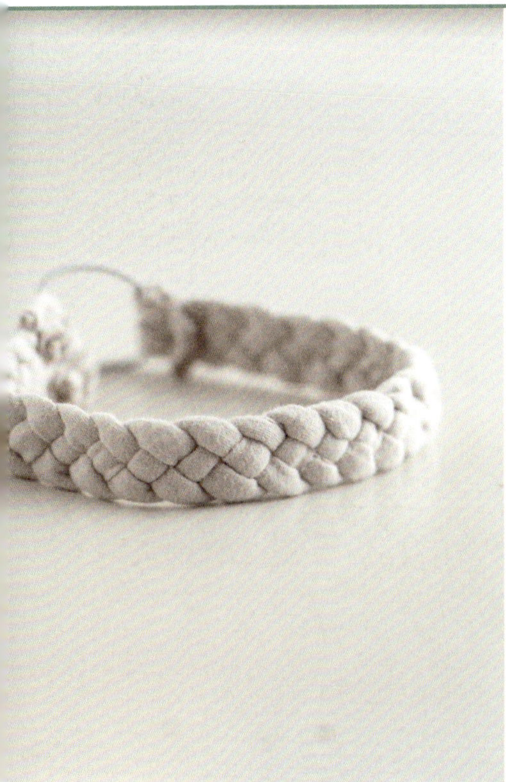

Geflochtenes Haarband

Motivlänge
ca. 2 cm
Material
- 4 Textilgarnfäden in Beige, 80 cm lang
- Dünner Zopfgummi
- Nadel und Faden

1. Flechten Sie einen Strang mit vier Elementen, bis er fast um Ihren Kopf passt, lassen Sie ca. 5 cm vom Kopf frei.
2. Führen Sie beide Enden des geflochtenen Strangs durch den Zopfgummi und nähen dann die Vorder- und Rückseite zusammen, sodass beide Enden am Zopfgummi fixiert sind.

Flaschendeko mit Josephinenknoten

Motivlänge
ca. 14 cm
Material
- 2 Baumwollfäden in Natur, geflochten, ⌀ 4 mm, 70 cm lang
- Flasche
- Kreidefarbe

1. Flasche mit Kreidefarbe bemalen oder besprühen.
2. 2 x 70 cm lange Baumwollfäden bis zur Mitte um den Flaschenhals führen und den Josephinen Knoten anfertigen.
3. Enden kürzen und etwas ausfransen.

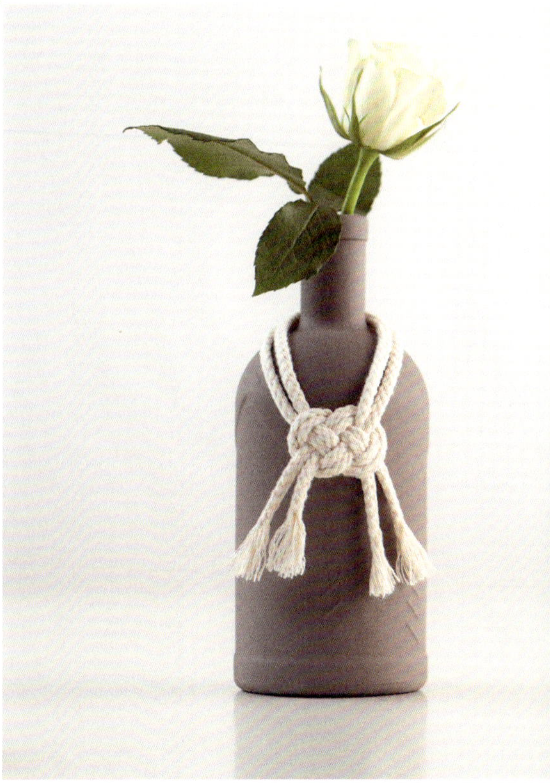

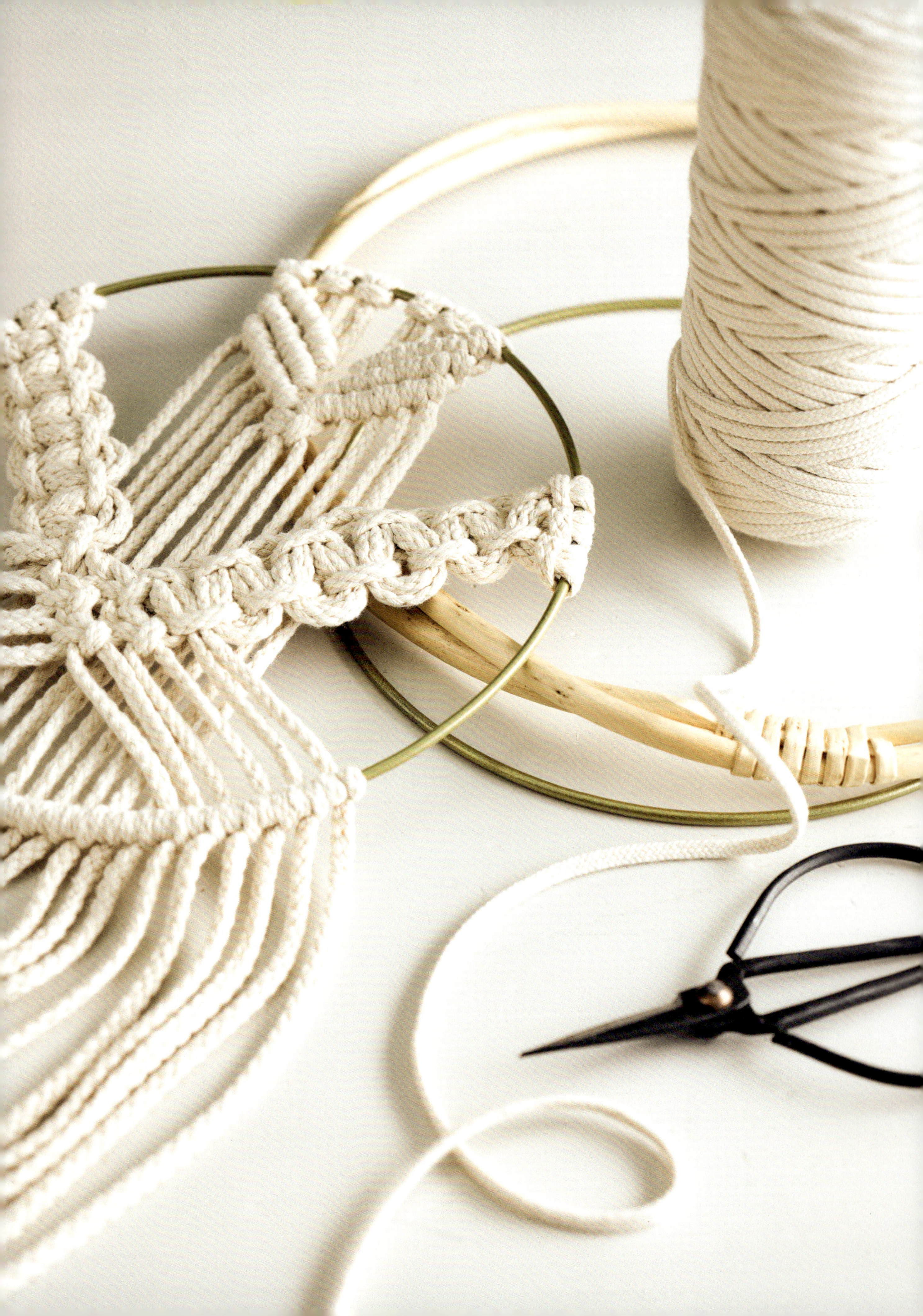

IDEENPOOL

Immer die passende Idee

Im Ideenpool finden Sie jede Menge abwechslungsreiche Motivideen für Ihre eigenen Makramee-Projekte. Zu Beginn habe ich etwas einfachere Modelle für Sie zusammengestellt. Im weiteren Verlauf können Sie sich dann an die etwas anspruchsvolleren Projekte wagen. In den Beispiel-Modellen können Sie viele Techniken anwenden, die Sie im Workshop geübt haben. Wenn Ihnen etwas zu schwierig erscheint, blättern Sie einfach zurück zum Workshop und üben Sie die Technik erneut.

Mit praktischen Materiallisten

Zu jeder Anleitung gehört natürlich auch eine Liste mit den nötigen Materialien. Hier wird alles angeführt, was Sie für das Makramee-Projekt brauchen.
Ich möchte Sie aber dazu animieren, gerne eigene Ideen einzubauen, neue Farben zu wählen oder auch das Modell länger oder kürzer zu knüpfen.

Tipps und Tricks für gutes Gelingen

Wie im Workshop finden sich auch im Ideenpool wieder Tipps & Tricks sowie wichtige Hinweise, sodass einem guten Gelingen nichts mehr im Wege steht! Meine Erfahrungen sind in diese Tipps eingeflossen. Aber es ist nicht ausgeschlossen und sogar höchstwahrscheinlich, dass Sie beim Knüpfen selber viel Erfahrung sammeln und beim Weg zum Makramee-Profi eigene Erkenntnisse gewinnen.

Hinweis

» Bei den Motivanleitungen im Ideenpool werden die einzelnen Knoten nicht mehr ausführlich beschrieben. Dank eines Verweises auf die entsprechende Workshopseite können Sie aber einzelne Knüpftechniken schnell noch einmal nachlesen.
» Bei den Anleitungen im Ideenpool habe ich ebenfalls die Garnstärken angegeben, möchte aber darauf hinweisen, dass Garne von unterschiedlichen Herstellern in der Stärke variieren können.
» Die Modelle im Ideenpool sind in folgende Schwierigkeitsgrade unterteilt:

○ ● ● einfach
○ ○ ● etwas schwieriger
○ ○ ○ anspruchsvoll

Monochrome Wanddeko

Diese stylishe Wanddeko passt in jede moderne Wohnung und macht durch ihren minimalistischen Look jeden Raum eleganter.

Material

Schwierigkeitsgrad

●

Motivlänge

ca. 20 cm

- 3 Baumwollfäden in Schwarz, einfach gezwirnt, ⌀ 4 mm, 1 m lang
- Baumwollfaden in Natur, geflochten, ⌀ 4 mm, 4,90 m lang
- Baumwollfaden in Schwarz, einfach gezwirnt, ⌀ 4 mm, 4 m lang
- Draht, 1 mm dick, 45 cm lang
- Metallring in Gold, ⌀ 20 cm
- (Heiß-)Kleber

1 Legen Sie drei 1 m lange, schwarze Baumwollfänden bündig nebeneinander. Ca. 25 cm vom oberen Ende entfernt wird ein 50 cm langer Draht gelegt.

2 Ein 4,90 m langer naturfarbener Faden wird nun mit einem Kreuzknoten an den schwarzen Fäden und dem Draht befestigt (s. Seite 25). Sollte der Draht oben herausragen, ziehen Sie ihn so weit nach unten, bis er unter dem Kreuzknoten verschwindet. Knoten Sie nun einen 45 cm langen Strang aus Kreuzknoten.

3 Sollte am unteren Ende der Draht hervorragen, schneiden Sie diesen ab. Fixieren Sie außerdem die Enden des naturfarbenen Garns auf der Rückseite des Kreuzknoten-Strangs mit Kleber.

4 Nun wird der Ring mit einem 4 m langen, schwarzen Baumwollfaden umwickelt. Fixieren Sie dabei den Anfang und das Ende mit Kleber.

5 Biegen Sie den Kreuzknoten-Strang wie auf dem Modellbild zu sehen und fixieren Sie das Gebilde mit Kleber auf dem Metallring.

6 Kämmen Sie die schwarzen Enden aus und kürzen Sie diese auf die gewünschte Länge.

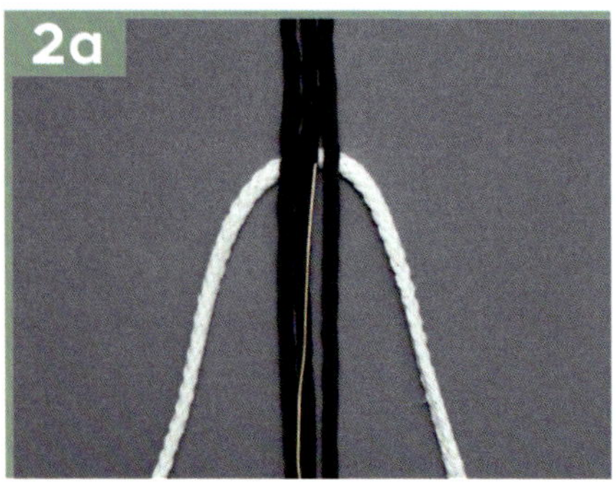

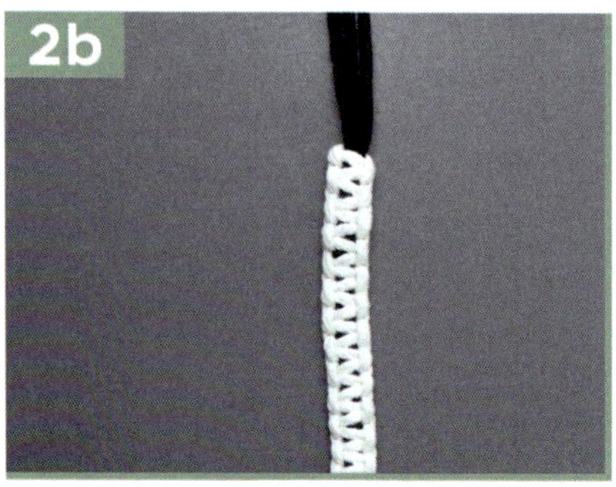

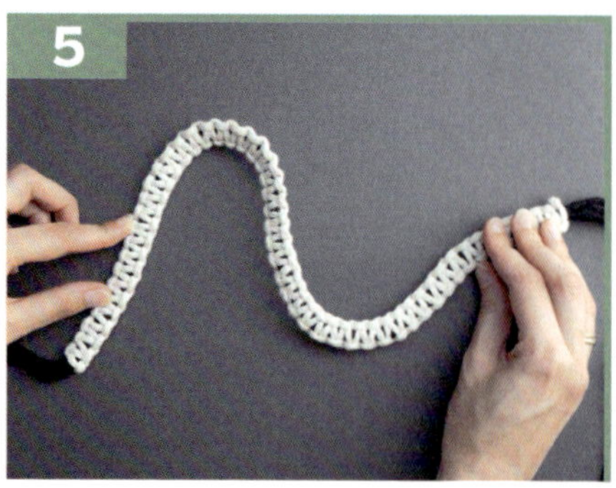

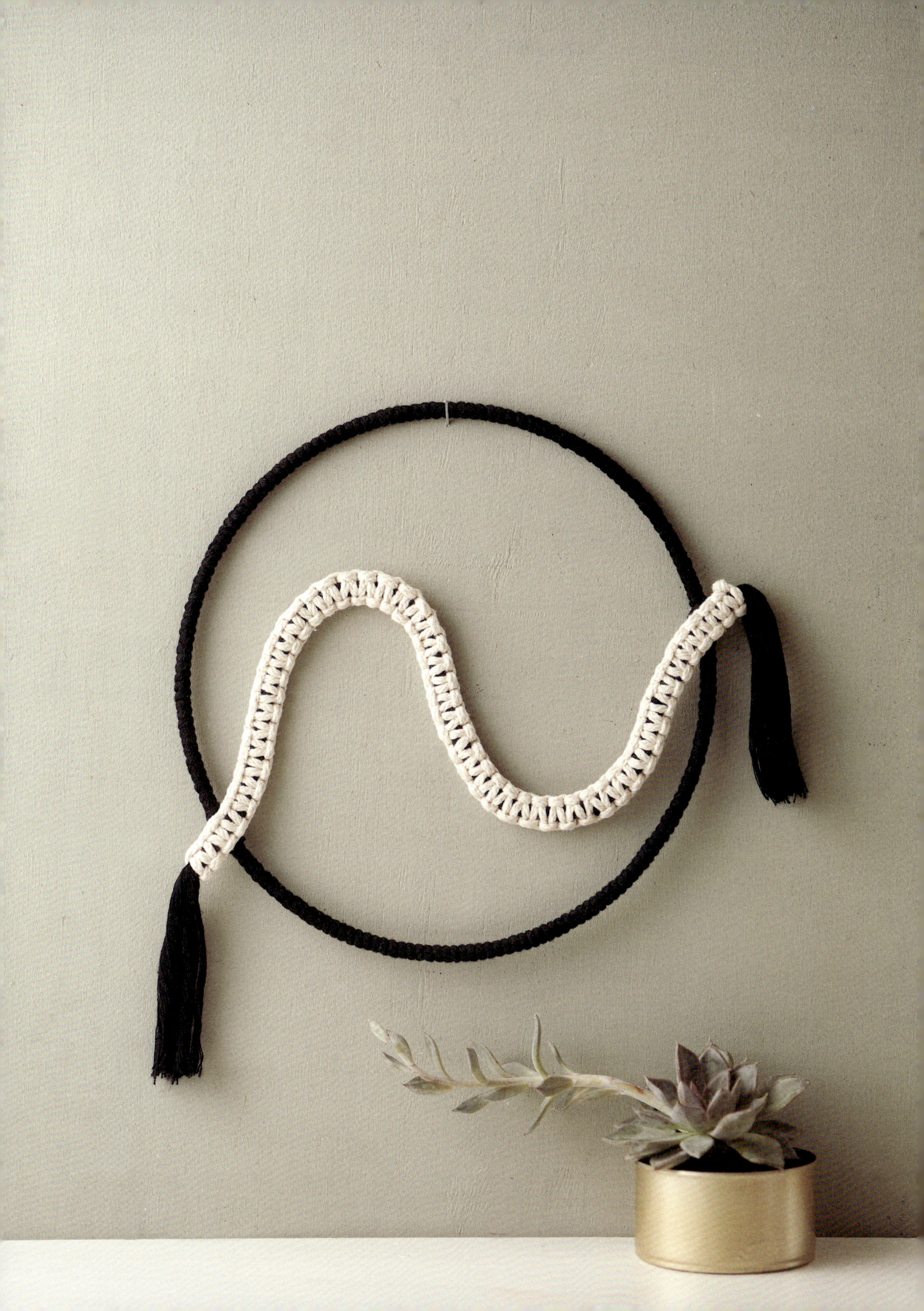

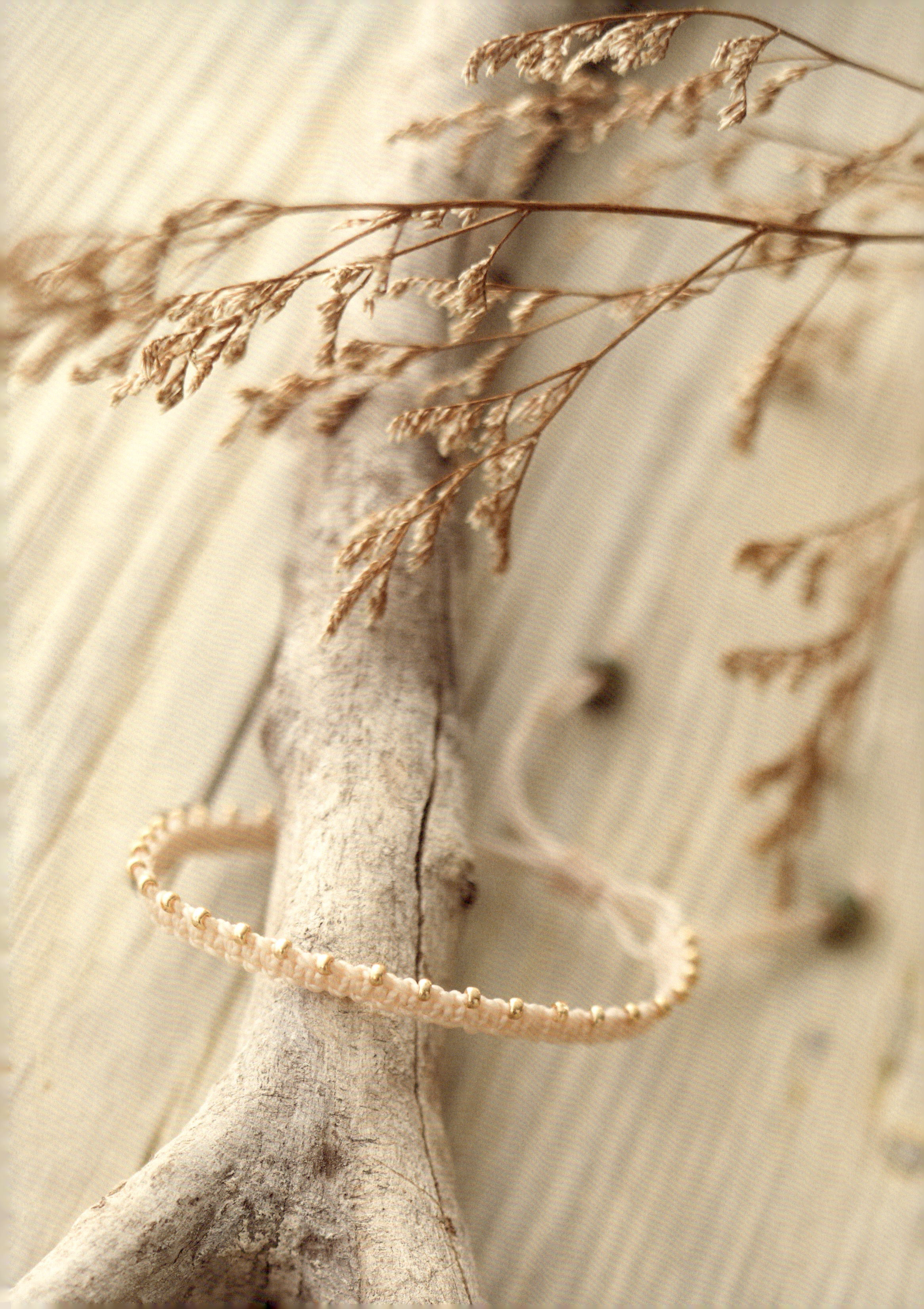

Makramee Armband

Ob für sich selbst oder für den Lieblingsmenschen: Dieses Armband ist ein schlichtes Highlight für den Sommer-Style.

1 Legen Sie Ihre zugeschnittenen Fäden bündig nebeneinander hin, sodass außen die längeren und innen die kürzeren Fäden liegen.

2 Anschließend fixieren Sie die Fäden ca. 20 cm von dem oberen Ende entfernt.

3 Das Armband besteht aus einer Kreuzknoten-Abfolge bei der sich ein Kreuzknoten mit Perle mit einem Kreuzknoten ohne Perle abwechselt. Beginnen Sie mit einem Kreuzknoten mit Perle. Dazu knoten Sie einen halben Kreuzknoten (Wellenknoten), fädeln dann auf den rechten Arbeitsfaden eine Glasperle auf und schließen danach den Kreuzknoten.

4 Knoten Sie einen so langen Kreuzknoten-Strang, dass er um Ihr Handgelenk passt. Beenden Sie den Strang wieder mit einem Kreuzknoten mit Perle.

5 Zum Schluss fertigen Sie einen größenverstellbaren Verschluss an. Versiegeln Sie die Enden des Garns mithilfe eines Feuerzeugs.

6 Auf die beiden Armband-Enden wird nun je eine Keramikperle aufgefädelt und dahinter die Stränge miteinander verknotet, damit die Perle nicht herunterrutschen kann. Wichtig ist, dass die beiden Knoten so gesetzt werden, dass Sie das Armband noch so groß einstellen können, um es abnehmen und anziehen zu können. Nun nur noch die Stränge nach dem Knoten zum Versiegeln auf ein paar Millimeter kürzen, mit dem Feuerzeug abbrennen und festdrücken.

Material

Schwierigkeitsgrad

●

Motivbreite

ca. 0,5 cm

- 2 Polyesterfäden Linhasita in Creme, gezwirnt, ø 1 mm, 1,50 m lang
- 2 Polyesterfäden Linhasita in Creme, gezwirnt, ø 1 mm, 1 m lang
- Polyesterfaden Linhasita in Creme, gezwirnt, ø 1 mm, 20 cm lang
- 30 Glasperlen in Gold, ø 2 mm
- 2 Keramikperlen in Türkis, ø 6 mm
- Feuerzeug

3a

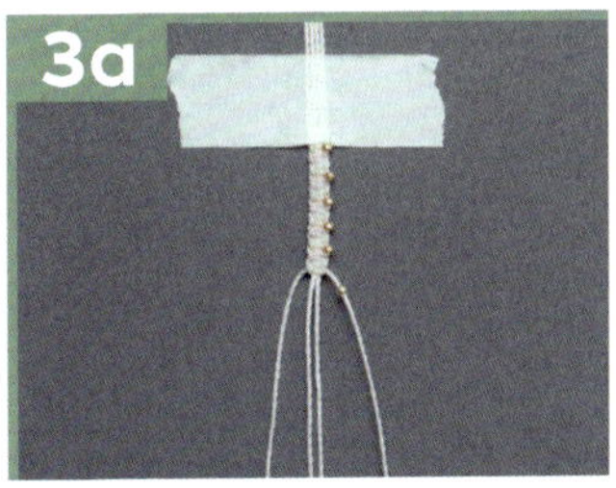

3b

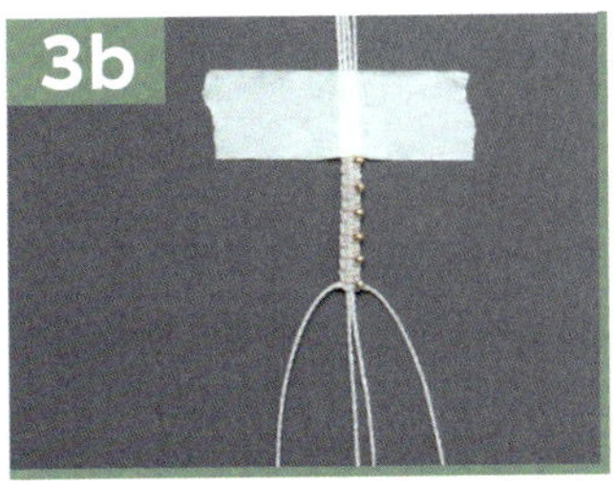

5a

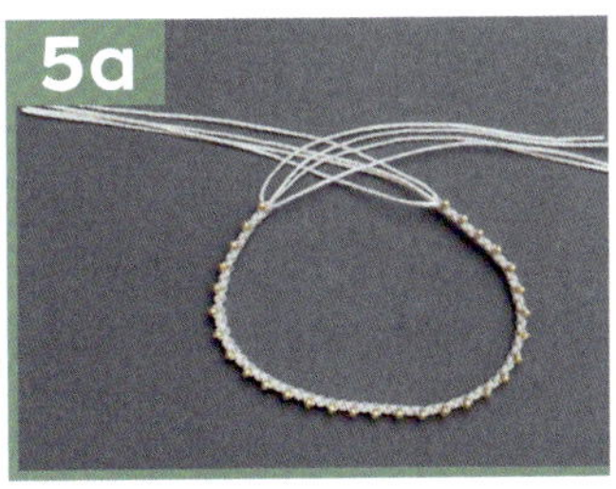

5b

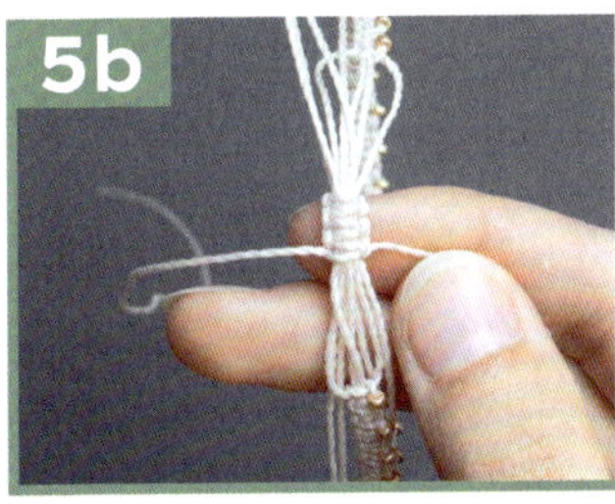

Hinweis

» Die Garnlänge ist so berechnet, dass Sie das Armband auch etwas länger knoten können. Beachten Sie, dass Sie dann mehr Glasperlen benötigen.

Tipps & Tricks

✦ Für einen größenverstellbaren Verschluss führen Sie die Stränge zweier Enden aneinander vorbei (s. 5a+b). Dann befestigen Sie einen 20 cm langen, neuen Faden mit einem Kreuzknoten (s. Seite 25) um die sich überschneidenden Stränge der Enden. Knoten Sie anschließend zwei weitere Kreuzknoten. Dieses kleine Kreuzknoten-Stück können Sie nun hin und her schieben, um die Größe des Armbands zu verändern. Setzen Sie einen einfachen Knoten an die beiden Enden, damit das Garn nicht wieder herausrutschen kann.

Blumenampel

Sie sind Raumspar-Wunder und wirklich schön. Das sind aber nicht die einzigen Gründe, warum Blumenampeln seit den 70er Jahren ein Trend sind. Sie zu knüpfen macht einfach Riesenspaß!

Tipps & Tricks

✦ Verkleinern Sie die Abstände der Kreuzknoten des Netzes und des unteren Wickelknotens für kleinere Töpfe oder vergrößern Sie die Abstände für größere Töpfe.

Material

Schwierigkeitsgrad

●○○

Motivlänge

ca. 92 cm

- 5 Baumwollfäden in Natur, geflochten, ⌀ 4 mm, 5,20 m lang
- Baumwollfaden in Natur, geflochten, ⌀ 4 mm, 7 m lang
- 2 Baumwollfäden in Natur, geflochten, ⌀ 4 mm, 60 cm lang
- Holzring, ⌀ 5,5 mm

1 Führen Sie fünf 5,20 m lange und einen 7 m langen Baumwollfaden bis zur Mitte durch einen Holzring und fixieren Sie diese mit einem Wickelknoten direkt unter dem Holzring. Nutzen Sie für den Wickelknoten einen 60 cm langen Faden.

2 Mit den beiden längeren Enden des 7 m Fadens einen ungefähr 15 cm langen, gedrehten Strang mit dem Wellenknoten um die anderen, kürzeren Stränge der 5,20 m langen Fäden (=Trägerfäden) knoten.

3 Teilen Sie alle Stränge in drei Vierergruppen auf.

4 Nun werden die drei Arme der Blumenampel geknotet. Jeder Arm wird ebenfalls ein gedrehter Strang. Knoten Sie also nun mit dem Wellenknoten drei 30 cm lange, gedrehte Stränge.

5 Es folgt das Netz für den Blumentopf. Legen Sie die drei Arme nebeneinander hin. Mit den mittleren acht Strängen zwei Kreuzknoten auf einer Höhe in einem Abstand von ca. 7 cm zur Unterkante der gedrehten Stränge knoten.

6 Führen Sie nun die restlichen, außenliegenden Stränge in der Mitte zusammen, drehen Sie die Stränge zueinander und knoten Sie einen dritten Kreuzknoten, um so das Netz zu schließen. Achten Sie unbedingt darauf, dass beim Knoten des Netzes die Arme und Stränge des Netzes nicht verdreht sind. Ich empfehle das Netz daher im hängenden Zustand zu knoten.

7 Zum Abschluss knoten Sie einen Wickelknoten in einem Abstand von ca. 12 cm zu den Kreuzknoten aus Schritt 5–6 um alle Stränge. Nutzen Sie einen 60 cm langen Faden. Kürzen Sie die Enden der Tassel auf die gewünschte Länge.

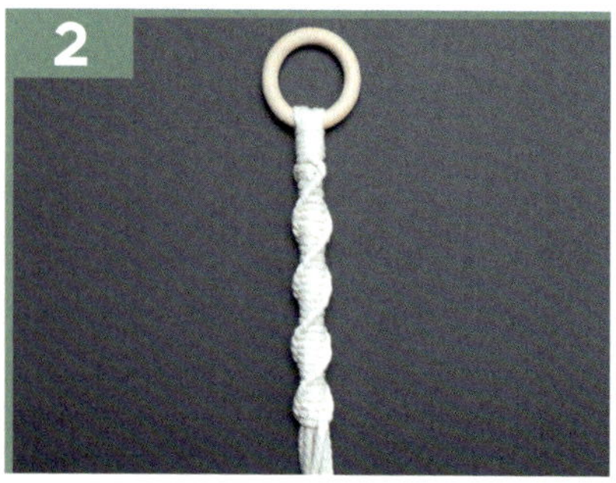
2

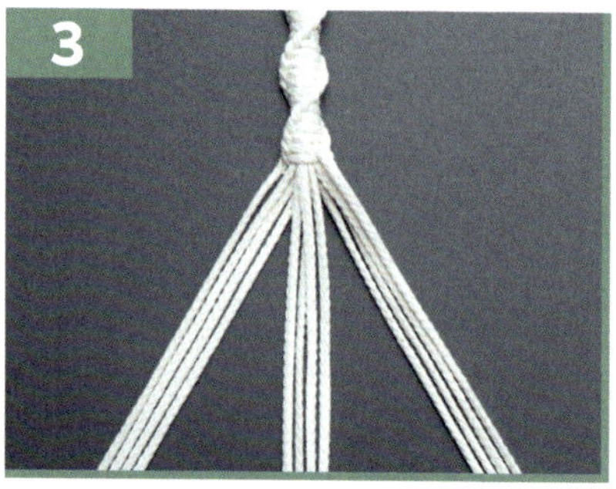
3

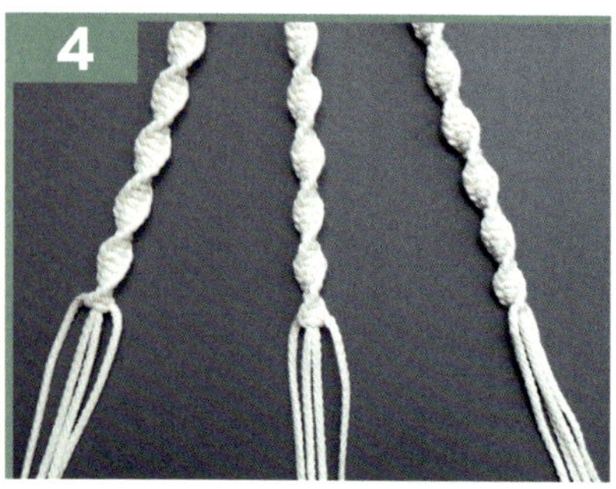
4

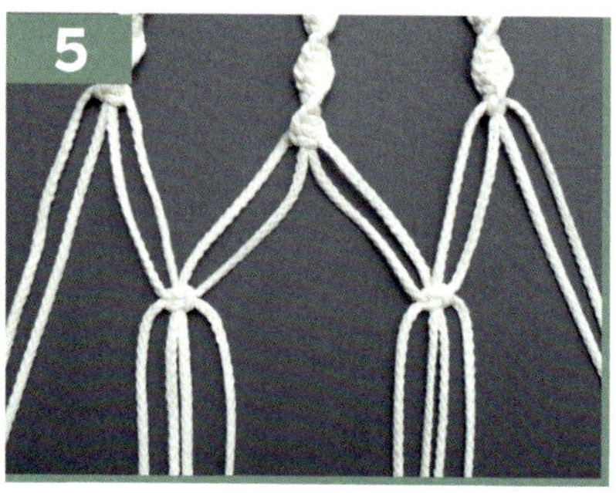
5

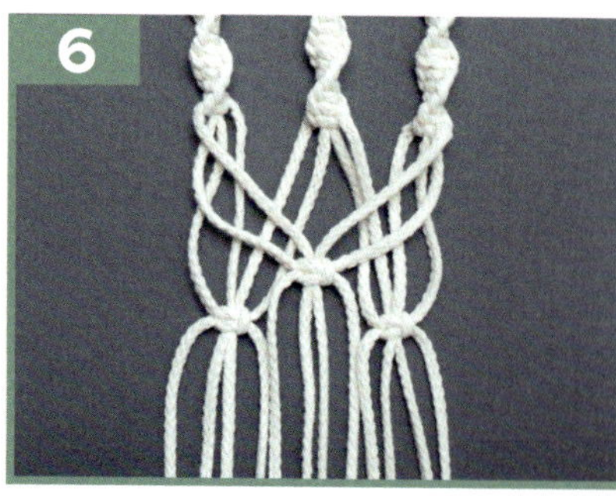
6

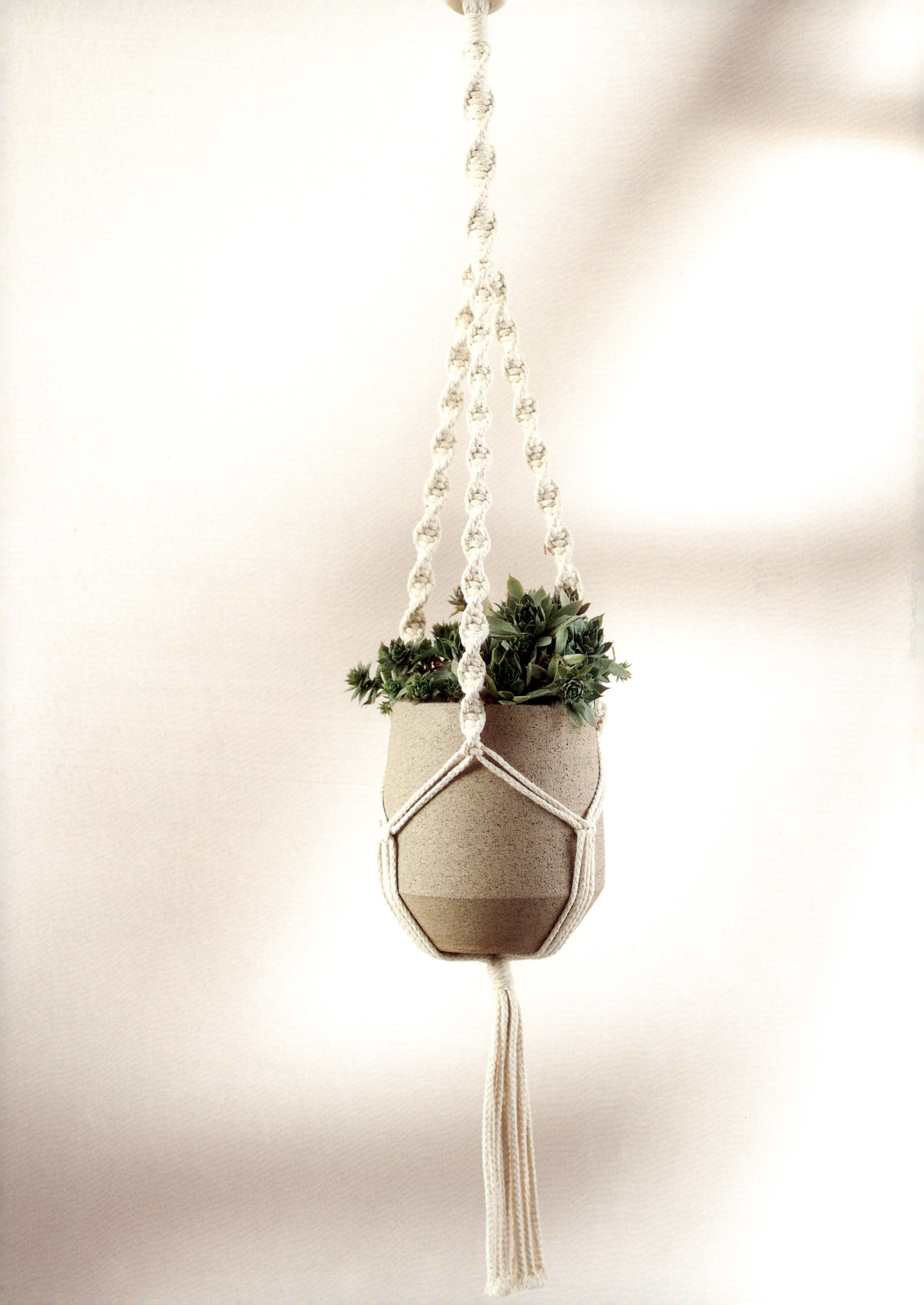

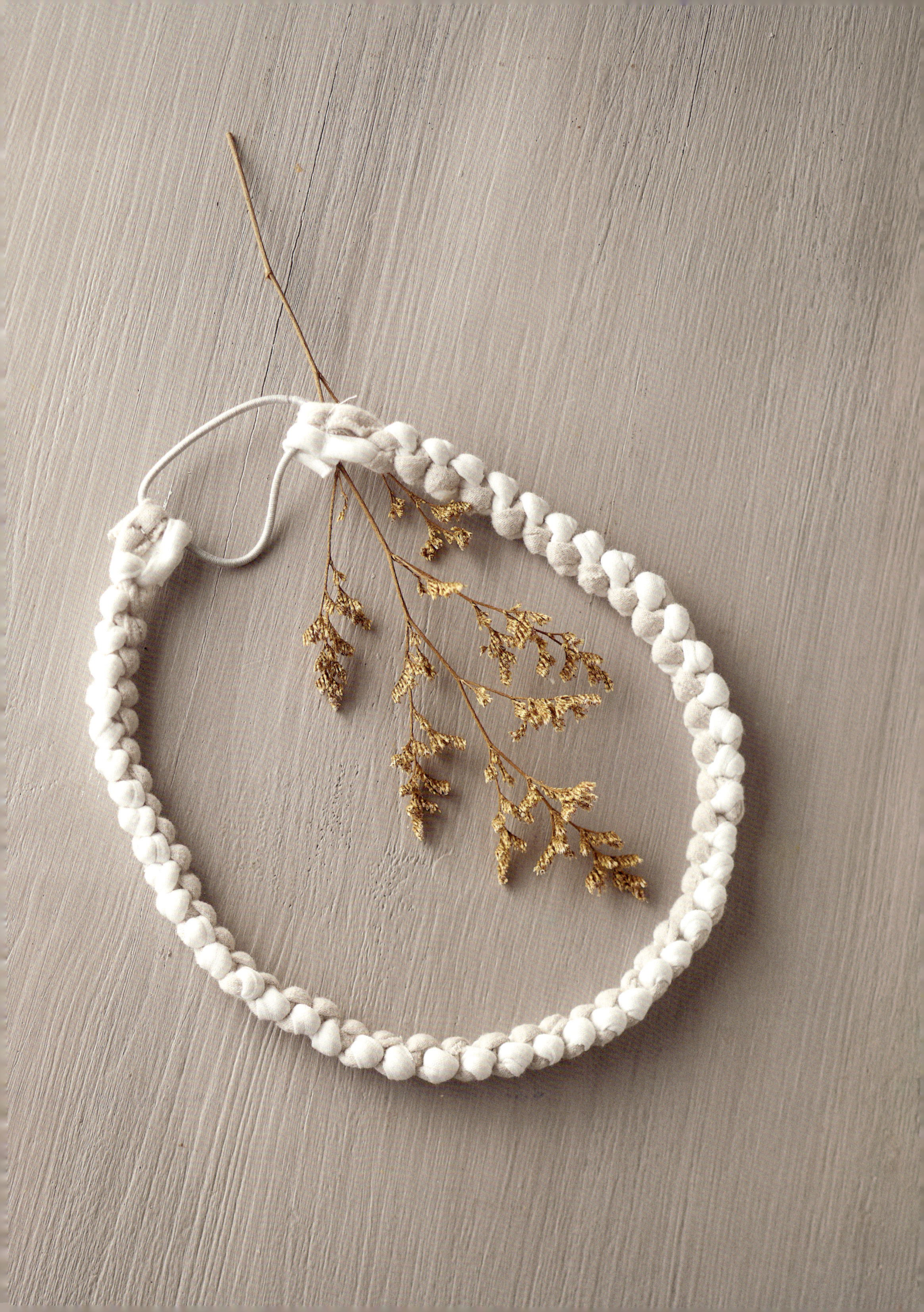

Makramee Haarband

Schnell mal die Haare aus dem Gesicht geht auch in stylish mit diesem Haarband. Natürlich können Sie es auch in Ihren Lieblingsfarben knüpfen.

1 Legen Sie beide Textilstränge bündig nebeneinander und fixieren Sie beide ca. 5 cm vom oberen Ende entfernt (z. B mit Kreppklebeband auf dem Tisch).

2 Nun werden abwechselnd halbe Schläge geknotet (s. Seite 27) bis Sie einen so langen Musterstrang geknotet haben, dass noch ca. 10 cm fehlen, um Ihren Kopf komplett zu umschließen.

3 Führen Sie anschließend die Enden jeweils durch das Zopfgummi und nähen Sie diese dann zusammen, sodass sie am Zopfgummi fixiert sind. Alternativ könnten Sie hier auch einen Wickelknoten nutzen, anstatt die Enden zu vernähen.

Material

Schwierigkeitsgrad

●

Motivbreite

ca. 1,5 cm

- Textilgarn in Weiß, 2 m lang
- Textilgarn in Beige, 2 m lang
- Dünner Zopfgummi
- Nadel und Faden

Hinweis

» Die Länge des Garns ist so bestimmt, dass Sie auch noch etwas länger knoten können, je nachdem wie groß Ihr Kopfumfang ist. Nutzen Sie zum Fixieren des Garns beim Knoten entweder Kreppklebeband oder Stecknadeln und z. B. eine Korkunterlage.

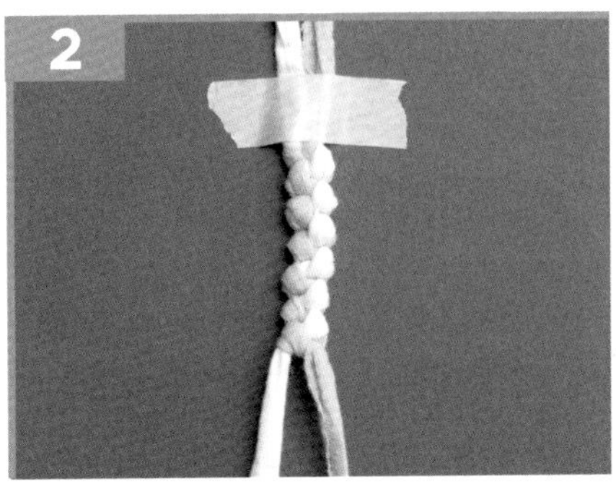

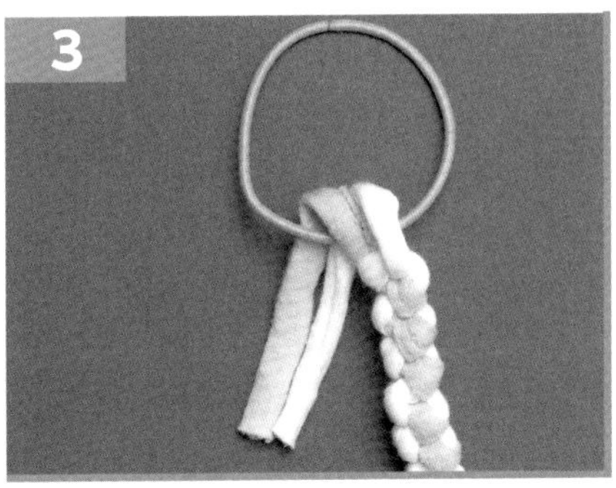

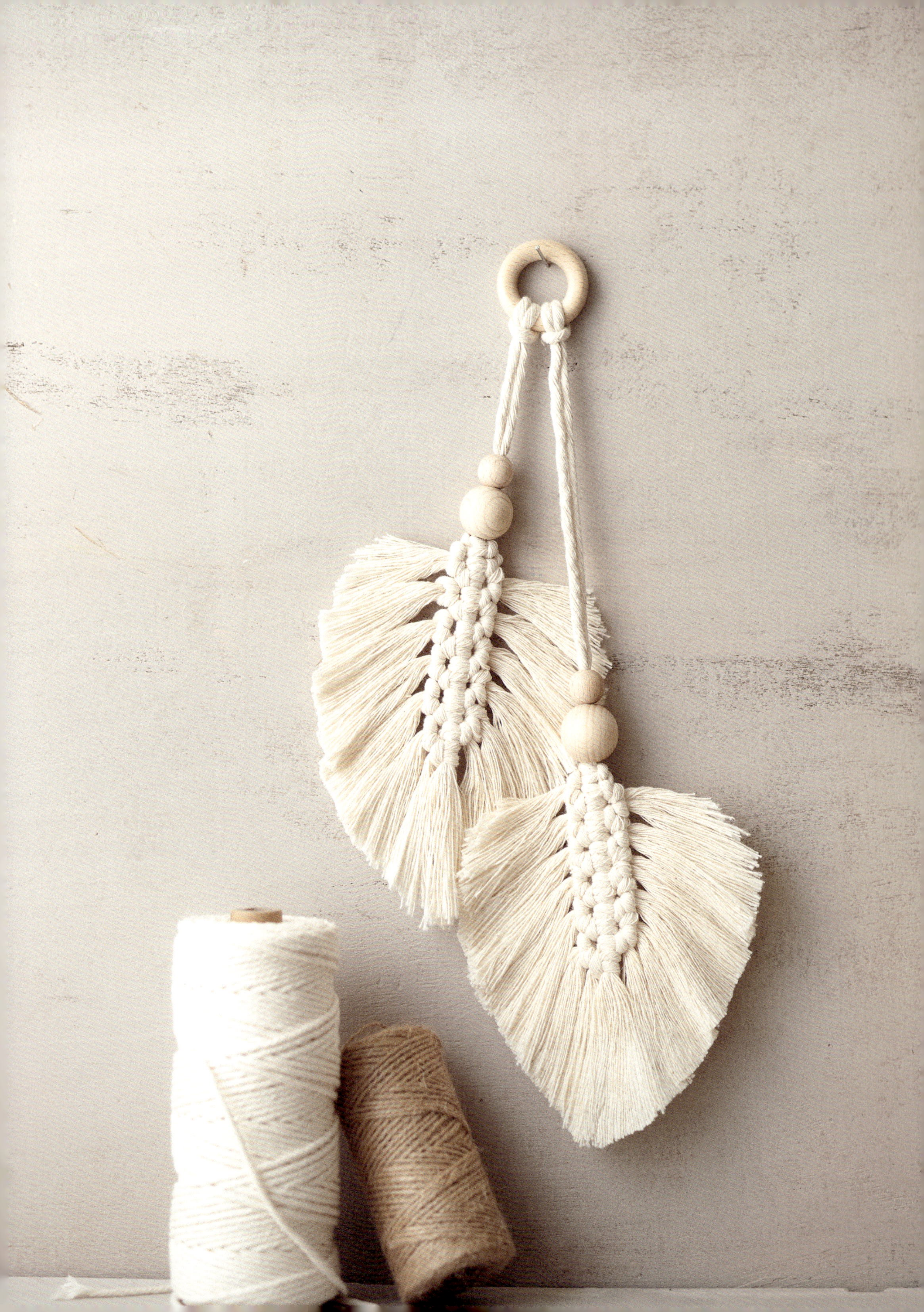

Feder-Wanddeko

Makramee-Federn sind seit eh und je eines der beliebtesten Einsteigerprojekte, aber auch Fortgeschrittene und Profis, wissen sie für ihren Boho-Flair zu schätzen. Hier ein etwas verspielteres Modell, das auf den großen Auftritt bei Ihnen wartet.

1 Befestigen Sie zwei 1 m lange Baumwollfäden mit dem von vorne geknoteten Ankerknoten unten am Holzring.

2 Auf die beiden Stränge des einen befestigten Fadens erst eine 1,5 cm große, danach eine 2,5 cm große Holzperle auffädeln und in einem Abstand von ca. 6 cm zum Holzring platzieren.

3 Unter den Holzperlen einen 1,60 m langen Baumwollfaden mit einem Kreuzknoten befestigen (s. Seite 25).

4 Mit den beiden Enden des in Schritt 3 befestigten Fadens werden nun um die beiden mittleren Stränge zwölf abwechselnde Ankerknoten (s. Seite 36) geknotet.

5 In den Zwischenräumen an der Seite werden nun 20 cm lange Baumwollfäden mit dem von hinten geknoteten Ankerknoten befestigt. Nutzen Sie hier gerne Garnreste.

6 Die Fransen auskämmen und in Feder-Form schneiden.

7 Wiederholen Sie Schritt 2–6 für einer weitere Feder. Hier werden die Perlen in einem Abstand von ungefähr 15 cm zum Holzring platziert.

Material

Schwierigkeitsgrad

●

Motivlänge
ca. 38 cm

- 2 Baumwollfäden in Natur, einfach gezwirnt, ⌀ 4 mm, 1 m lang
- 2 Baumwollfäden in Natur, einfach gezwirnt, ⌀ 4 mm, 1,60 m lang
- 22 Baumwollfäden in Natur, einfach gezwirnt, ⌀ 4 mm, 20 cm lang
- Holzring, ⌀ 4 cm
- 2 Holzperlen, ⌀ 1,5 cm
- 2 Holzperlen, ⌀ 2,5 cm

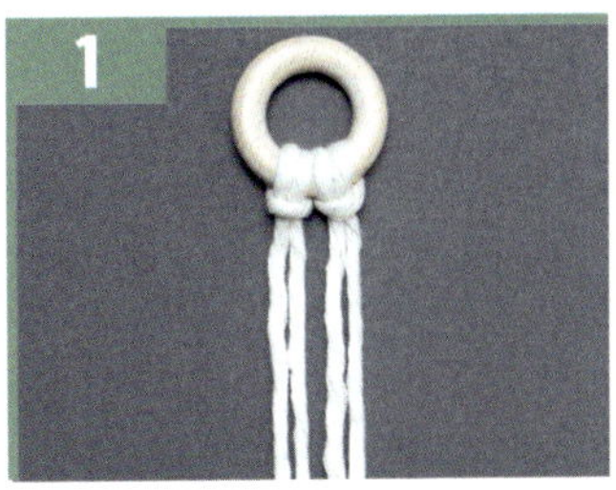
1

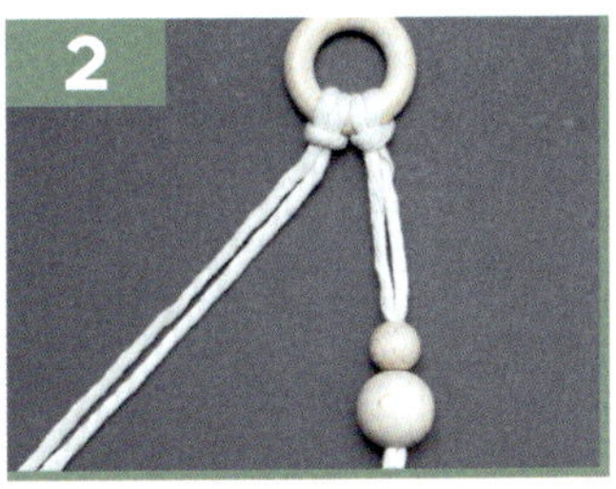
2

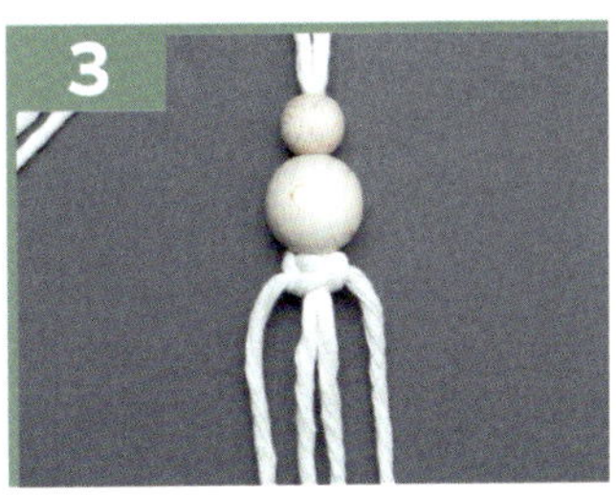
3

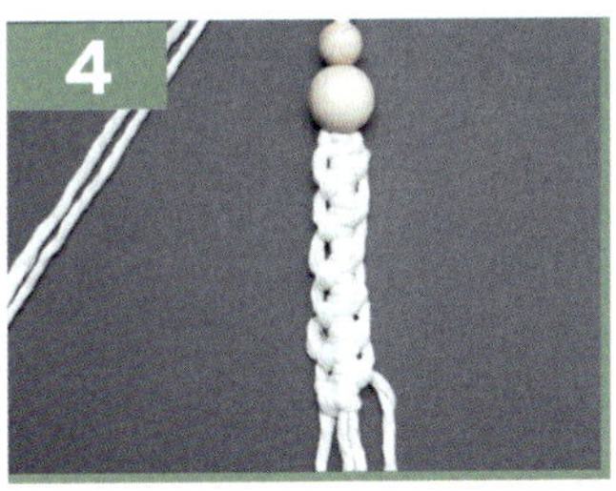
4

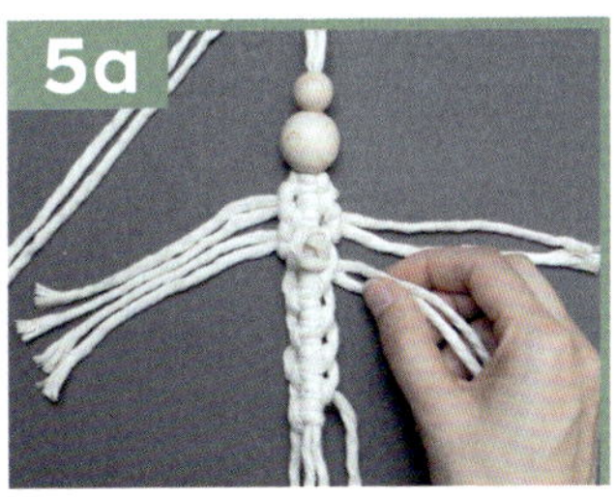
5a

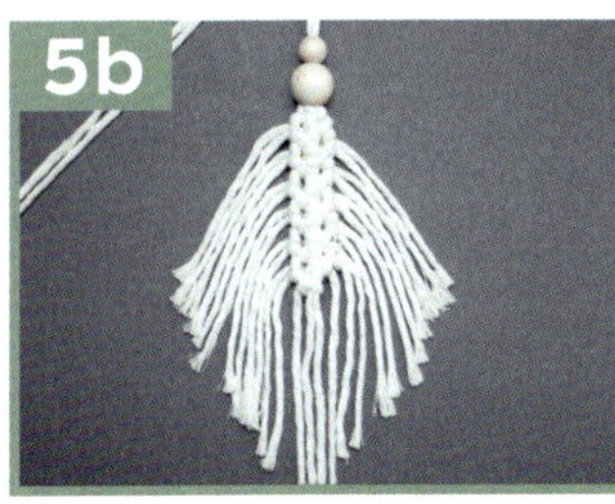
5b

Ring-Blumenampel

Ein toller Blickfang für die Wohnung und eine schöne Bühne für Ihre grünen Lieblinge. Diese Blumenampel eignet sich besonders für rankende Pflanzen, aber auch Sukkulenten und Tillandsien fühlen sich in ihr wohl.

Material

Schwierigkeitsgrad

●

Motivlänge
ca. 43 cm

- 2 Baumwollfäden in Natur, geflochten, ⌀ 4 mm, 4,50 m lang
- 2 Baumwollfäden in Natur, geflochten, ⌀ 4 mm, 40 cm lang
- Bambusring, ⌀ 20 cm, 1 cm breit
- Holzring, ⌀ 4 cm
- 4 Holzringe, ⌀ 7 cm, innen ⌀ 5 cm
- (Heiß-)Kleber
- Keramiktopf, 5 cm hoch, ⌀ 5,5 cm
- Kreidefarbe in Beige (optional)

1 Führen Sie zwei 4,50 m lange Baumwollfäden bis zur Mitte durch einen 4 cm großen Holzring. Fixieren Sie die Fäden mit einem Wickelknoten direkt unter dem Ring. Nutzen Sie für den Wickelknoten einen 40 cm langen Faden.

2 Zwei der vier Stränge nehmen und mit diesen Kreuzknoten um den Bambusring als Trägermedium knoten. Knoten Sie soweit, bis Sie die Hälfte des Rings umknotet haben.

3 Anschließend wiederholen Sie Schritt 2 für die anderen beiden Stränge, sodass Sie danach den kompletten Bambusring umknotet haben.

4 Alle Stränge mit einem weiteren Wickelknoten fixieren. Hier wieder einen 40 cm langen Faden für den Wickelknoten nutzen.

5 Nun vier 7 cm große Holzringe mit (Heiß-) Kleber aufeinander und danach unten, mittig in den Ring kleben. Auf Wunsch den Keramiktopf mit Kreidefarbe bemalen/besprühen, bepflanzen und in die Holzringe setzen. Wenn Sie nicht möchten, dass unten durch das Loch in dem Keramiktopf das Wasser durchläuft, kleben Sie es zu.

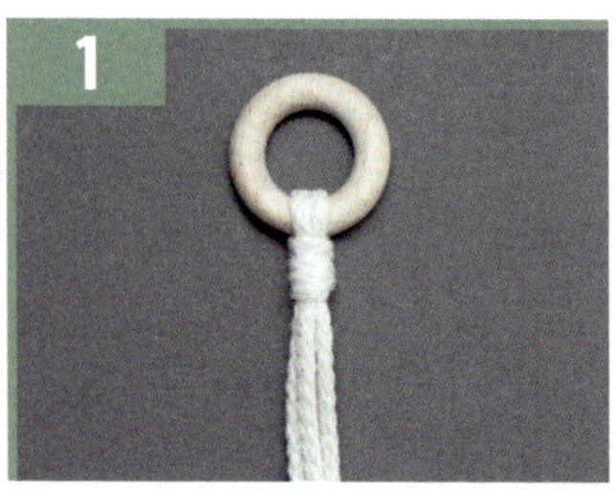
1

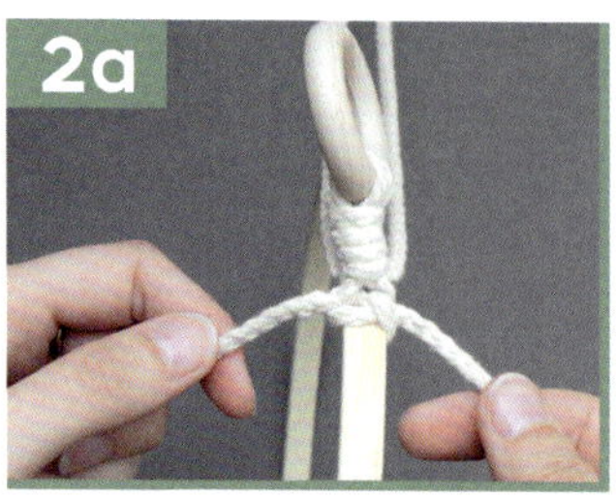
2a

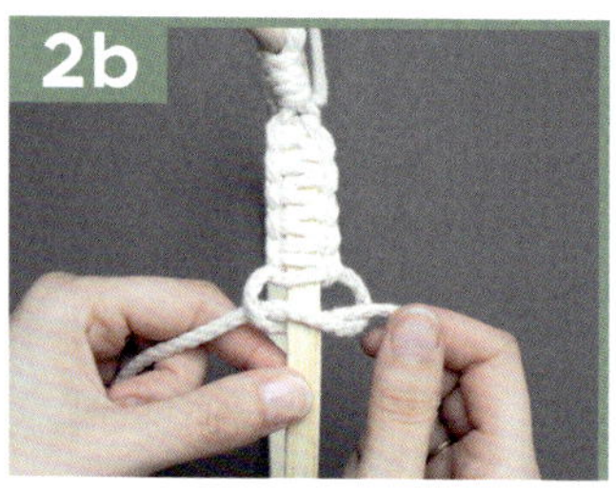
2b

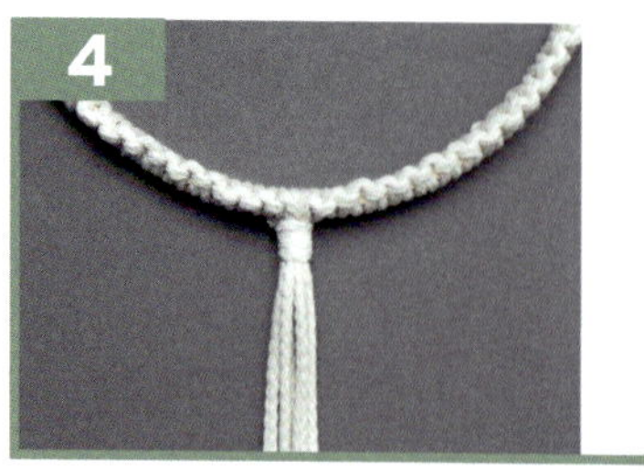
4

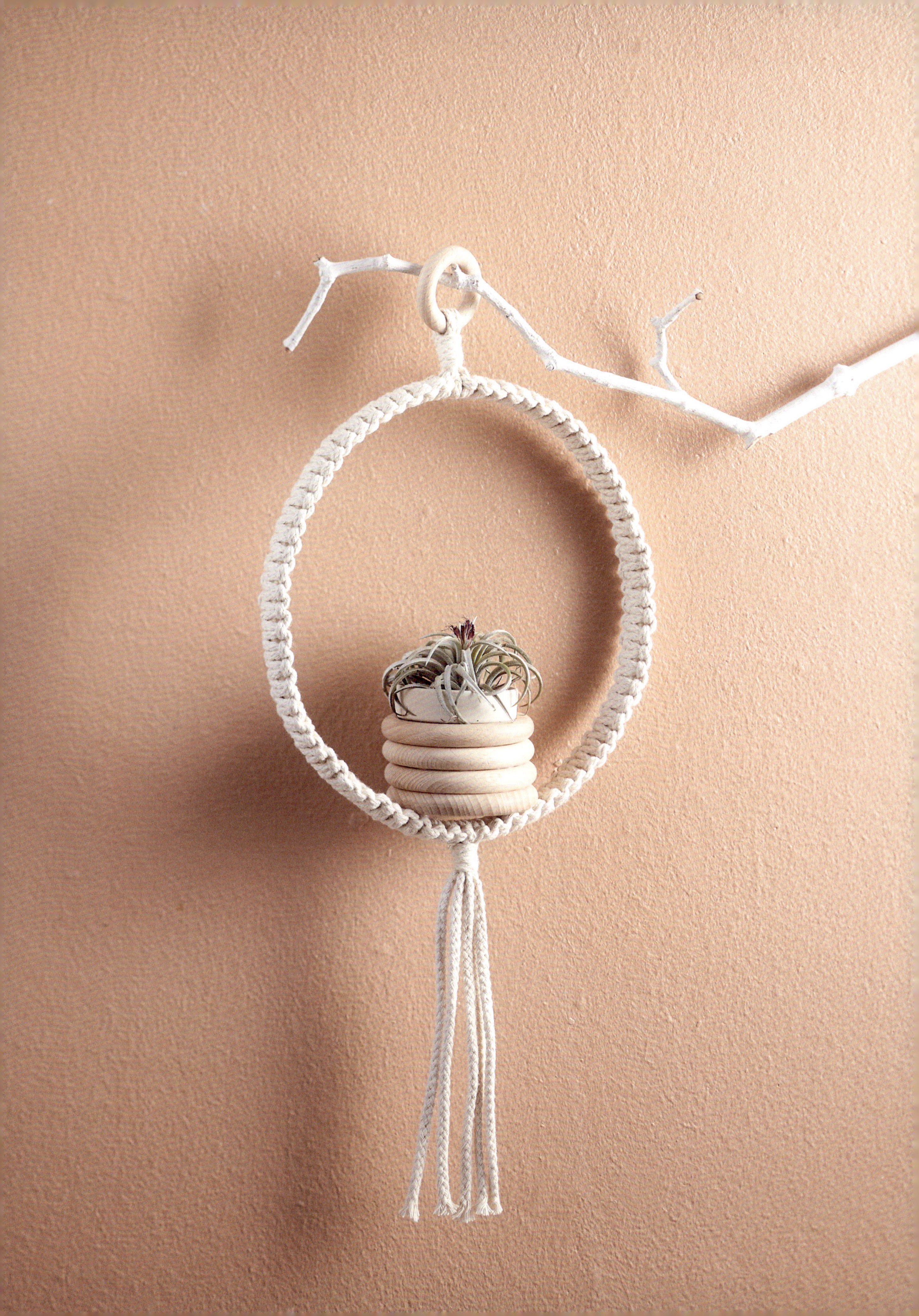

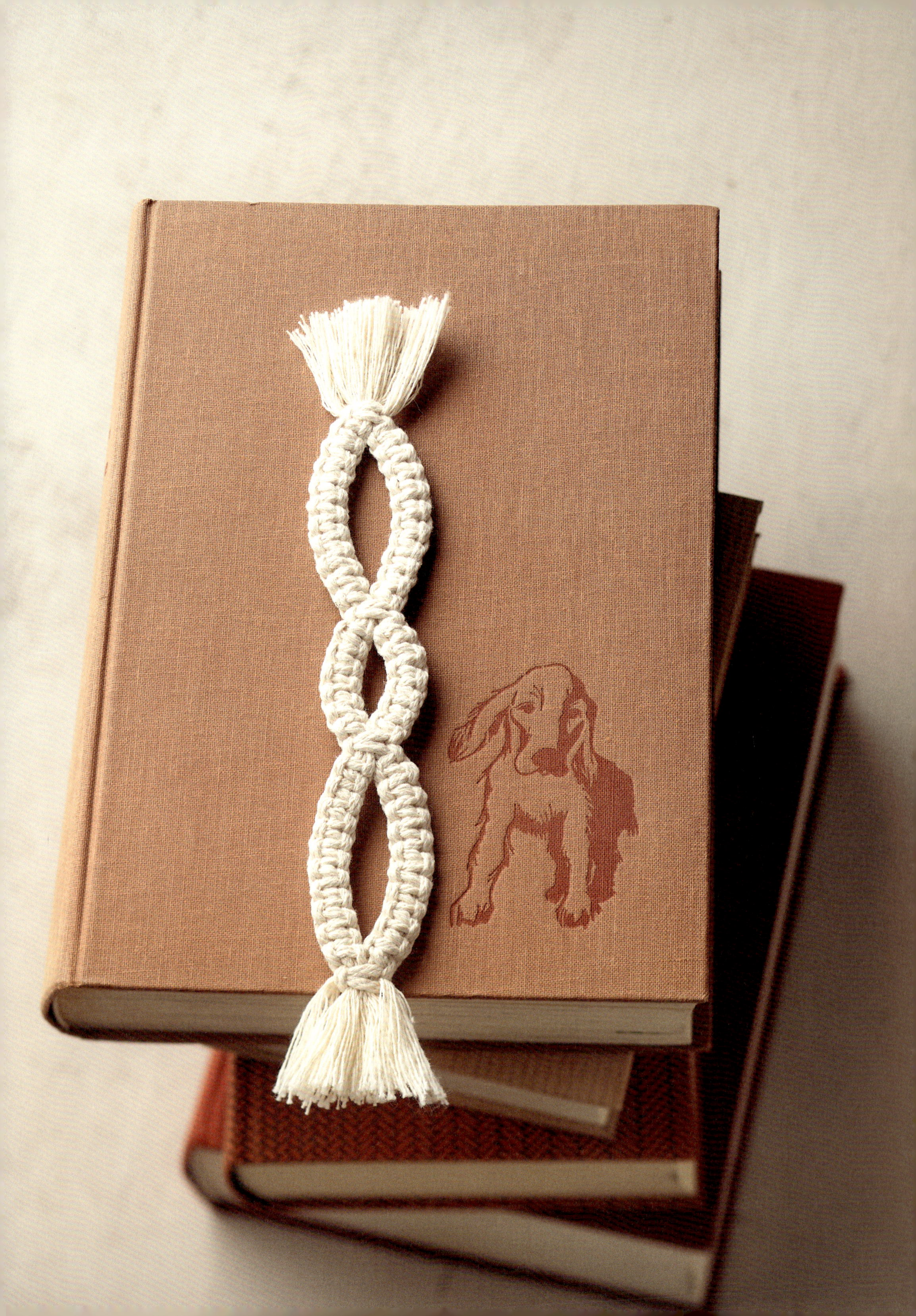

Makramee Lesezeichen

Mit diesem süßen Lesebegleiter verlieren Sie (oder die Buchliebhaber in Ihrem Freundeskreis) garantiert nie wieder die Seite.

1 Legen Sie acht 1,30 m lange Baumwollfäden bündig nebeneinander vor sich hin. Kleben Sie die oberen Enden ab, sodass die Unterkante des Klebebands in einem Abstand von ca. 3-4 cm zu den oberen Enden der Fäden entfernt liegt.

2 Mit dem jeweils äußeren Strang einen großen Kreuzknoten um die restlichen Stränge knoten.

3 Teilen Sie die Stränge auf, sodass auf beide Seiten je vier Stränge liegen. Damit jeweils einen Kreuzknoten-Strang mit je zehn Kreuzknoten knoten.

4 Wiederholen Sie Schritt 2.

5 Es folgen zwei weitere Kreuzknoten-Stränge. Dieses Mal mit je sechs Kreuzknoten.

6 Anschließend wiederholen Sie erneut Schritt 2-4.

7 Kürzen Sie die Enden auf ca. 3 cm und kämmen Sie diese aus.

Material

Schwierigkeitsgrad

●

Motivlänge

ca. 23,5 cm

- 8 Baumwollfäden in Natur, geflochten, ⌀ 2-3 mm, 1,30 m lang
- Schere
- Kamm
- Kreppklebeband

Tipps & Tricks

✦ Nutzen Sie die langen Garnreste für die Anleitung des Schlüsselanhängers auf Seite 84.

2
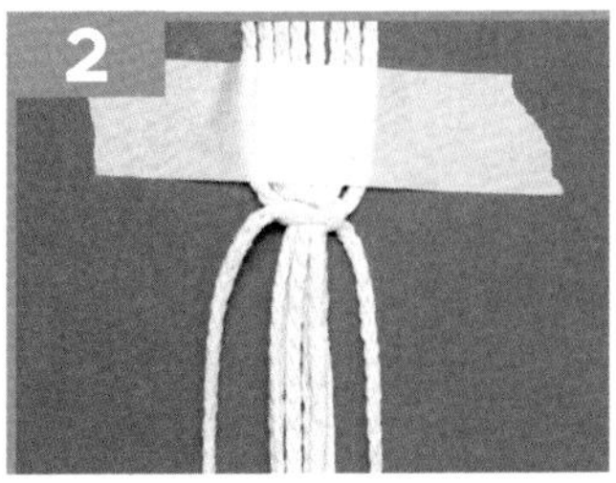

3
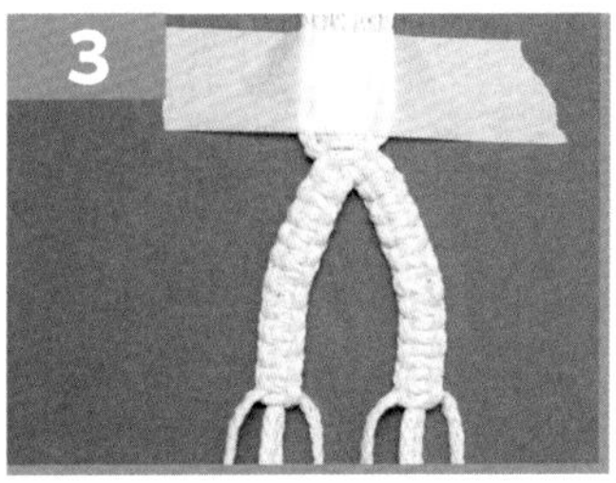

4
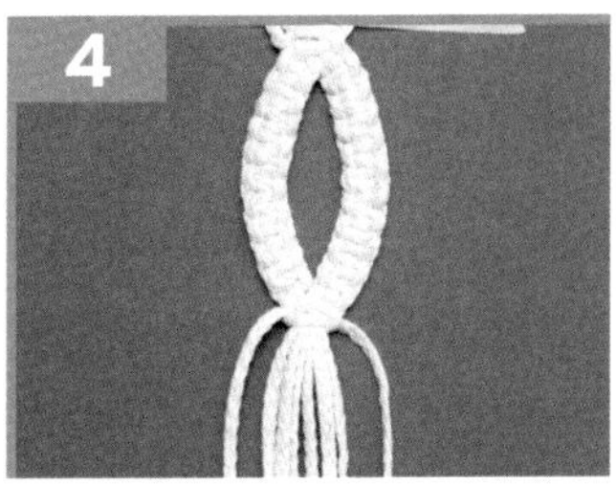

5
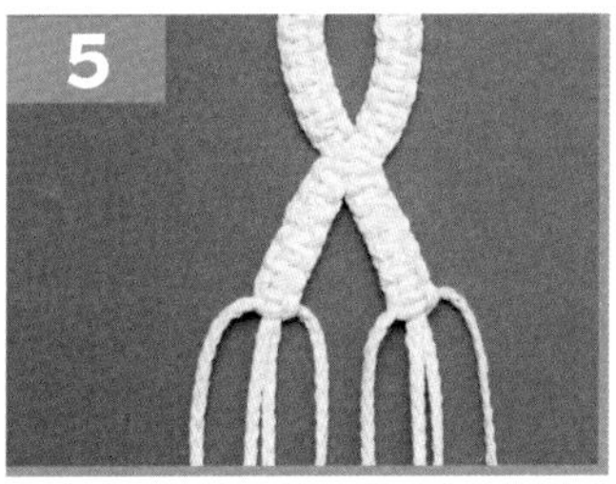

6
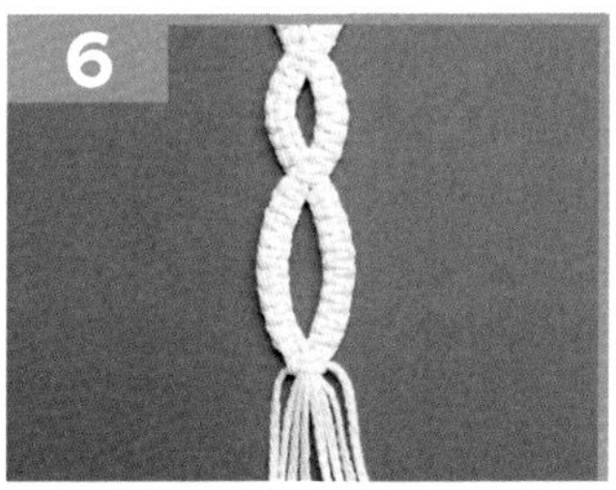

Makramee Korb-Bordüre

Manche Sachen sind einfach zu schön, um sie in Schubladen und Kisten zu verstecken. Schnell ist das alte, olle Körbchen mit dieser einfachen Bordüre zum schönen Ordnungshelfer geworden.

Material

Schwierigkeitsgrad

●

Motivbreite
ca. 9 cm

- 2 Baumwollfäden in Natur, geflochten, ø 4 mm, 4 m lang
- 2 Baumwollfäden in Natur, geflochten, ø 4 mm, 85 cm lang
- 29 Baumwollfäden in Natur, einfach gezwirnt, ø 4 mm, 20 cm lang
- Korb, 16 cm hoch, ø 18 cm

1 Legen Sie zwei 4 m lange und zwei 80 cm lange Baumwollfäden so bündig nebeneinander, dass die beiden kürzeren Fäden in der Mitte liegen.

2 Die Fäden mit Kreppklebeband zum Knoten fixieren, sodass die untere Kante des Klebebands ca. 15 cm von der oberen Kante entfernt liegt.

3 Knoten Sie nun einen 54 cm langen Strang aus Kreuzknoten mit Schlaufen. Dabei wird eine Abfolge von abwechselnd einem Kreuzknoten ohne Abstand für eine Schlaufe und einem Kreuzknoten mit Abstand für eine Schlaufe (s. Seite 25) geknotet. Für die Kreuzknoten mit Schlaufe nutzen Sie einen Abstand von einer Fingerbreite bzw. ca. 1,5 cm.

4 Anschließend befestigen Sie auf einer Seite je einen 20 cm langen, einfach gezwirnten Baumwollfaden mit dem von vorne geknoteten Ankerknoten an der Schlaufe. Sie können hier alternativ auch geflochtenes Garn verwenden.

5 Kämmen Sie die Fransen dann aus und kürzen Sie diese auf die gewünschte Länge.

6 Zum Schluss wird der Strang so um den Korb geführt, dass die Fransen nach unten hängen. Hinten werden alle Enden des Kreuzknoten-Strangs mit einem Wickelknoten fixiert, sodass die Bordüre um den Korb hält.

3a
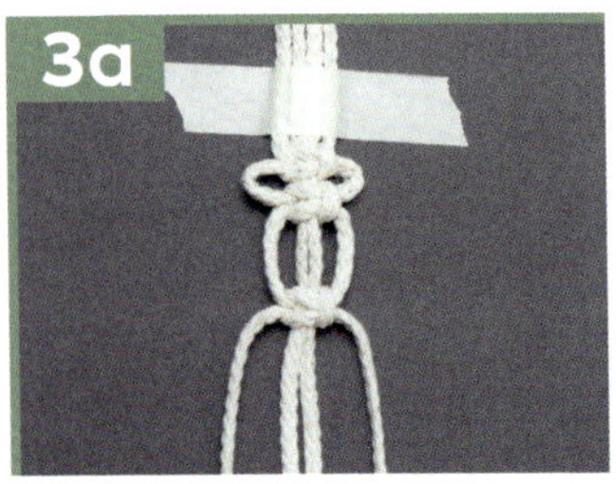

3b
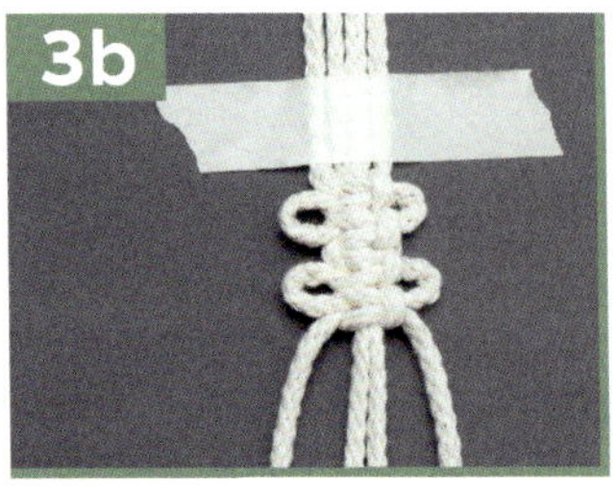

3c
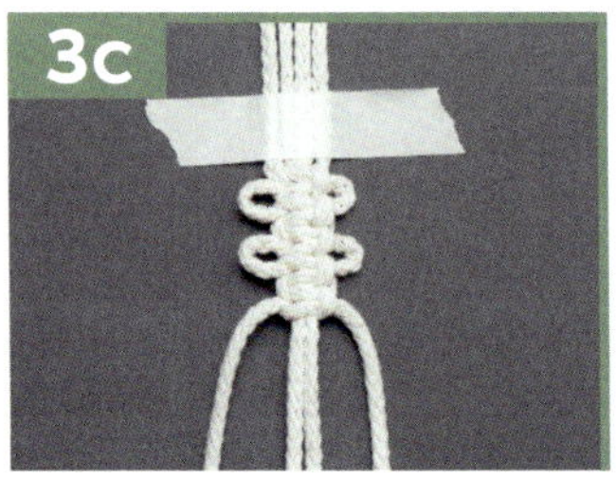

4
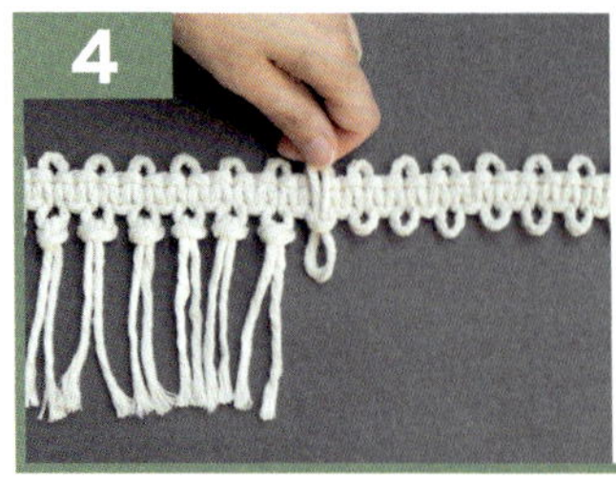

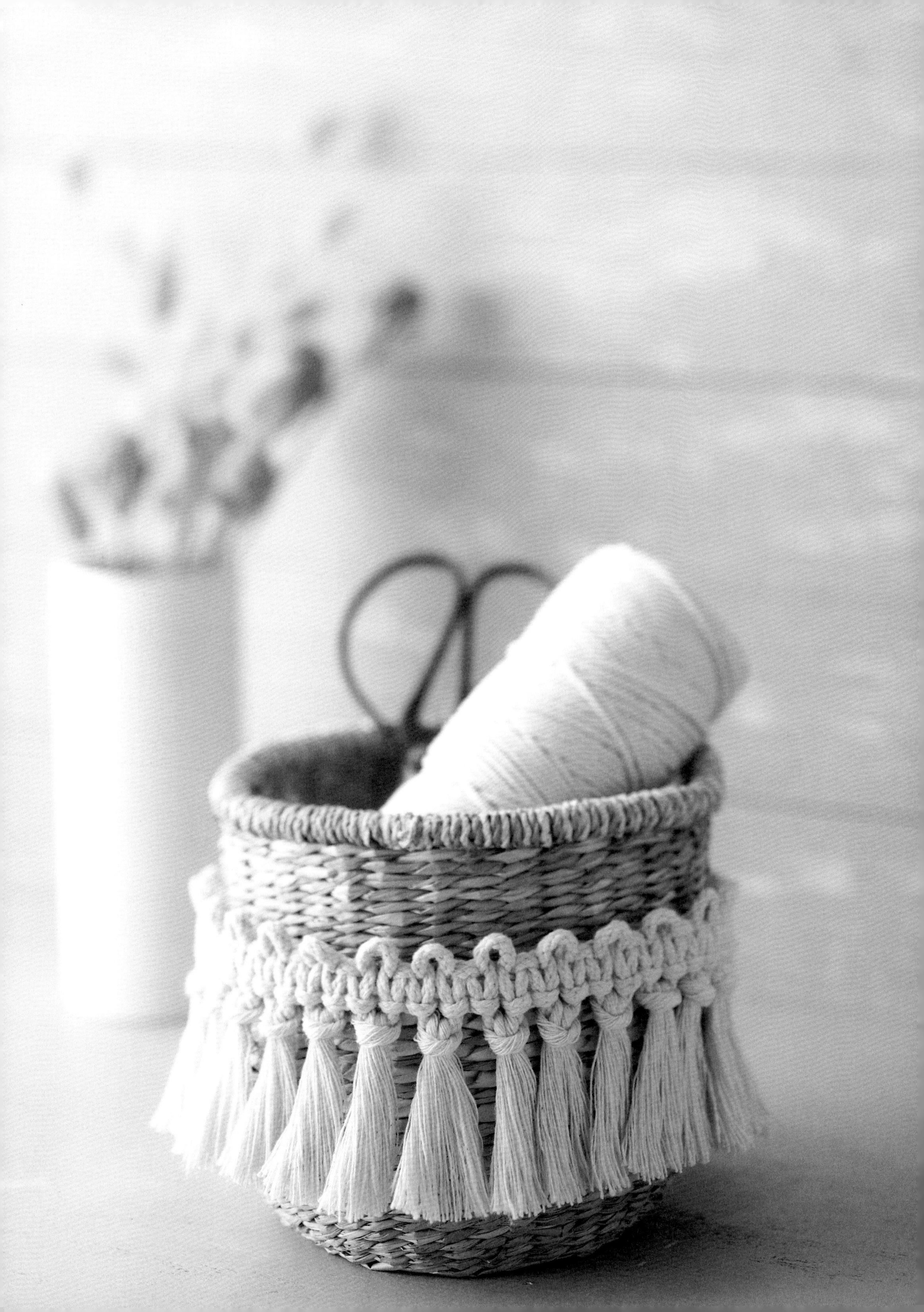

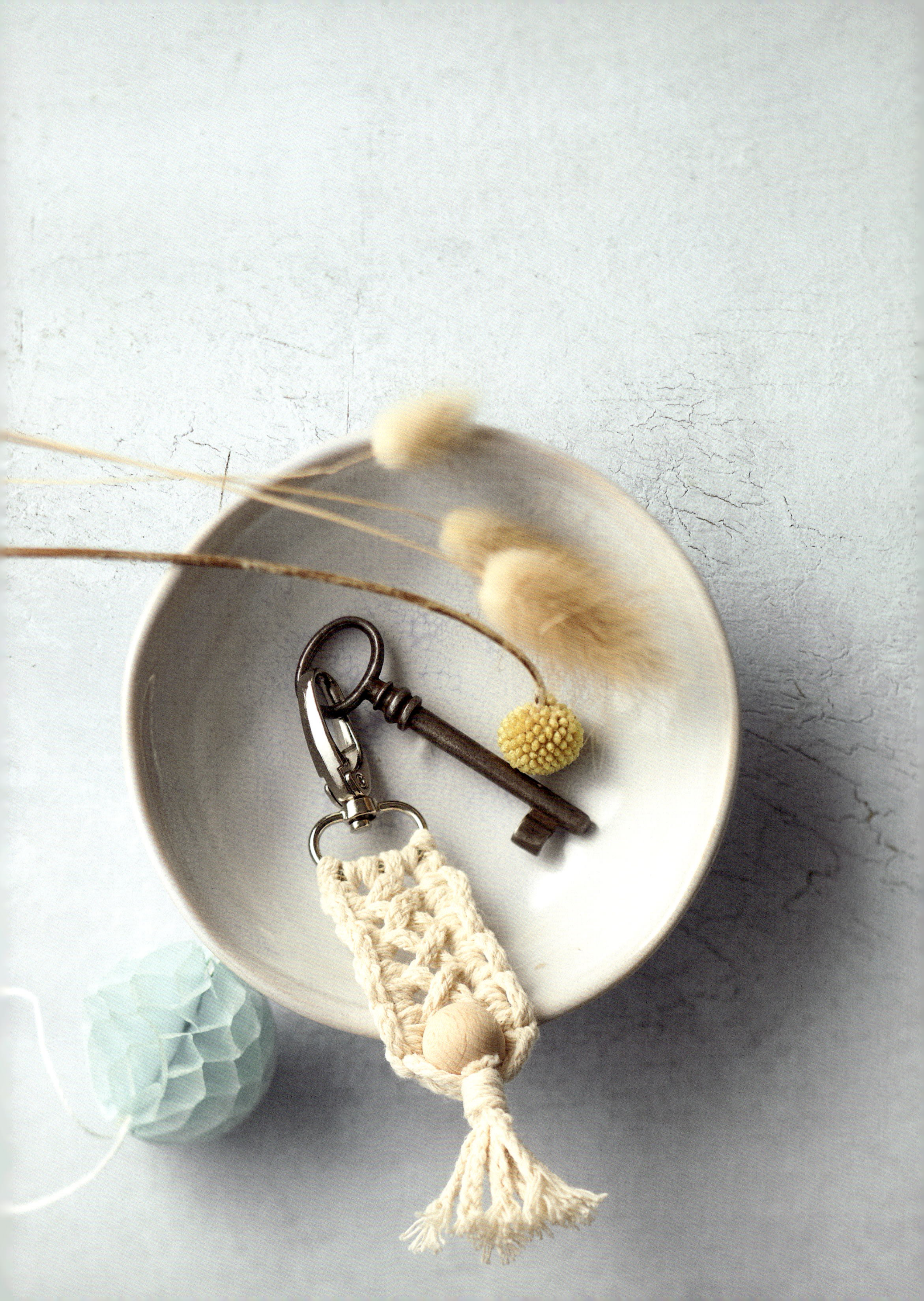

Makramee Schlüsselanhänger

Kennen Sie das auch: Der Schlüssel rutscht tief in die Handtasche und will einfach nicht mehr gefunden werden? Damit ist mit diesem schönen und griffigen Schlüsselanhänger Schluss!

1 Befestigen Sie unten am Karabiner drei 80 cm lange Baumwollfäden mit dem von vorne geknoteten Ankerknoten.

2 Nun knoten Sie einen Strang aus überkreuzten, abwechselnden Ankerknoten (s. Seite 36). Knoten Sie solange, bis Sie insgesamt je neun Ankerknoten an den beiden Trägerfäden rechts und links geknotet haben.

3 Fädeln Sie nun auf die mittleren beiden Stränge eine 1,5 cm große Holzperle auf.

4 Unter der Perle alle Stränge zusammenführen und mit einem Wickelknoten fixieren. Nutzen Sie dazu einen 40 cm langen Baumwollfaden. Danach die Enden auf die gewünschte Länge kürzen. Ziehen Sie das Muster etwas auseinander, damit es besser zu Geltung kommt.

Material

Schwierigkeitsgrad

● ●

Motivlänge

ca. 10 cm (ohne Karabiner gemessen)

- 3 Baumwollfäden in Natur, geflochten, ⌀ 2–3 mm, 80 cm lang
- Baumwollfaden in Natur, geflochten, ⌀ 2–3 mm, 40 cm lang
- Karabiner, Öse 2 cm
- Holzperle, ⌀ 1,5 cm

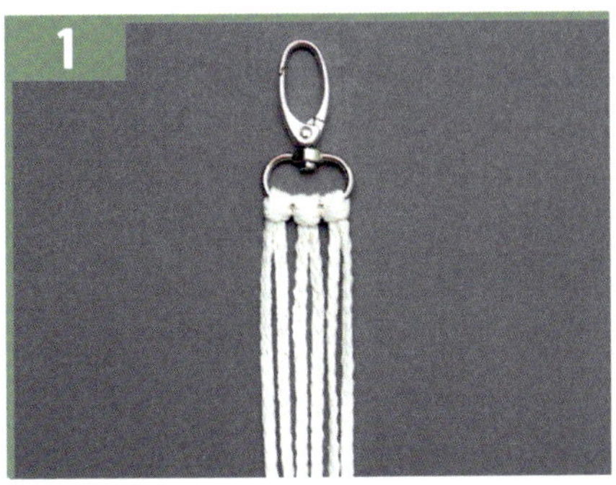

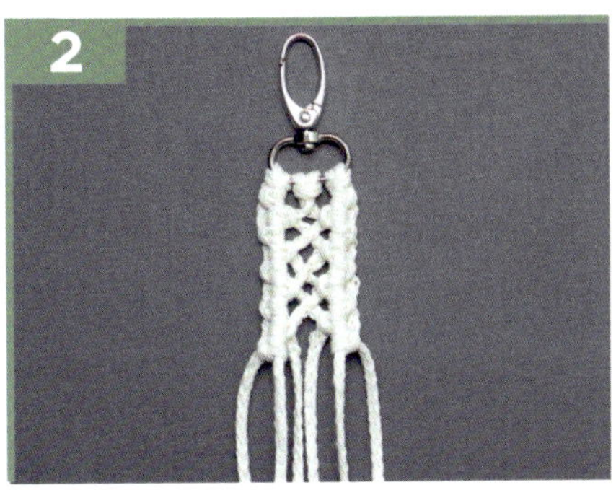

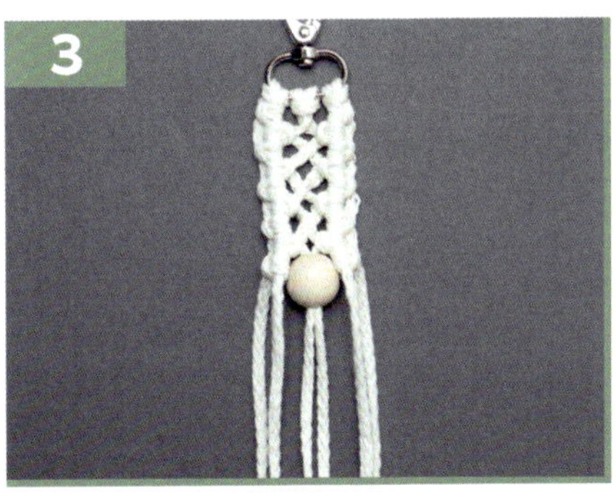

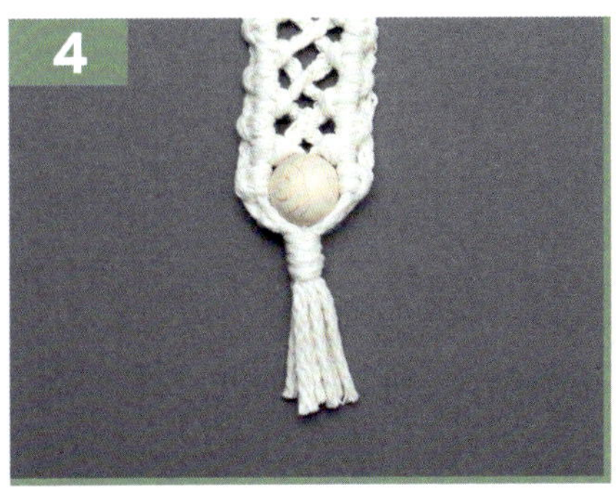

Hängendes Makramee-Windlicht

Wenn das Kerzenlicht mit einem schönen Muster an die Wand geworfen wird, macht es den Raum noch um so viel kuscheliger. Doch auch tagsüber verleihen schöne Makramee-Windlichter dem Raum einen gemütlichen und verspielten Boho-Touch, sodass auch Gäste nicht mehr gehen wollen werden.

Tipps & Tricks

✦ Sie können das Windlicht auch zum Hinstellen anfertigen. Dazu, anstatt alle Stränge unter dem Glas mit einem Wickelknoten zu fixieren, die Enden gleichmäßig nebeneinanderliegend unter dem Glas mit Kleber fixieren.

1 Befestigen Sie 33 Fäden in 1,50 m Länge mit dem von vorne geknoteten Ankerknoten mittig an einem 1,80 cm langen Baumwollfaden. Danach den Trägerfaden um den Schraubverschluss des Glases führen und die beiden Enden mit einem Doppelknoten verknoten. Achten Sie hierbei darauf, dass die beiden Enden nach dem Verknoten ungefähr gleich lang sein sollten, da mit ihnen im Folgenden genauso geknotet wird, wie mit den befestigten Fäden.

2 Anschließend werden die befestigten Fäden gleichmäßig um das Glas verteilt.

3 Knoten Sie nun mit allen Strängen um das Glas herum 17 Kreuzknoten.

1

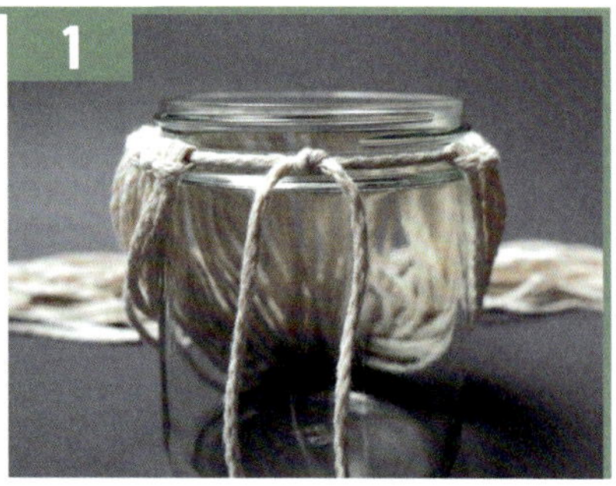

3

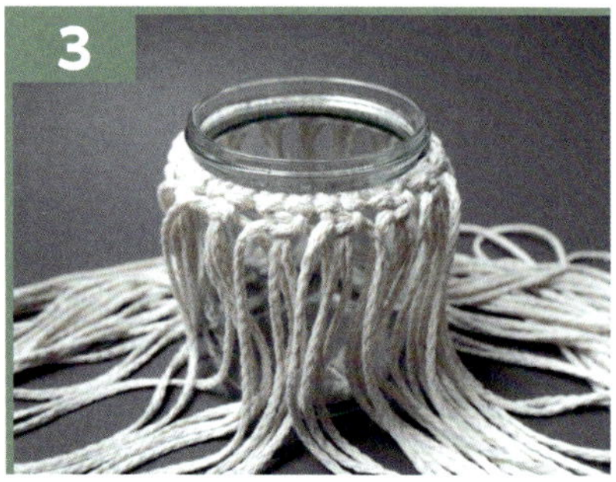

Material

Schwierigkeitsgrad

●●○

Motivlänge

ca. 81 cm

- 33 Baumwollfäden in Natur, geflochten, ø 2–3 mm, 1,50 m lang
- Baumwollfaden in Natur, geflochten, ø 2–3 mm, 1,80 m lang
- Baumwollfaden in Natur, geflochten, ø 2–3 mm, 80 cm lang
- 3 Baumwollfäden in Natur, geflochten, ø 2–3 mm, 1,20 m lang
- Baumwollfaden in Natur, geflochten, ø 2–3 mm, 40 cm lang
- Konservenglas, 10 cm hoch, Schraubverschluss ø 8 cm
- Schlüsselring, ø 2,5 cm

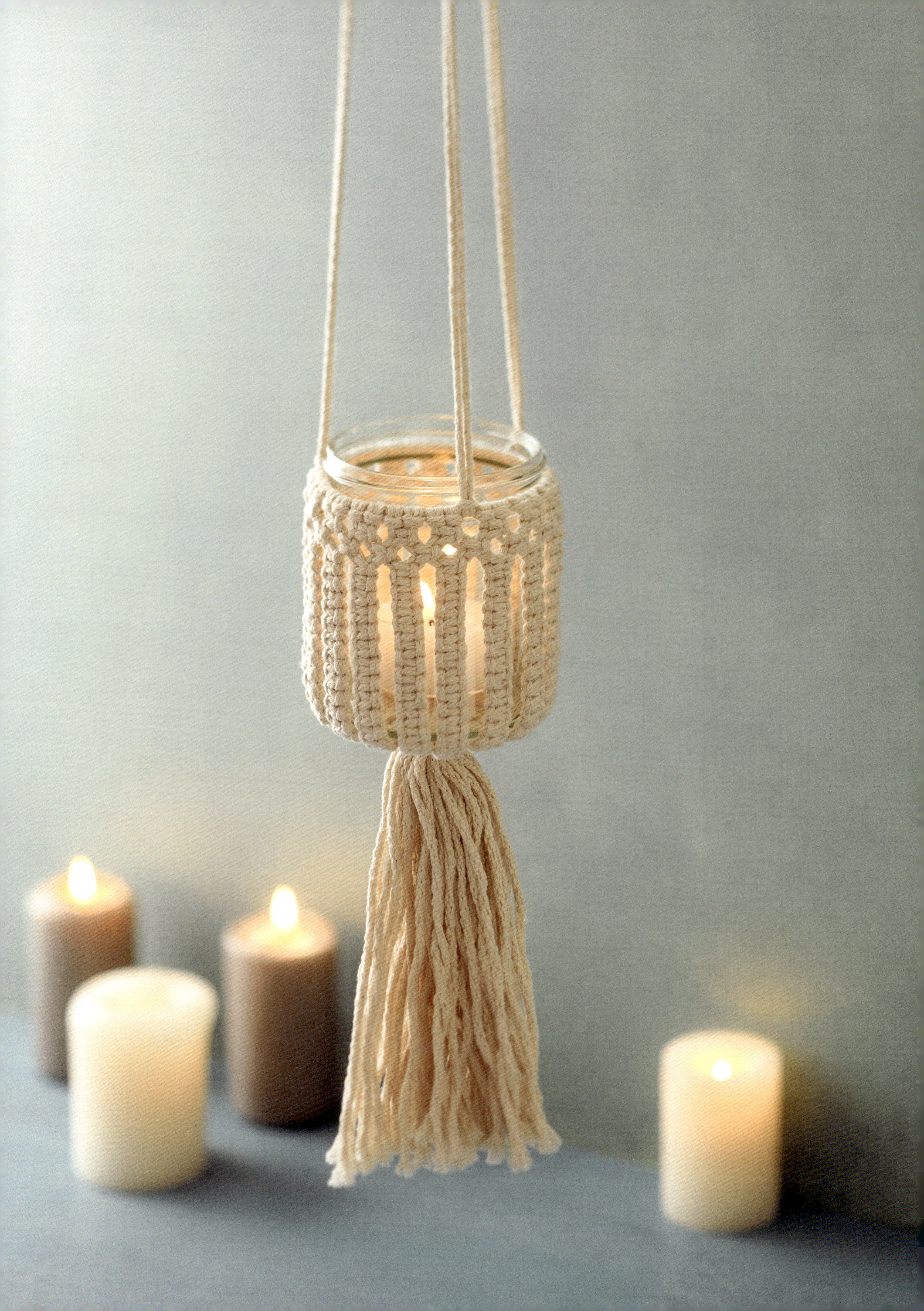

Tipps & Tricks

✦ Die Länge der Tasseln und Fransen bestimmt maßgeblich den Look Ihres Makramee-Projekts. Ich empfehle daher, erst einmal etwas weniger zu kürzen und dann nachzukürzen, falls Ihnen die Länge noch nicht gefällt. Es hilft auch, wenn Sie das Modell bereits an seinen schlussendlichen Platz hängen und es sich im Gesamt-Raumkontext anschauen.

Hinweis

» Nutzen Sie nur Teelichter. Wenn Sie Stumpfenkerzen verwenden wollen, nutzen Sie bitte LED-Kerzen.

4 Knoten Sie im Anschluss eine Reihe mit versetzten Kreuzknoten (s. Seite 38) rund um das Glas herum.

5 Nun wird erneut eine versetzte Kreuzknoten-Reihe geknotet, allerdings knoten Sie dieses Mal nicht nur jeweils einen Kreuzknoten, sondern mehrere Kreuzknoten-Stränge bestehend aus ungefähr 14 Kreuzknoten bzw. einer Länge von ca. 9 cm. Die Anzahl der Kreuzknoten hängt davon ab, wie locker oder fest Sie knoten. Orientieren Sie sich deswegen einfach an der Höhe des Glases. Die Kreuzknoten-Stränge sollten so lang sein, dass sie sich in der Mitte des Bodens des Glases treffen.

6 Führen Sie alle Stränge in der Mitte unter dem Glas zusammen und fixieren Sie diese mit einem Wickelknoten. Nutzen Sie dafür einen 80 cm langen Faden. Ziehen Sie anschließend vorsichtig an jedem Faden (bis auf die Enden des Wickelknotens), um Schlaufen herauszuarbeiten und ggf. die Position des Wickelknotens zum Glas zu korrigieren. Der Wickelknoten sollte möglichst mittig unter dem Glasboden sitzen. Justieren sie einfach nach.

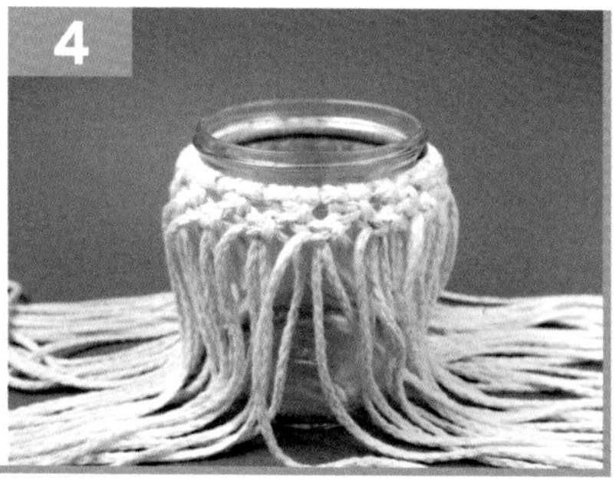

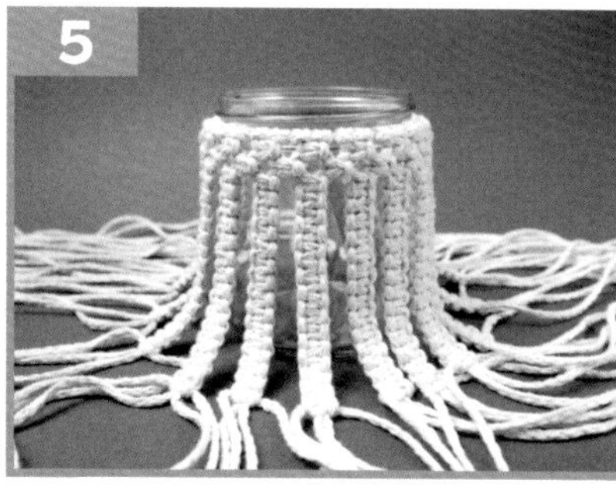

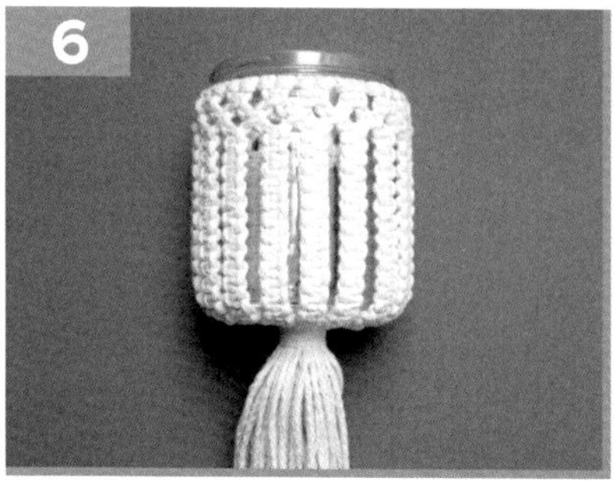

7 Kürzen Sie die Enden der Tassel auf die gewünschte Länge. Wenn Sie wollen, können Sie sie natürlich auch auskämmen.

8 Am Trägerfaden aus Schritt 1 zusätzlich drei weitere 1,20 m lange Baumwollfäden mit dem Ankerknoten gleichmäßig verteilt befestigen (nehmen Sie hier gerne eine Häkelnadel zur Hilfe).

9 Danach alle Enden ca. 5 cm durch einen Schlüsselring führen und mit einem Wickelknoten fixieren. Nutzen Sie für diesen Wickelknoten einen 40 cm langen Faden. Sollten Sie keinen Schlüsselring zur Hand haben, nutzen Sie alternativ einen Holzring oder legen Sie ohne Ring eine Schlaufe.

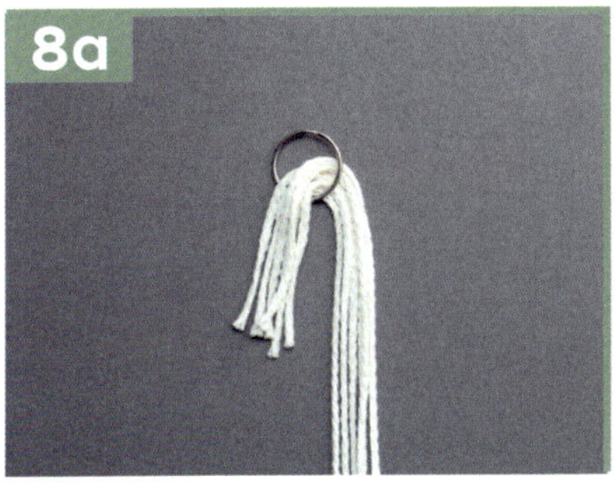
8a

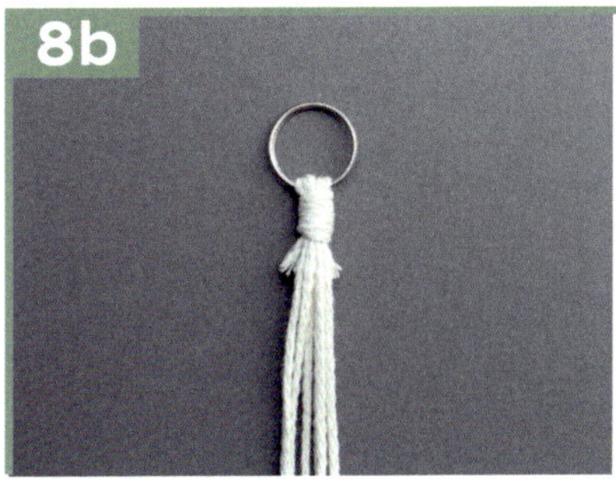
8b

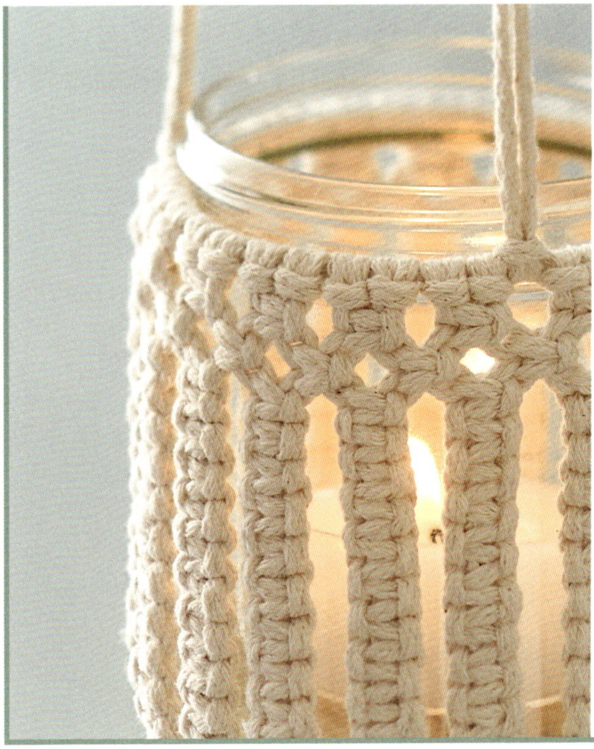

Tipps & Tricks

✦ Sie können Ihr Makramee Windlicht natürlich auch umfunktionieren und zwischendurch als hängende Vase für Trockenblumen oder frische Blumen verwenden!

Hinweis

» Lassen Sie offene Flammen niemals unbeaufsichtigt.

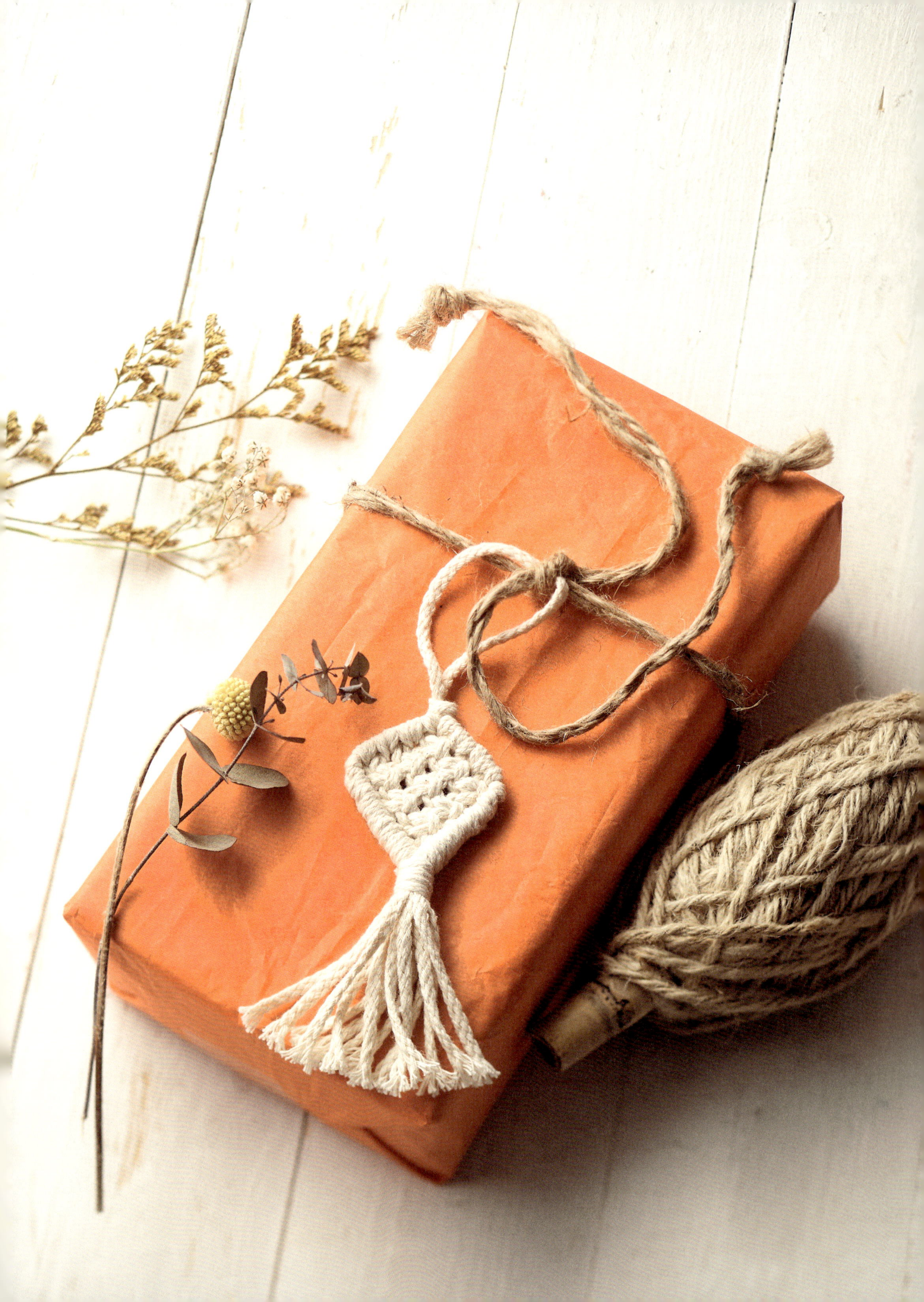

Makramee Geschenkanhänger

Den persönlichen Touch erhält ein Geschenk durch Schleifen und Accessoires. Das schöne an diesem Geschenkanhänger ist, dass man ihn auch super als dekorativen Anhänger an einen Rucksack oder eine Tasche hängen kann. So erhält die beschenkte Person gleich ein weiteres Geschenk dazu!

1 Legen Sie einen 60 cm langen Baumwollfaden in der Mitte zusammen. Anschließend verknoten Sie gemeinsam beide Enden ca. 6,5 cm von der Schlaufe entfernt.

2 An den beiden Enden unter dem Knoten werden je drei 60 cm lange Fäden mit dem von hinten geknoteten Ankerknoten befestigt.

3 Knoten Sie mit den in Schritt 2 befestigten Fäden eine Raute aus Kreuzknoten (s. Seite 40) mit der Basis von drei Kreuzknoten (=breiteste Stelle).

4 Nun wird für den Anhänger unten ein glatter Abschluss mit Rippenknoten (s. Seite 46) geknotet. Teilen Sie alle Stränge in der Mitte auf. Legen Sie die rechten Stränge beiseite. Halten Sie den äußeren, linken Strang schräg nach unten in die Mitte entlang der Kreuzknoten-Raute. Knoten Sie den glatten Abschluss.

5 Wiederholen Sie Schritt 4 für die Stränge der rechten Seite.

6 Zum Schluss um alle Stränge herum, direkt unter dem Muster, einen Wickelknoten knoten. Nutzen Sie dazu einen 50 cm langen Faden.

7 Zum Anhängen können Sie den Anhänger auch mit dem Ankerknoten befestigen: Führen Sie dazu den Anhänger um ein Trägermedium durch die eigene Schlaufe.

Material

Schwierigkeitsgrad

● ●

Motivgöße

ca. 18 cm

- 7 Baumwollfäden in Natur, geflochten, ⌀ 2–3 mm, 60 cm lang
- Baumwollfaden in Natur, geflochten, ⌀ 2–3 mm, 50 cm lang

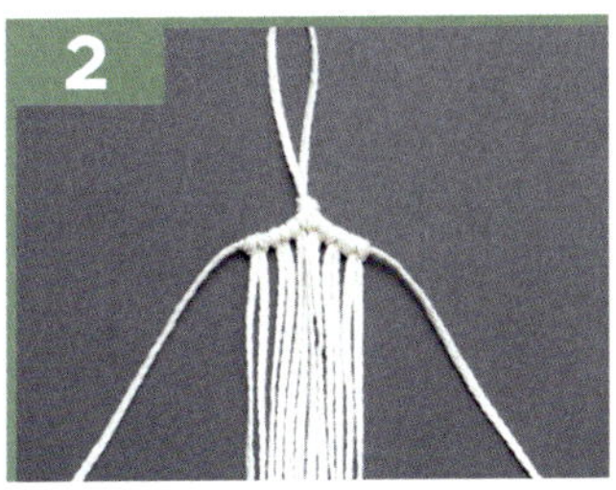
2

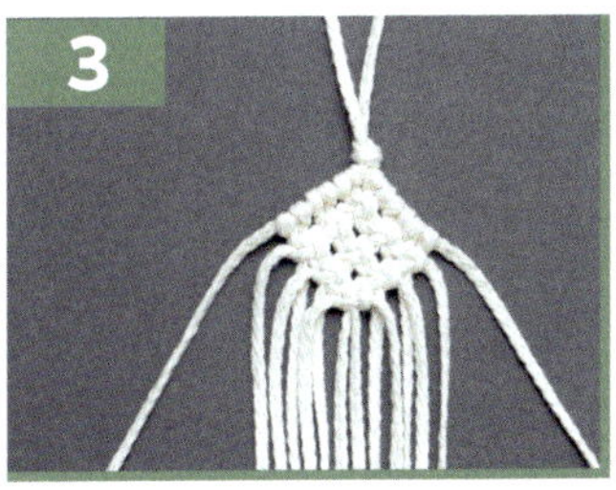
3

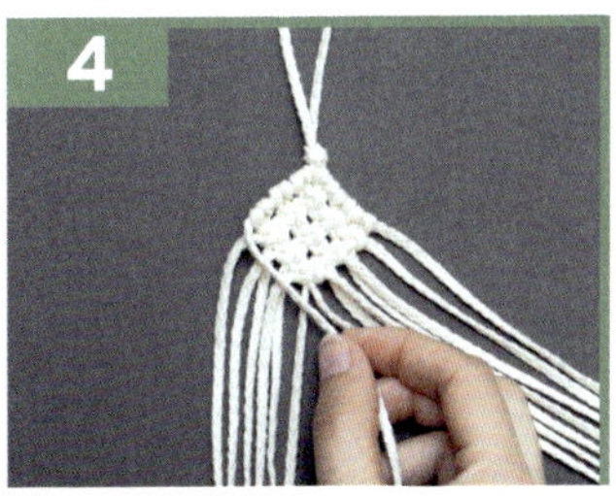
4

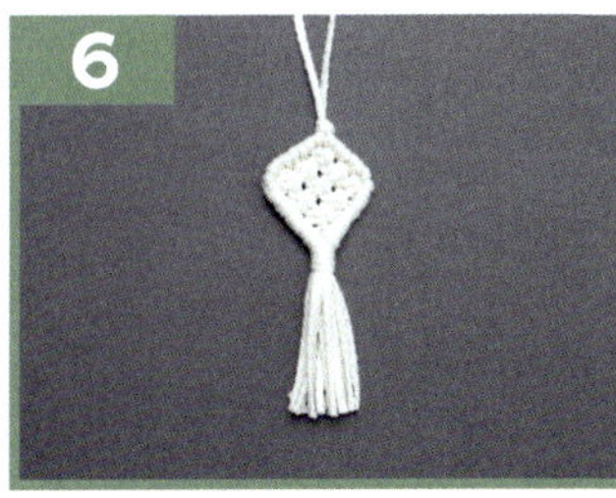
6

Makramee Wandbehang Dreieck

Dieser schöne Wandbehang ist ein meditatives, mittelschweres Projekt, das Ihre Wände sofort aufwerten wird und sich harmonisch neben Bildern und anderen Deko-Elementen einfügt. Für den besonderen Sommer-Look können Sie das Metall-Dreieck zusätzlich mit hübschen getrockneten Wildblumen in ihrer Lieblings-Farbkombination dekorieren. Garantiert ein Hingucker!

Material

Schwierigkeitsgrad

● ●

Motivlänge

ca. 65 cm

- 6 Baumwollfäden in Natur, geflochten, ø 4 mm, 2 m lang
- 20 Baumwollfäden in Natur, geflochten, ø 4 mm, 1,25 m lang
- Metallring Dreieck, 20 cm
- Holzperle, ø 1,5 cm

1 Befestigen Sie unten am Metallring sechs 2 m lange Baumwollfäden mit dem von vorne geknoteten Ankerknoten und ordnen Sie diese dann in drei Zweiergruppen, in einem Abstand von ungefähr 5 cm zueinander, entlang des Metallrings an.

2 Knoten Sie nun mit den vier Strängen einer jeden Zweiergruppe je einen Kreuzknoten.

3 Im folgenden werden Sie ein abnehmendes Netz aus Kreuzknoten anfertigen (s. Seite 41). Legen Sie also in jeder Reihe immer die jeweils äußeren beiden Stränge beiseite, sodass Sie in jeder Reihe einen Kreuzknoten weniger knoten. Die Kreuzknoten werden immer in einem Abstand von ungefähr 5 cm zur Reihe zuvor geknotet.

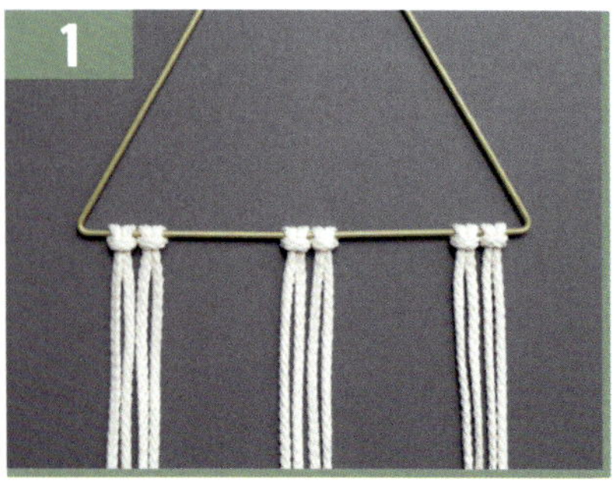

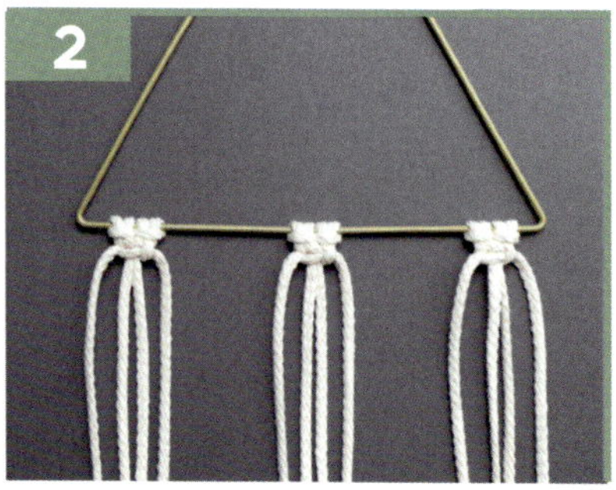

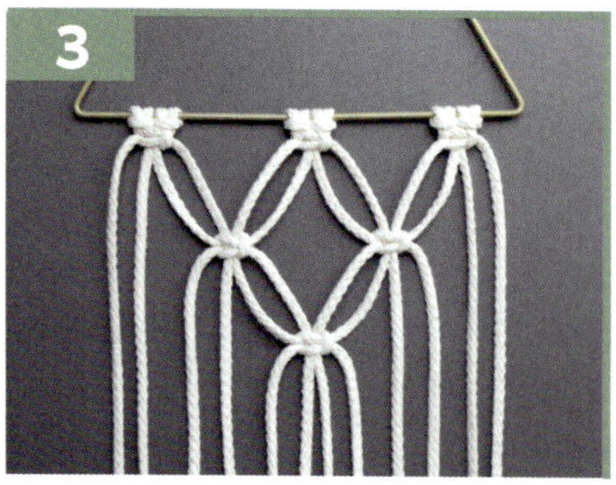

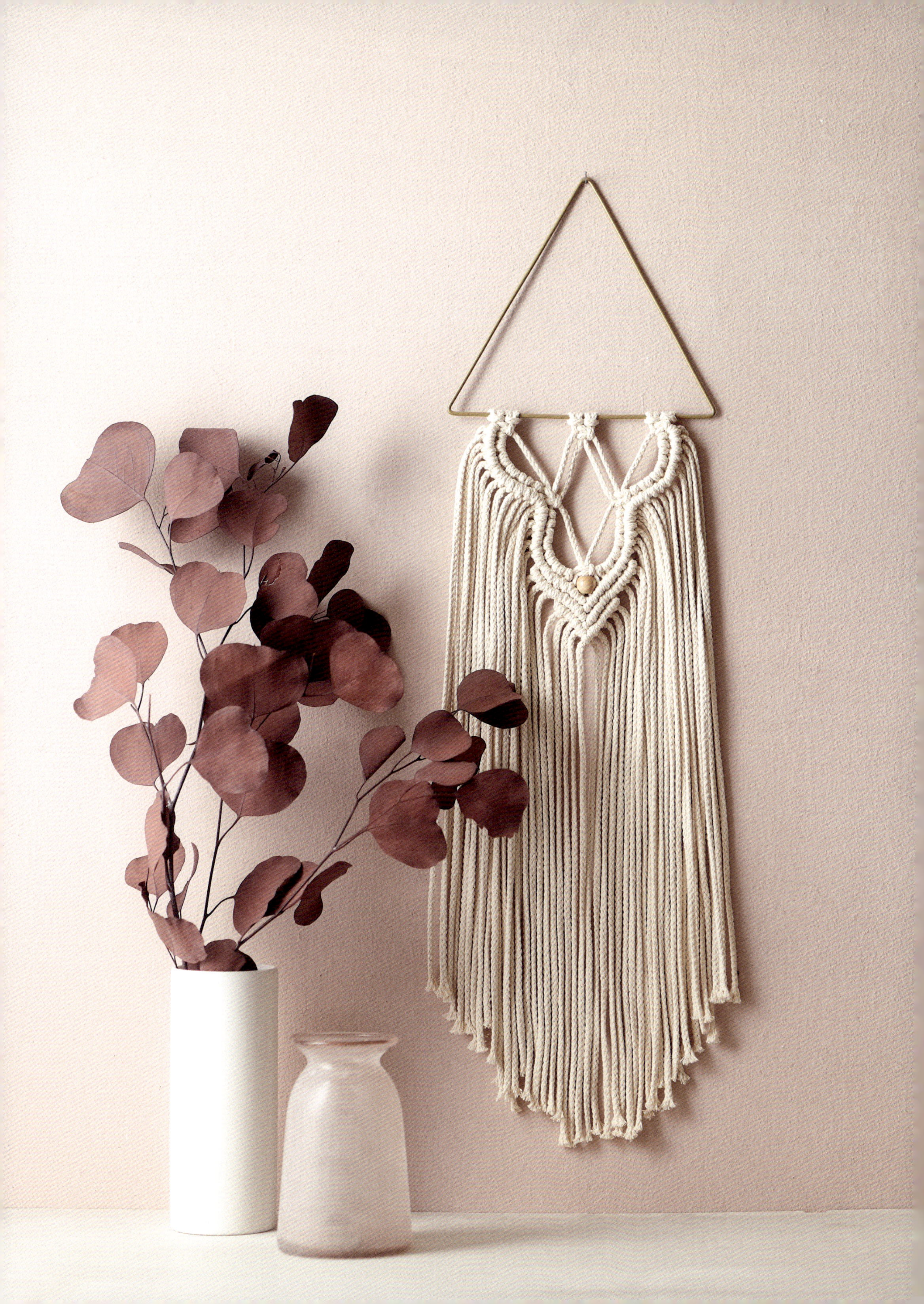

Tipps & Tricks

✦ Wenn Sie ein größeres Netz anfertigen, bei dem die Abstände immer gleich sind, können Sie sich auch ein Stück Pappe in der gewünschten Breite zuschneiden. Dieses können Sie dann einfach immer zwischen Ihre Knoten schieben und müssen somit nicht immer wieder nachmessen.

4 Haben Sie das Netz geknoten, nun werden an den äußeren Schlaufen zwischen den einzelnen Reihen jeweils fünf 1,25 m lange Baumwollfäden mit dem von hinten geknoteten Ankerknoten befestigt.

5 Fädeln Sie auf die mittleren beiden Stränge eine große Holzperle mit einem Durchmesser von 1,5 cm auf.

6 Es folgt ein Rahmen aus Rippenknoten entlang der Kante des bisher geknoteten Gebildes. Teilen Sie dazu alle Stränge in der Mitte auf, sodass Sie links und rechts jeweils 20 Stränge haben und legen Sie die Stränge der rechten Seite vorerst zur Seite. Halten Sie entlang der Kante den oberen Strang der linken Seite als Trägerfaden schräg nach unten in die Mitte über die Arbeitsfäden und knoten Sie eine Reihe Rippenknoten. Achten sie darauf, dass Sie die einzelnen Rippenknoten zwischendurch fest zusammenschieben, damit diese eng entlang der Reihe zuvor verlaufen.

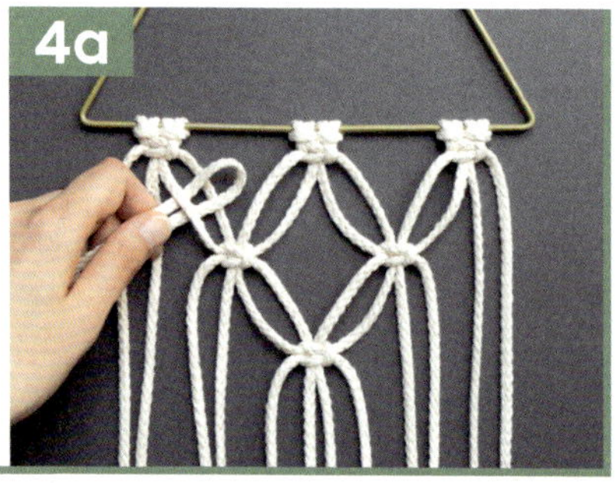

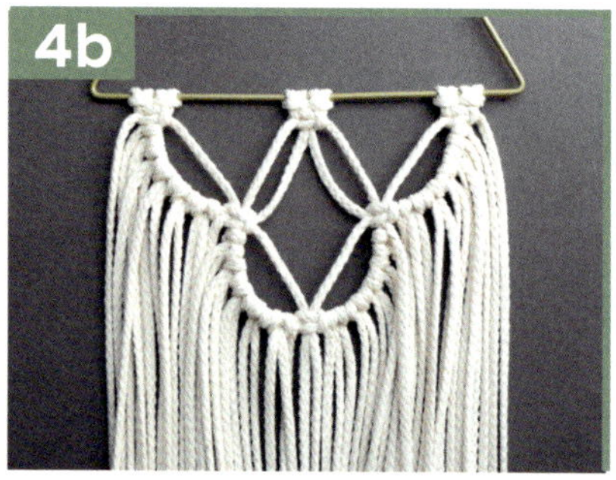

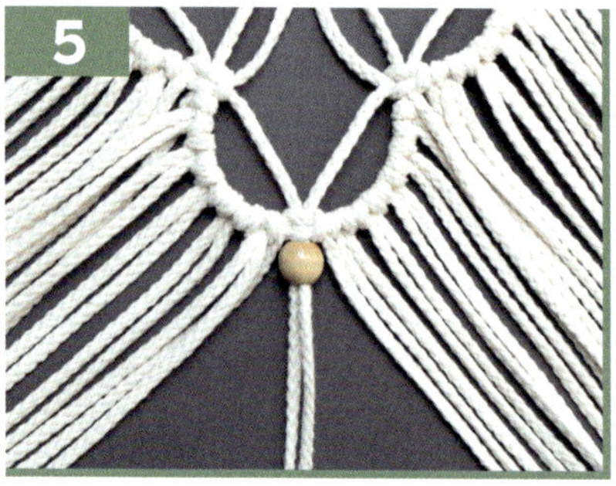

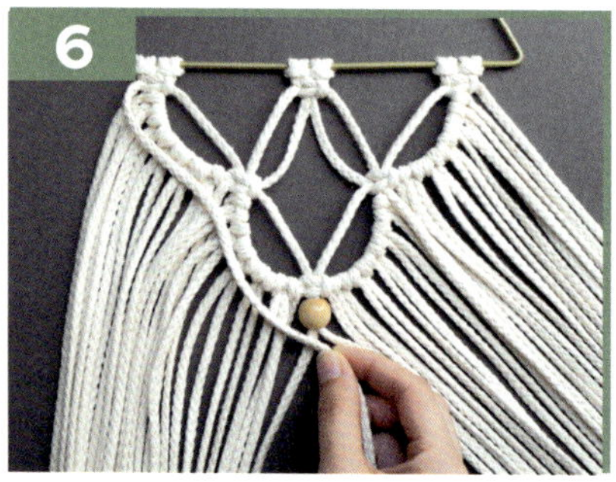

7 Knoten sie einen weiteren Rippenknoten-Rahmen für die Stränge der rechten Seite, wie in Schritt 6 beschrieben. Verbinden Sie die beiden Rippenknoten-Reihen in der Mitte an der Spitze unter der Perle.

8 Knoten Sie anschließend zwei verkürzte Reihen Rippenknoten unter der Spitze des bisher angefertigten Musters. Nutzen Sie für die erste Rippenknoten-Reihe den 19. Strang auf beiden Seiten als Trägerfaden. Für die zweite, verkürzte Rippenknoten-Reihe den vierten Arbeitsfaden der ersten verkürzten Reihe als Trägerfaden auf beiden Seiten verwenden.

9 Schieben Sie die ersten Kreuzknoten direkt am Ring in die gewünschte Position. Es kann sein, dass sich das Muster durch die Spannung, der Rippenknoten-Reihen etwas wölbt. Ziehen Sie das Muster etwas in Form, um die Spannungen herauszuarbeiten.

10 Sie können als letzten Schritt die Fransen entweder so beibehalten wie sie sind, in der gewünschten Länge kürzen, oder nur die einzelnen Stränge etwas zurechtschneiden, damit die Fransen später gleichmäßig liegen.

Tipps & Tricks

+ Sie können das Muster natürlich auch an einem Ring oder einem quadratischen Trägermedium knoten.

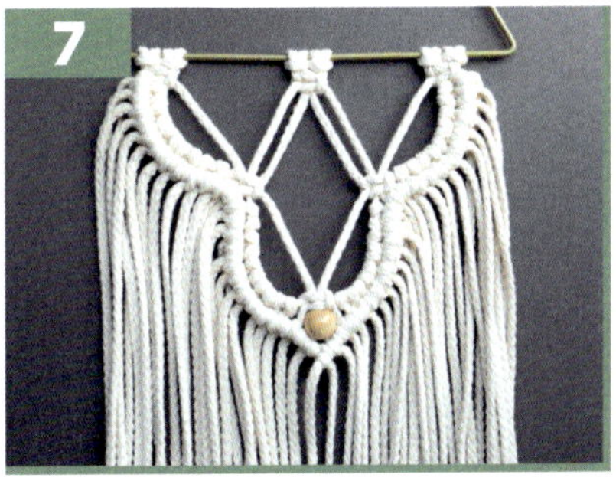

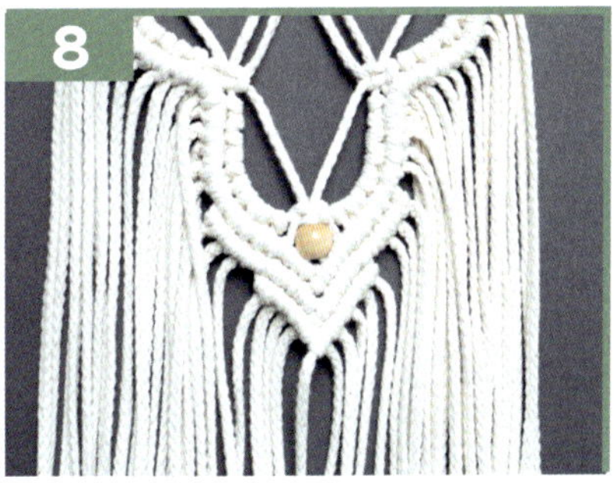

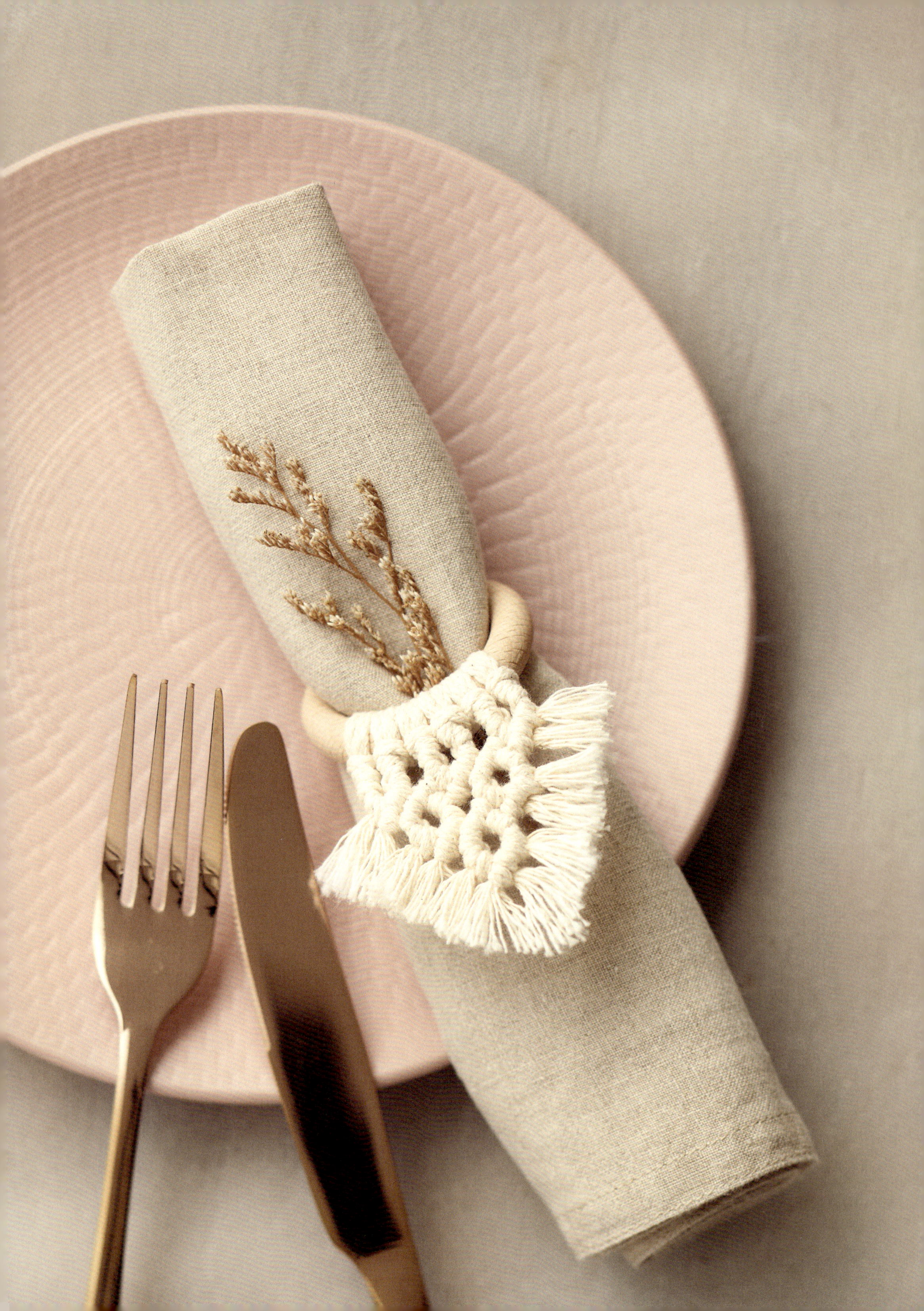

Makramee Serviettenring

Eine schön gedeckte Tafel schafft die nötige Stimmung für einen entspannten Dinner-Abend mit Freunden und Familie. Wenn dann nicht nur das Abendessen, sondern sogar die Deko selbstgemacht ist, ist es ein ganz besonderes Highlight für Ihre Gäste- besonders dann, wenn die schöne Deko als Gastgeschenk mitgenommen werden darf. Dieser Serviettenring ist dafür besonders gut geeignet.

Material

Schwierigkeitsgrad

● ●

Motivlänge

ca. 6 cm (ohne Ring gemessen)

- 6 Baumwollfäden in Natur, geflochten, ⌀ 2-3 mm, 70 cm lang
- Holzring, ⌀ 5,5 cm

1 Befestigen Sie unten am Holzring sechs 70 cm lange Baumwollfänden mit dem von vorne geknoteten Ankerknoten.

2 Nehmen Sie sich die ersten vier Stränge her. die restlichen acht Stränge werden erst einmal beiseite gelegt. Knoten Sie mit den ersten vier Strängen ein kleines Diamant-Muster ohne Füllung.

3 Wiederholen Sie Schritt 2 weitere zwei Male mit jeweils vier Strängen für die restlichen Stränge, bis Sie insgesamt drei kleine Zellen vor sich liegen haben.

Tipps & Tricks

✦ Dieses Muster kann an einem 7 cm Holzring mit 4 mm Garn auch als Greifring geknotet werden.

1

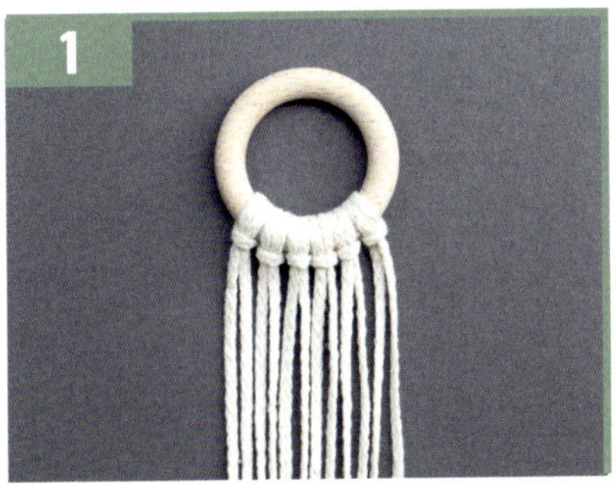

2a

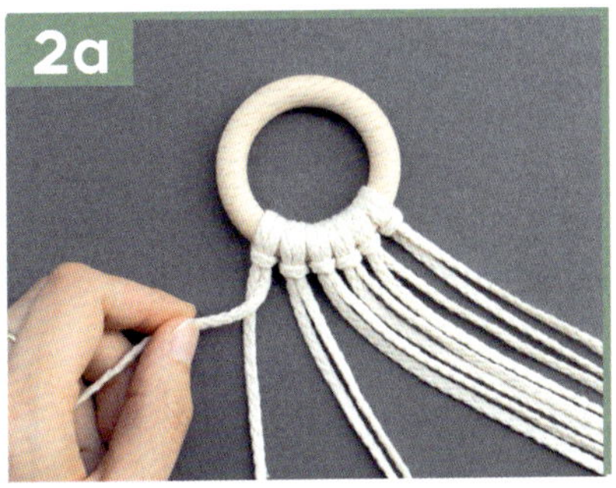

2b

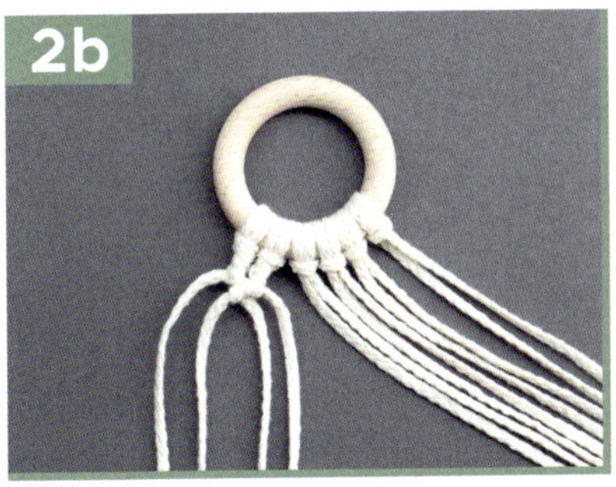

3

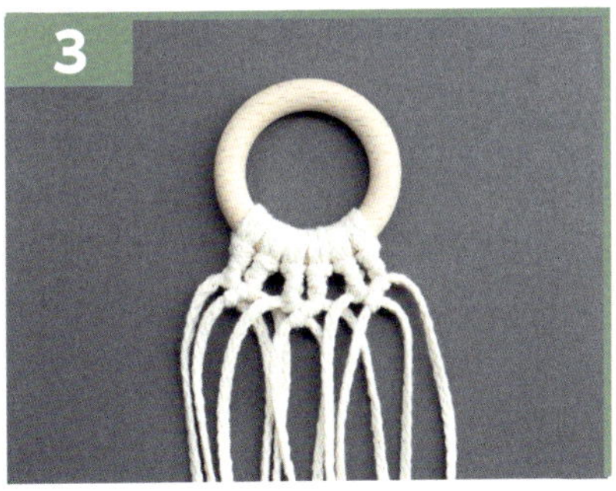

4 Im Folgenden werden Sie abnehmende Diamant-Reihen knoten, d.h. es wird in jeder Reihe eine Diamant-Zelle weniger geknotet. Legen Sie dazu die beiden jeweils äußeren Stränge weg. Dann nehmen Sie sich die nächsten vier Stränge und knoten erneut eine kleines Diamant-Muster. Dabei dient der zweite Strang der rechten Seite als Trägerfaden und wird über die beiden Arbeitsfäden nach links außen gehalten.

5 Der erste Arbeitsfaden aus Schritt 4 dient nun als Trägerfaden für die rechte Seite und wird über den einen Arbeitsfaden schräg nach außen rechts gehalten. Danach wird das Diamant-Muster nach unten hin, wie üblich, in der Mitte verschlossen.

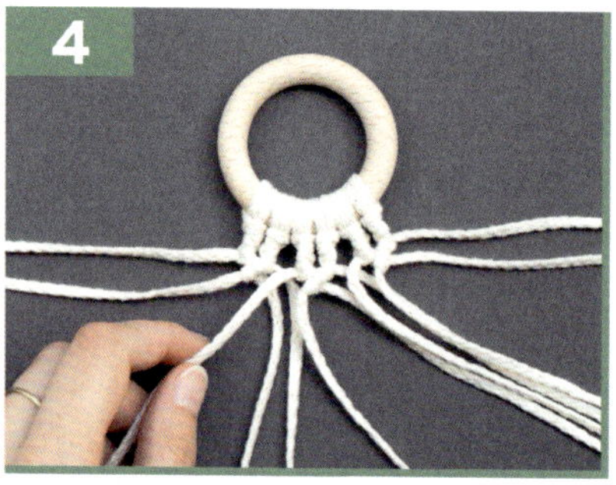

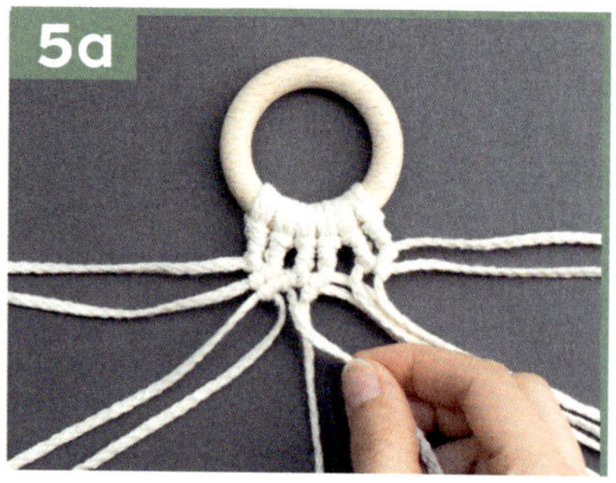

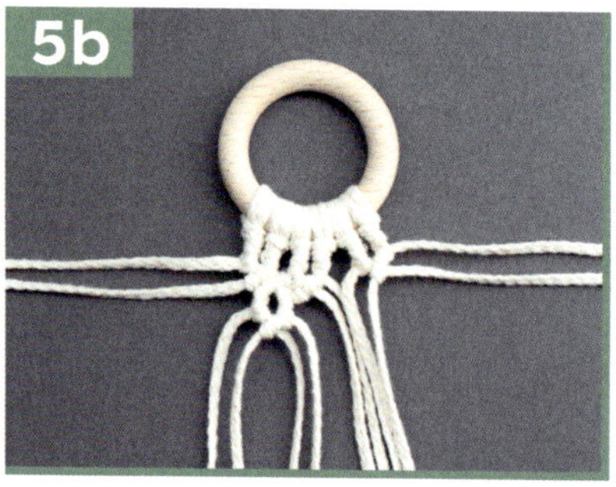

6 Knoten Sie eine weitere kleine Zelle, wie in Schritt 4–5 beschrieben, sodass Sie die zweite, kleine Zelle in der zweiten Diamant-Reihe erhalten.

7 Es folgt eine letzte Zelle in der dritten Reihe. Knoten Sie dazu mit den mittleren vier Strängen, wie auch schon in Schritt 4–5 beschrieben, ein kleines, versetztes Diamant-Muster.

8 Kürzen Sie zuletzt die Enden auf ca. 2 cm, kämmen Sie diese aus und schneiden Sie die Fransen zum Schluss als Spitze in Form. Sie können die Fransen natürlich auch rund zuschneiden, wenn Ihnen das lieber ist.

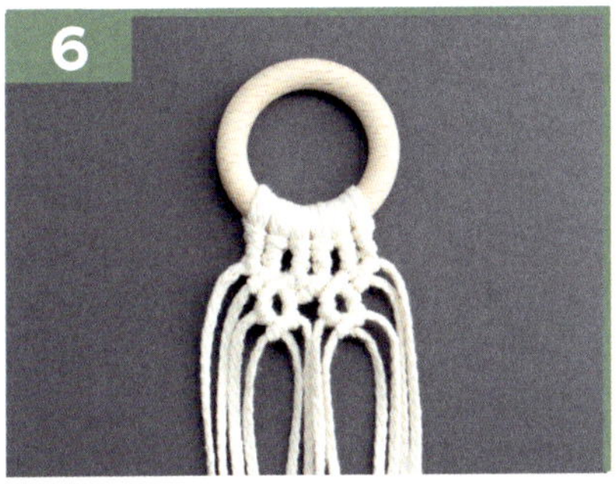

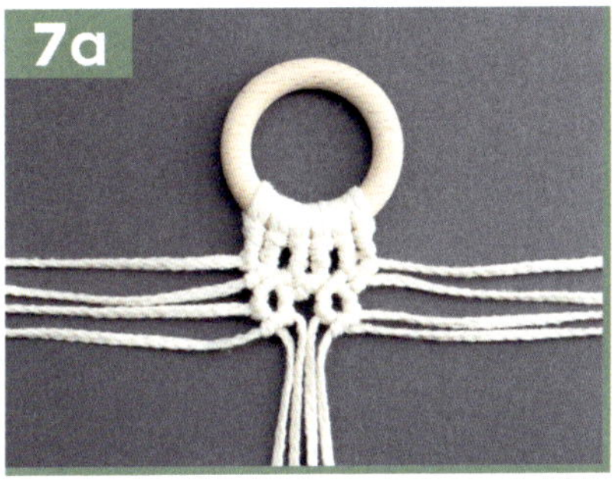

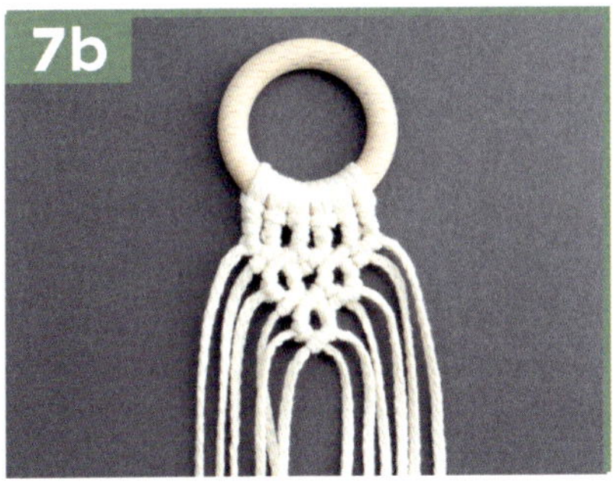

Makramee Traumfänger

Ein Wandbehang muss nicht immer am Ast oder am Rundholz geknotet werden. Dieses Modell zeigt, wie vielseitig Makramee ist. Die runde Form fügt sich harmonisch in das Interieur ein. Probieren Sie auch gerne andere Trägermedien. Wie wäre es zum Beispiel mit einem Stickrahmen?

Material

Schwierigkeitsgrad

● ●

Motivlänge

ca. 53 cm

- 6 Baumwollfäden in Natur, geflochten, ⌀ 4 mm, 1,90 m lang
- 6 Baumwollfäden in Natur, geflochten, ⌀ 4 mm, 2,20 m lang
- Metallring in Gold, ⌀ 20 cm

1 Befestigen Sie sechs 1,90 m lange Baumwollfäden mit dem von vorne geknoteten Ankerknoten oben am Metallring.

2 Es folgen zueinander verlaufende Rippenknoten-Reihen. Sie werden in der Mitte nicht miteinander verbunden. Teilen Sie nun alle Stränge in der Mitte auf, sodass auf beiden Seiten jeweils sechs Stränge liegen. Legen Sie die Stränge der rechten Seiten vorerst weg. Der äußere Strang der linken Seite dient als Trägerfaden. Halten Sie diesen über die fünf Arbeitsfäden in einem Winkel von ca. 45° schräg nach unten in die Mitte. Knoten Sie drei Reihen Rippenknoten. Nutzen Sie den ersten Arbeitsfaden der Reihe zuvor als Trägerfaden und den Trägerfaden der Reihe zuvor immer als letzten Arbeitsfaden.

3 Wiederholen Sie Schritt 2 für die Stränge der rechten Seite.

4 Mit den vier mittleren Strängen einen Kreuzknoten knoten, um so das Muster aus Rippenknoten in der Mitte zu verbinden.

5 Es folgt das zweite Muster im Ring. Befestigen Sie dazu je drei 2,20 m lange Baumwollfäden mit dem von vorne geknoteten Ankerknoten links und rechts neben dem Muster in der Mitte. Der Abstand zum mittleren Muster beträgt ca. 5 cm, kann auf Wunsch aber auch variiert werden.

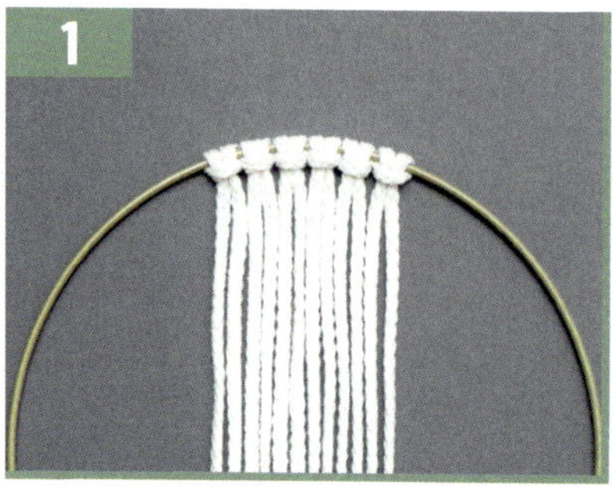
1

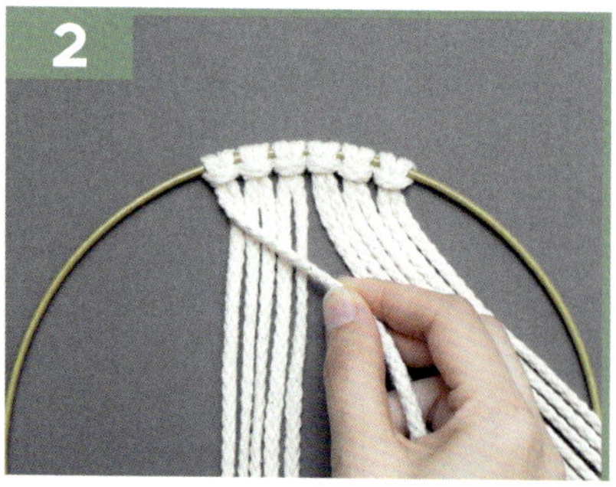
2

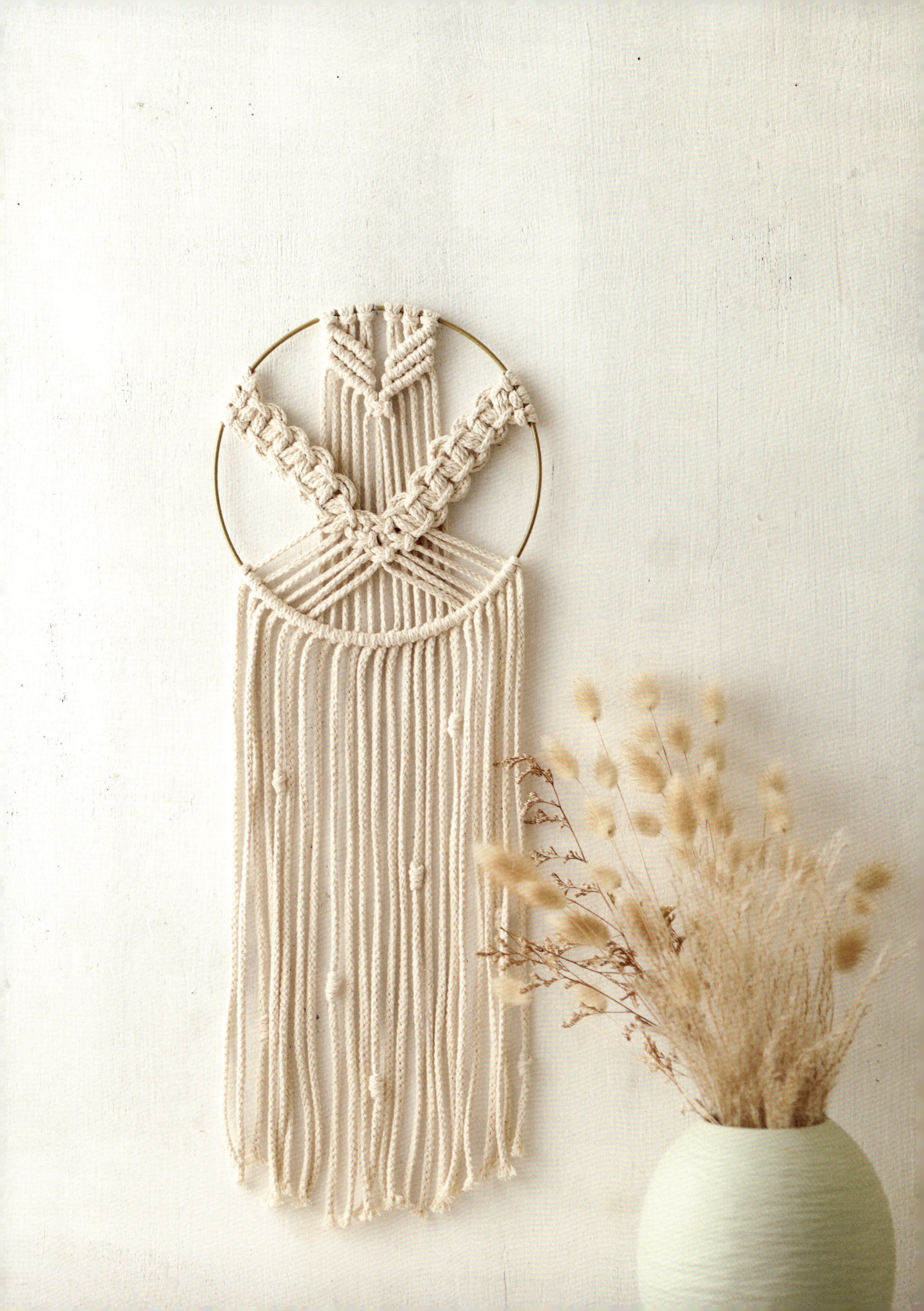

6 Das Muster besteht aus Kreuzknoten mit variierenden Arbeitsfäden (s. Seite 24). Hier benutzen Sie die Fäden wie folgt (von links nach rechts): 1x Arbeitsfaden, 2x Trägerfäden, 3x Arbeitsfäden.

7 Knoten Sie für die beiden Kreuzknoten-Stränge je fünf Kreuzknoten untereinander.

8 Nun werden die Kreuzknoten-Stränge in der Mitte mit einer kleinen Kreuzknoten-Raute (Basis von zwei Kreuzknoten) verbunden. Dazu beide Kreuzknoten-Stränge in der Mitte zusammenführen und mit den acht mittleren Strängen die Kreuzknoten-Raute knoten.

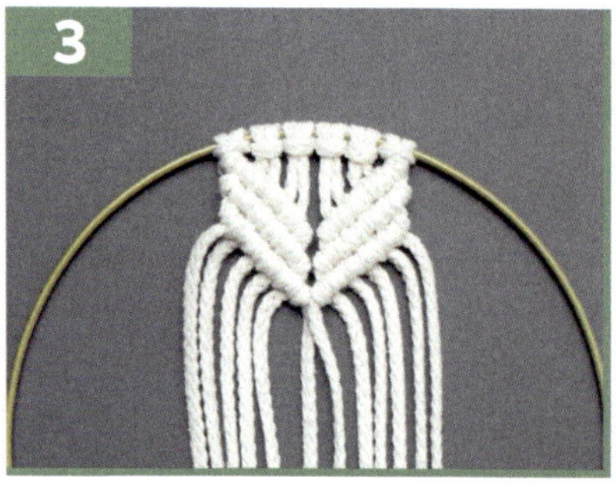

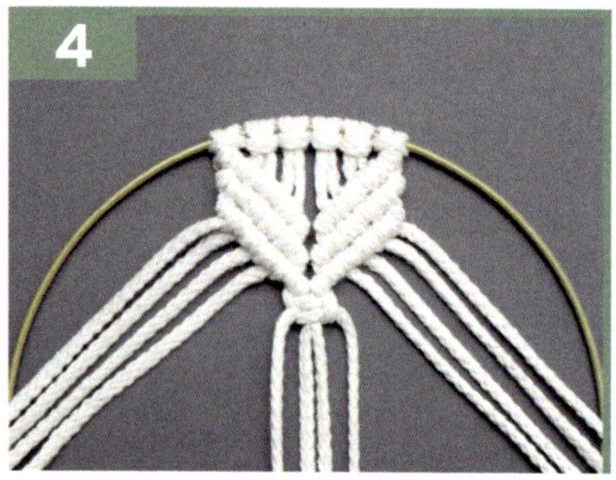

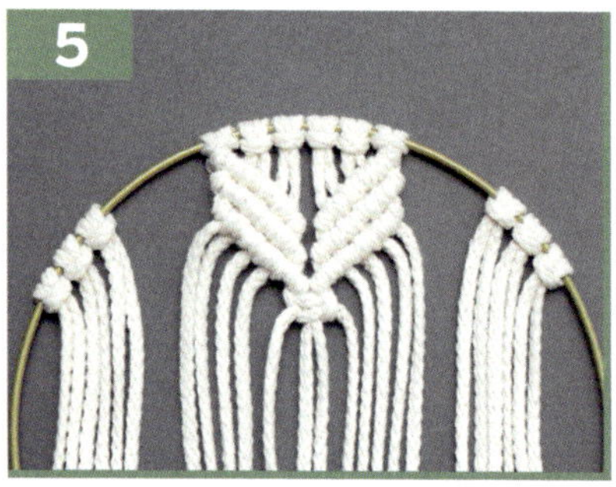

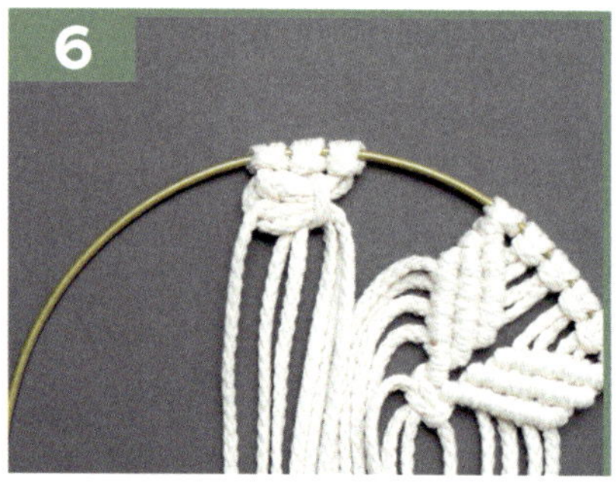

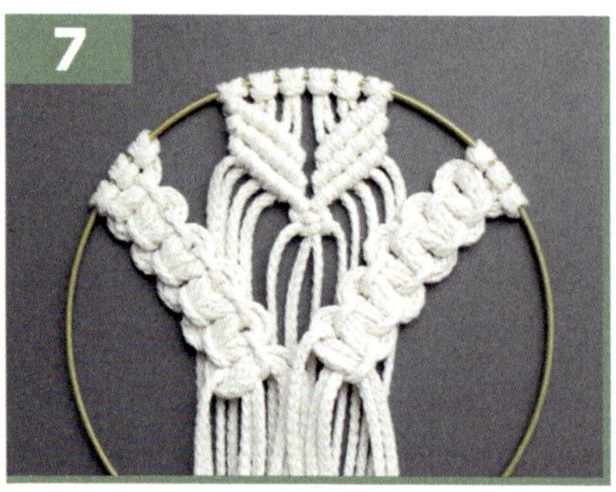

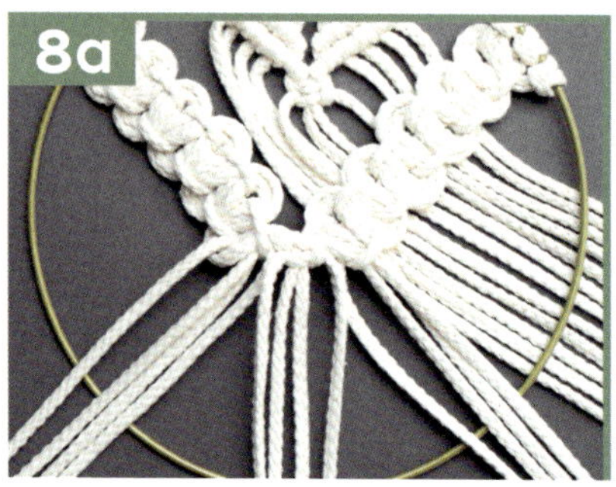

9 Jetzt werden die Stränge mit Rippenknoten unten am Metallring befestigt. Dazu teilen Sie die Stränge der Kreuzknoten-Stränge in der Mitte auf, sodass auf beiden Seiten jeweils sechs Stränge liegen. Diese werden jeweils außen befestigt. Dazwischen in der Mitte werden die Stränge des Rippenknoten-Musters befestigt. Achten Sie darauf, dass der Ring als Trägermedium (entspricht den Trägerfäden in der Grundanleitung) auf den Arbeitsfäden liegt. Sollten die Fäden nach dem Befestigen nicht die richtige Spannung haben, können Sie die Rippenknoten etwas um den Ring drehen. Sollte das nicht reichen, lösen Sie den Knoten und knoten Sie erneut einen Rippenknoten.

10 Zum Schluss können Sie noch zufällig verteilt kleine Fassknoten in die Enden knoten.

11 Kürzen Sie die Enden wie gewünscht.

8b
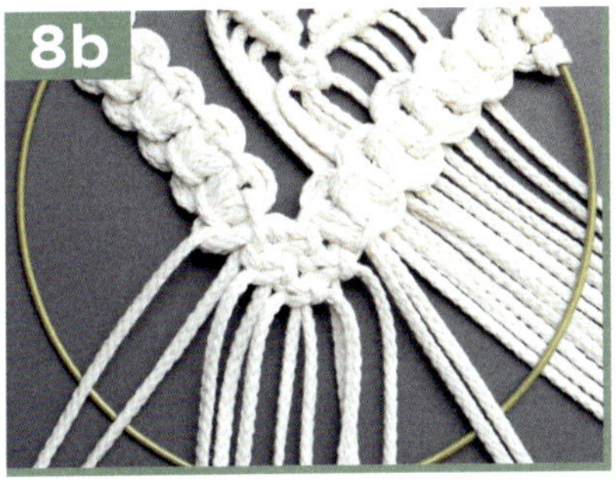

9a
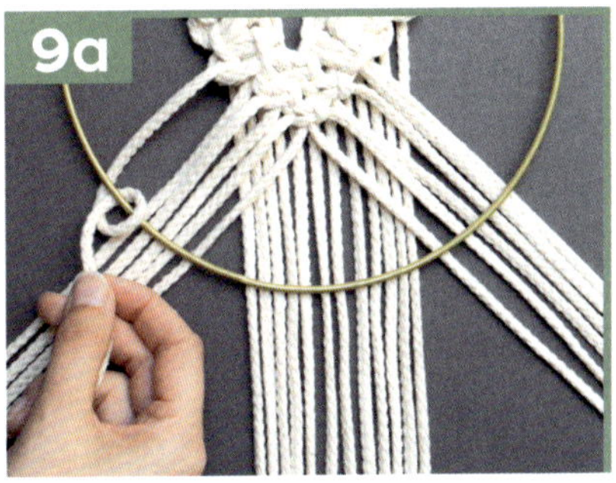

9b
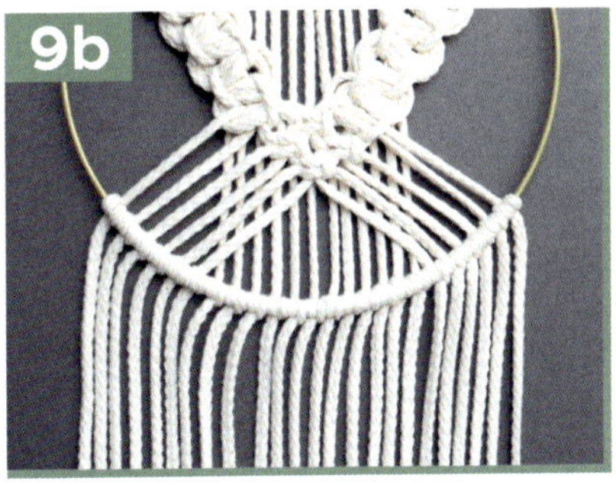

Makramee Regal

Es muss nicht immer nur der Wandbehang oder das Windlicht sein. Makramee kann neben seinem unbestreitbar dekorativen Aspekt auch sehr nützlich sein und kann somit beides - die Ästhetik und den praktischen Nutzen - miteinander kombinieren. Dieses kleine Regal ist das beste Beispiel dafür. Mit seinem verspielten Muster ist es ein echter Eyecatcher und macht sich sowohl in der Küche mit der Lieblingstasse als auch im Wohnzimmer mit dem schönsten Urlaubsfoto sehr gut.

Hinweis

» Die Garnlänge ist so kalkuliert, dass Sie das Muster noch etwas länger knoten können, sollten Sie z. B. ein längeres Brett für das Regal verwenden wollen.

Material

Schwierigkeitsgrad

● ●

Motivgröße
ca. 50 cm

- 10 Baumwollfäden in Natur, geflochten, ⌀ 4 mm, 4,20 m lang
- Baumwollfaden in Natur, geflochten, ⌀ 4 mm, 60 cm lang
- 2 Baumwollfäden in Natur, geflochten, ⌀ 4 mm, 50 cm lang
- Holzring, ⌀ 5,5 mm
- Holzbrett, 2 cm dick, ca. 48 cm lang, ca. 9 cm breit
- Holzbohrer, ⌀ 10 mm

1 Führen Sie zehn 4,20 m lange Baumwollfäden bis zur Mitte durch einen Holzring. Fixieren Sie die Fäden mit einem Wickelknoten direkt unter dem Holzring. Nutzen Sie dazu einen 60 cm langen Faden.

2 Legen Sie den Holzring so hin, dass Sie von der Seite auf ihn schauen. Legen Sie nun die hinteren zehn Stränge beiseite. Mit ihnen wird erst einmal nicht geknotet. Wir beginnen mit den oberen zehn Strängen. Hiermit wird nun ein Diamant-Muster mit gewebter Füllung geknotet (s. Seite 54).

3 Knoten Sie mit den 10 Strängen nun insgesamt acht Zellen mit dem gewebten Muster für den ersten Muster-Strang.

4 Nehmen Sie anschließend die restlichen zehn Stränge, die in Schritt 2 beiseitegelegt wurden, her und knoten Sie einen identischen Muster-Strang mit Diamant-Muster und gewebter Füllung. Achten Sie darauf, dass Sie gleichmäßig fest knoten, damit die beiden Stränge später die gleiche Länge haben.

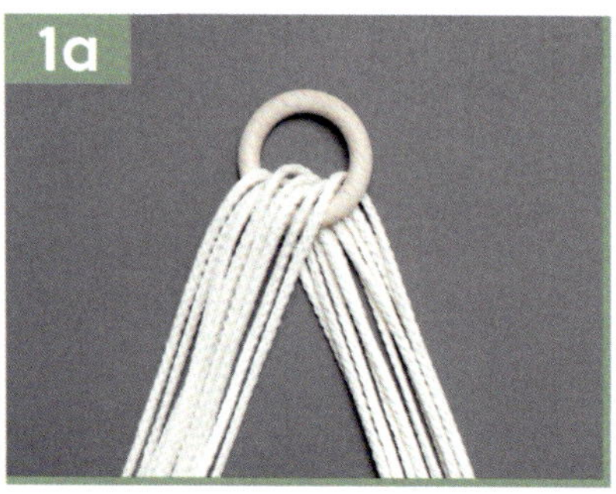

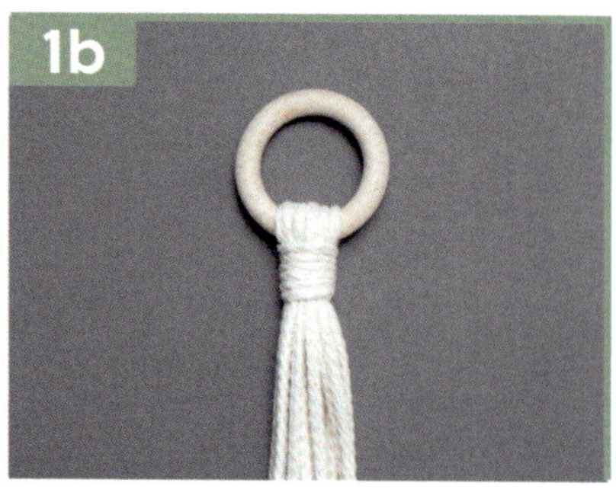

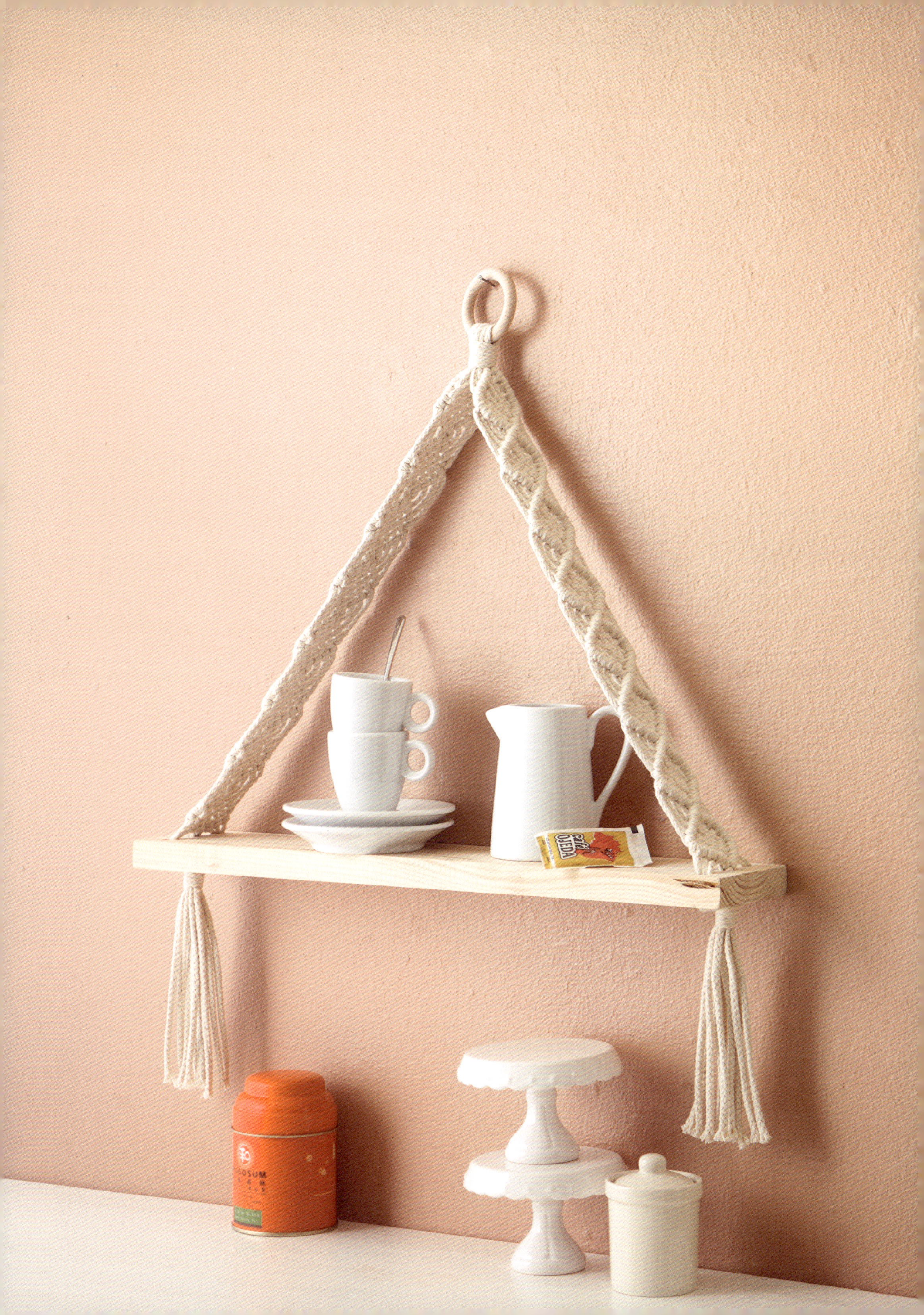

5 Markieren Sie nun mit einem Bleistift die Punkte für jeweils drei Löcher auf beiden kurzen Seiten des Brettes. Positionieren Sie die Markierungen wie folgt: für die äußeren vier Löcher jeweils 1,5 cm von der langen Seite entfernt und 2 cm von der kurzen Kante entfernt. Das fünfte und sechste Loch wird mittig zwischen das erste und zweite und zwischen das dritte und vierte Loch gesetzt.

6 Bohren Sie nun dort, wo Sie die Markierungen gesetzt haben, die drei Löcher mithilfe eines Holzbohrers mit 1 cm Durchmesser in jede kurze Seite des Bretts.

7 Anschließend werden jeweils die drei äußeren Stränge eines Muster-Strangs durch die äußeren beiden Löcher einer kurzen Seite geführt. Die vier mittleren Stränge werden durch das mittlere Bohrloch geführt. Wiederholen Sie diesen Schritt mit dem anderen Muster-Strang an der anderen kurzen Seite des Bretts.

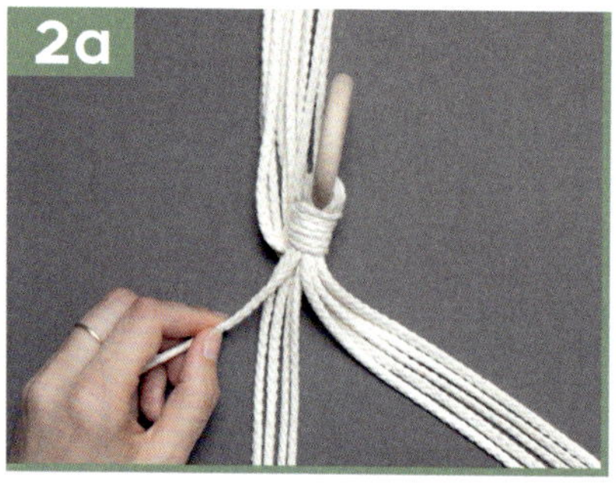

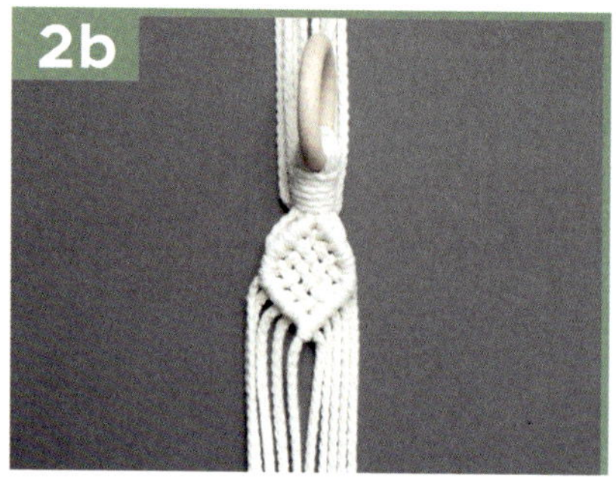

Tipps & Tricks

✦ Nicht nur bei Perlen kann Kreppklebeband eine große Hilfe sein. Es ist auch dann sehr nützlich, wenn man z. B. mehrere Stränge durch Bohrlöcher fädeln möchte.

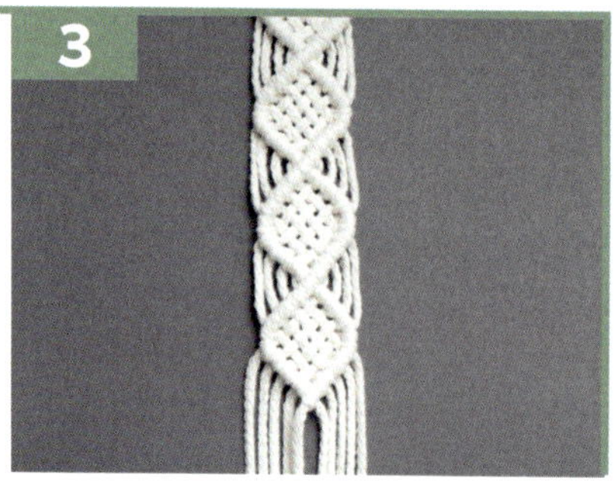

8 Fixieren Sie anschließend alle Stränge eines jeden Muster-Strangs mit einem Wickelknoten unter dem Brett. Achten Sie dabei darauf, dass Sie den Wickelknoten so fixieren, dass das Brett gerade hängt. Nutzen Sie hierfür ggf. eine Wasserwaage. Denken Sie daran, dass Sie den Wickelknoten auch noch nach dem Knoten entlang der Trägerfäden verschieben können. Es hilft auch, einen Gegenstand, der in etwa dem Gewicht entspricht, das später auf dem vom Regal getragen werden soll, beim finalen Platzieren der Wickelknoten auf das Regal zu stellen. So sehen Sie wie sich das Gewicht auf die Position des Bretts auswirkt. Nutzen Sie für die Wickelknoten je einen 50 cm langen Faden.

9 Zum Schluss können Sie die Enden der Tasseln auf die gewünschte Länge kürzen.

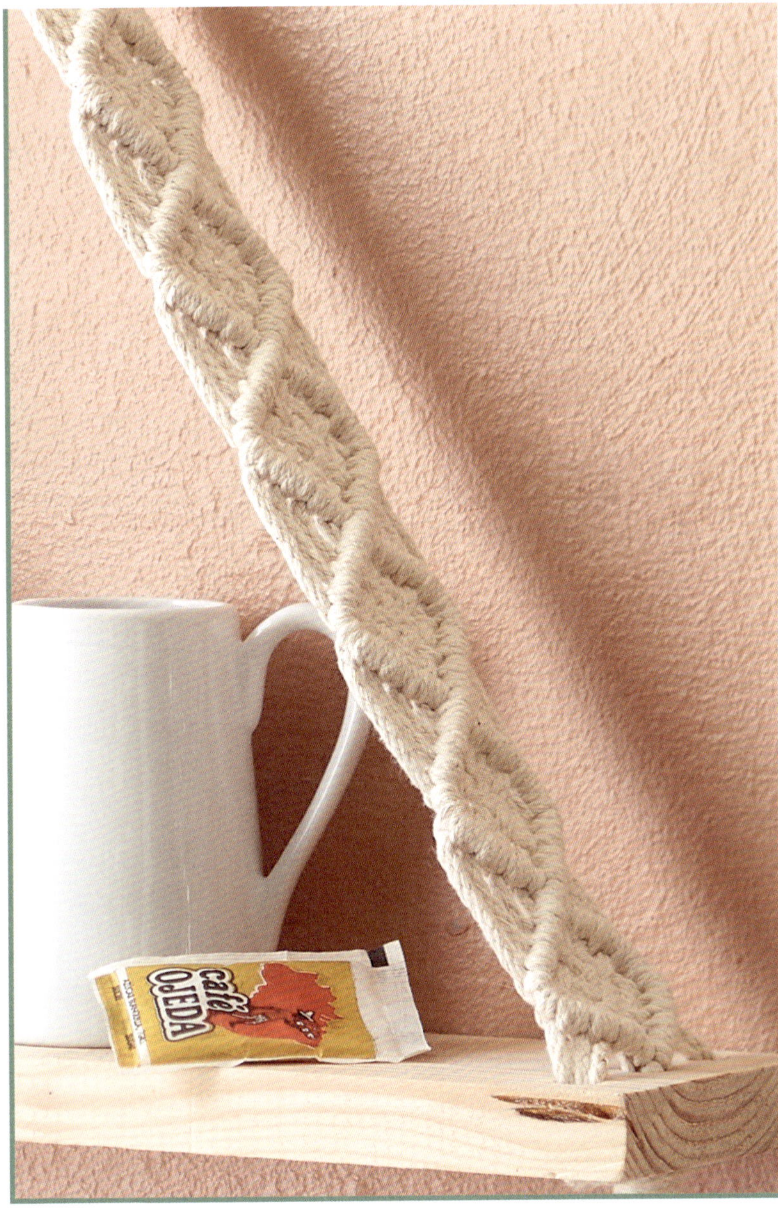

Tipps & Tricks

✦ Wenn Sie mehr Stabilität möchten, können Sie den Wickelknoten auch zusätzlich mit etwas Textilkleber fixieren. Achten Sie aber dabei darauf, dass der Knoten sich in seiner finalen Position befindet.

Kleiner Muster Wandbehang

Jede:r anstrebende Makramee-Künstler:in startet das Hobby mit einem ganz bestimmten Lieblingsprojekt im Auge. Bei vielen ist dies der Wandbehang. Wandbehänge geben den sonst recht flachen Wanddekorationen Struktur und sorgen für Wärme und Gemütlichkeit im Raum. Von ganz klein bis riesengroß, von verspielt bis nüchtern, sind die Gestaltungsmöglichkeiten von Wandbehängen grenzenlos. Dieses kleine verspielte Modell setzt einen schönen Akzent zwischen der Bildergalerie .

Tipps & Tricks

✦ Sie können in der Mitte am Ast einen Anhänger wie z. B. eine Muschel oder eine Tassel befestigen.

Material

Schwierigkeitsgrad

● ●

Motivlänge
ca. 27 cm (ohne Aufhängung gemessen)

- 8 Baumwollfäden in Natur, geflochten, ⌀ 2–3 mm, 1,70 m lang
- 14 Baumwollfäden in Natur, geflochten, ⌀ 2–3 mm, 40 cm lang
- Baumwollfaden in Natur, geflochten, ⌀ 2–3 mm, 40 cm lang
- 8 Baumwollfäden in Natur, einfach gezwirnt, ⌀ 2–3 mm, 15 cm lang
- Ast, 20 cm lang

1 Befestigen Sie an beiden Enden eines 20 cm langen Astes jeweils vier 1,70 cm lange Baumwollfäden mit dem von vorne geknoteten Ankerknoten.

2 Knoten sie nun mit den befestigten Fäden zwei Stränge mit dem Diamant-Muster (s. Seite 51). Dabei wechseln sich eine ungefüllte Zelle und eine Zelle, die mit einem großen Kreuzknoten gefüllt ist, ab, bis jeder der beiden Stränge aus insgesamt vier Zellen besteht.

3 Führen Sie die beiden nach innen verlaufenden Rippenknoten-Reihen der jeweils letzten Zelle bis ganz nach innen fort. Legen Sie dazu die jeweils drei äußeren Stränge weg und halten Sie den darauffolgenden Strang als Trägerfaden in die Mitte über die restlichen Arbeitsfäden.

4 Führen Sie nun die beiden Muster-Stränge in der Mitte zusammen und setzen Sie mit den mittleren vier Strängen einen Kreuzknoten als Verbindung der Muster-Stränge in die Mitte.

1
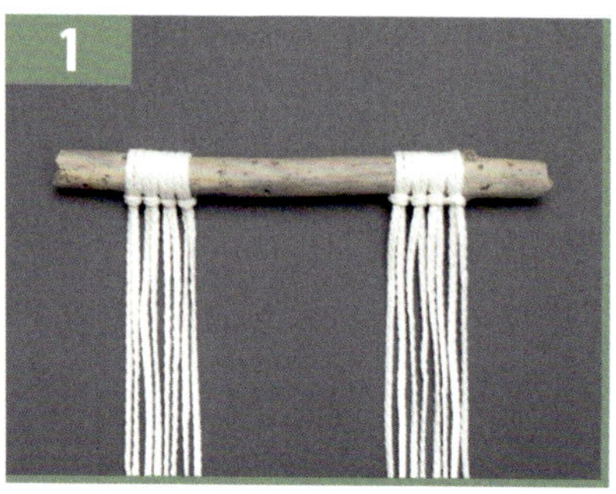

2
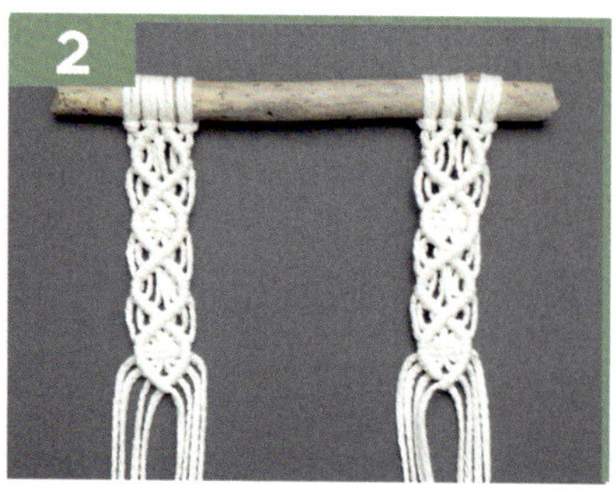

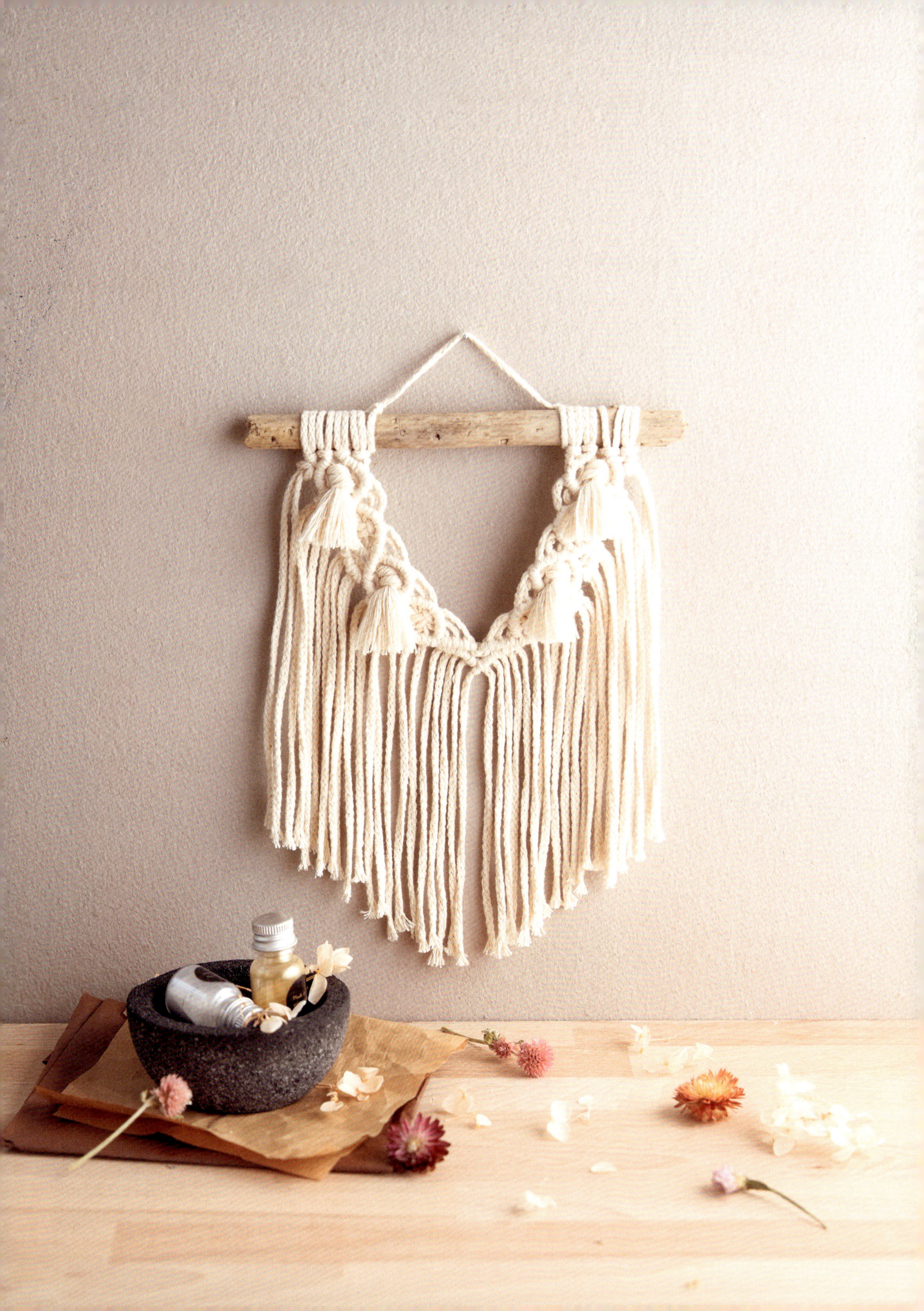

5 Es folgt eine weitere, kurze Reihe Rippenknoten. Teilen Sie dafür alle Stränge in der Mitte auf und legen Sie die Stränge der rechten Seite vorerst beiseite. Die drei äußeren Stränge der linken Seite werden ebenfalls beiseitegelegt. Halten Sie nun den darauffolgenden Strang als Trägerfaden schräg nach unten rechts in die Mitte und knoten Sie eine Reihe Rippenknoten.

6 Wiederholen Sie anschließend den Vorgang für die Stränge der rechten Seite. Gehen Sie dafür vor, wie in Schritt 5 beschrieben. Verbinden Sie die Reihe Rippenknoten in der Mitte, indem Sie den Trägerfaden der linken Seite als zusätzlichen Arbeitsfaden nutzen.

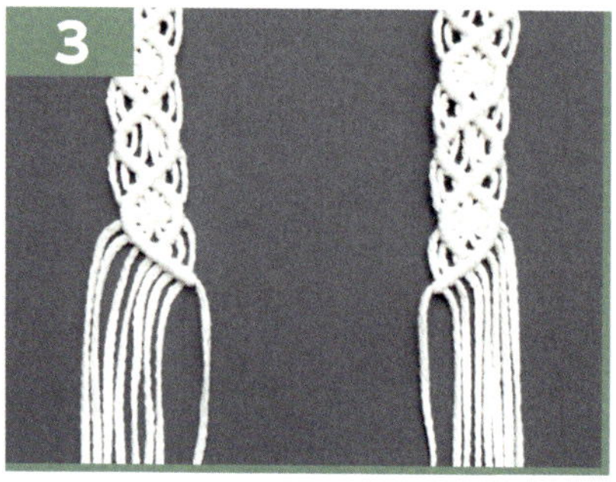

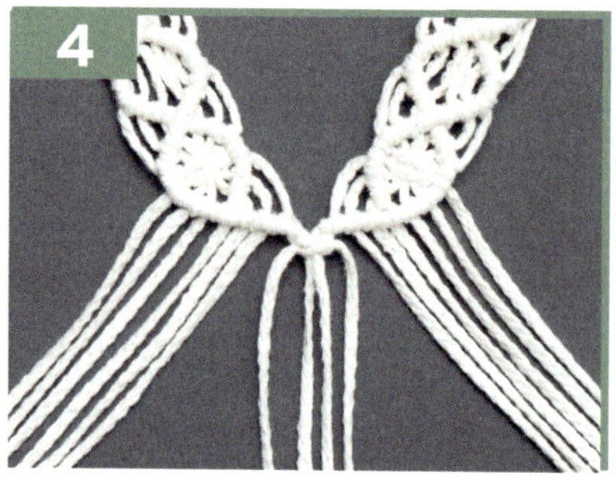

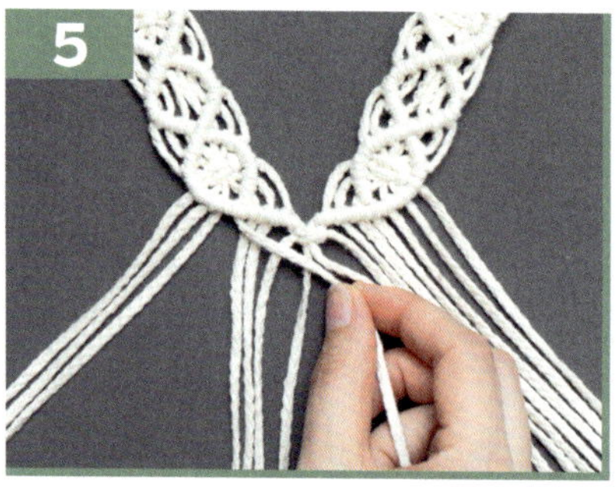

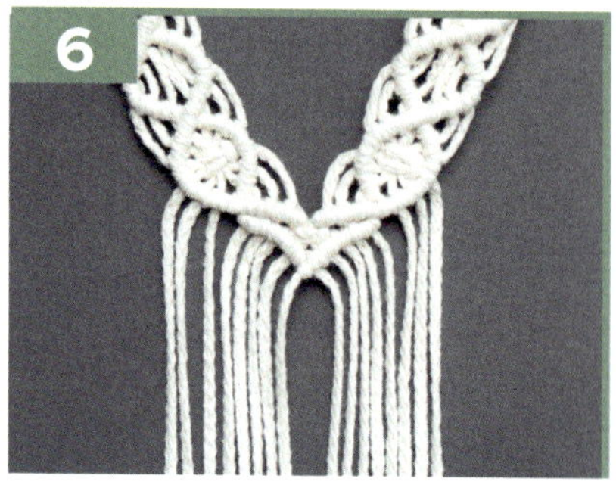

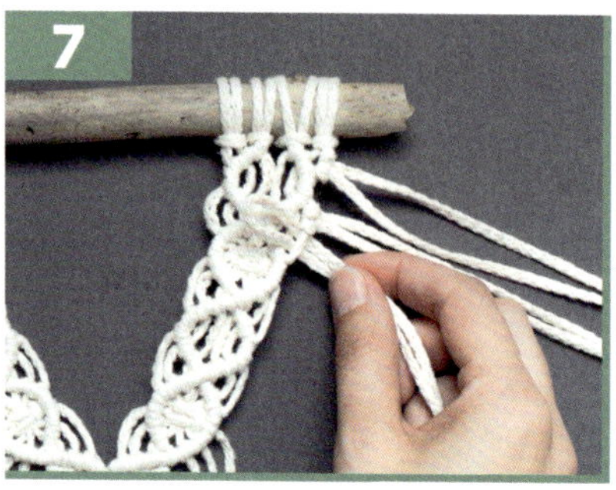

7 Befestigen Sie nun außen an den Schlaufen zwischen den einzelnen Zellen je drei 40 cm lange Fäden und ganz oben jeweils einen 40 cm langen Faden mit dem von hinten geknoteten Ankerknoten.

8 In den ungefüllten Zellen werden im Anschluss noch kleine Tasseln befestigt (s. Seite 59). Ich habe dafür 15 cm langes, einfach gezwirntes Garn verwendet. Sie können aber alternativ natürlich auch geflochtenes Garn verwenden.

9 Zum Schluss können Sie die herunterhängenden Fransen auf die gewünschte Länge kürzen.

10 Nutzen Sie, um den Wandbehang aufzuhängen, einen 40 cm langen Baumwollfaden. Befestigen Sie diesen mit jeweils einem Doppelnoten links und rechts am Astende.

Tipps & Tricks

✦ Sie können natürlich auch an einem Rundholz statt an einem Ast knoten.

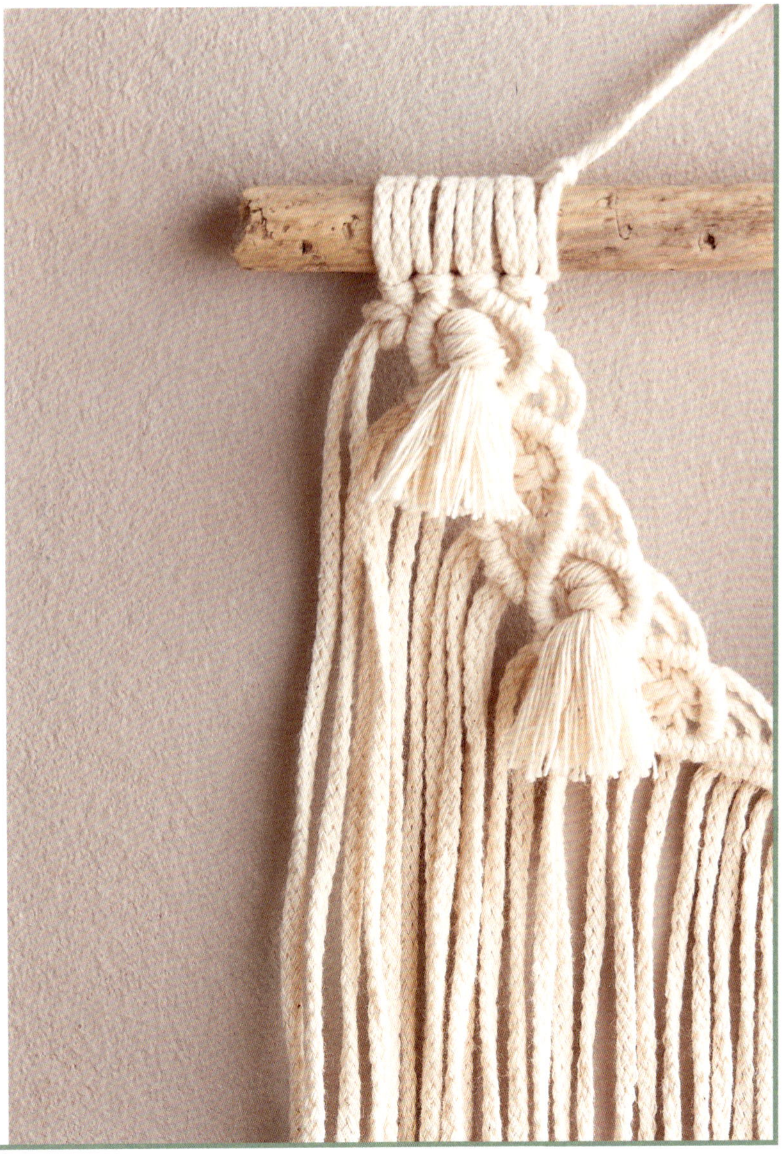

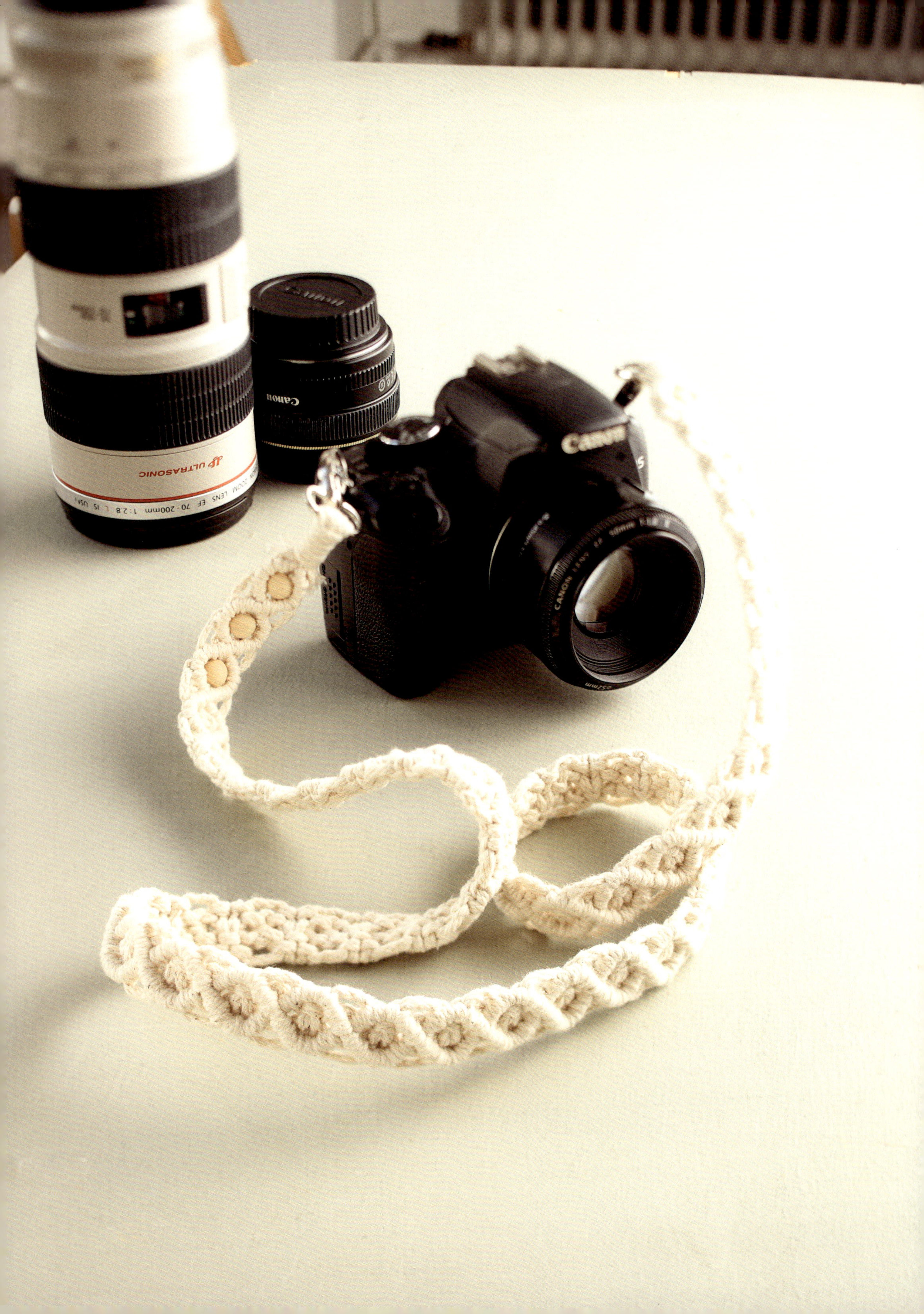
Canon

Makramee Trageriemen

Mit diesem Trageriemen können Sie Ihren Taschen oder der Kamera schnell neues Leben einhauchen und sind damit voll im Trend!

1 Führen Sie sechs 5 m lange Baumwollfäden ca. 5 cm durch die Öse eines Karabiners. Fixieren Sie die Fäden mit einem Wickelknoten direkt unter der Öse. Nehmen Sie dafür einen 50 cm langen Faden. Danach die kurzen Enden auf ca. 1 cm kürzen. Nutzen Sie gerne etwas Textilkleber für zusätzlichen Halt.

2 Knoten Sie nun ein Diamant-Muster (s. Seite 51). Die ersten drei Zellen werden je mit einer 1 cm großen Holzperle gefüllt. Dazu die Holzperle auf die mittleren beiden Stränge auffädeln.

3 Die restlichen Zellen des Musters werden mit einem Kreuzknoten gefüllt. Knoten Sie einen ca. 93 cm langen Strang vom Wickelknoten aus gemessen.

4 Nun folgen drei weitere Zellen mit Holzperle, wie in Schritt 2 beschrieben.

5 Führen Sie zuletzt die Enden so weit durch die Öse eines weiteren Karabiners, dass das Ende des geknoteten Musters etwa so weit von der Öse entfernt ist, wie Ihr Wickelknoten aus Schritt 1 lang ist. Das ist wichtig, damit beide Wickelknoten etwa gleich lang sind. Setzen sie den zweiten Wichelknoten.

Material

Schwierigkeitsgrad

● ● ●

Motivlänge

ca. 1 m (ohne Karabiner gemessen)

- 6 Baumwollfäden in Natur, geflochten, ⌀ 2–3 mm, 5 m lang
- 2 Baumwollfäden in Natur, geflochten, ⌀ 2–3 mm, 50 cm lang
- 2 Karabiner, Öse 2 cm
- 6 Holzperlen, ⌀ 1 cm

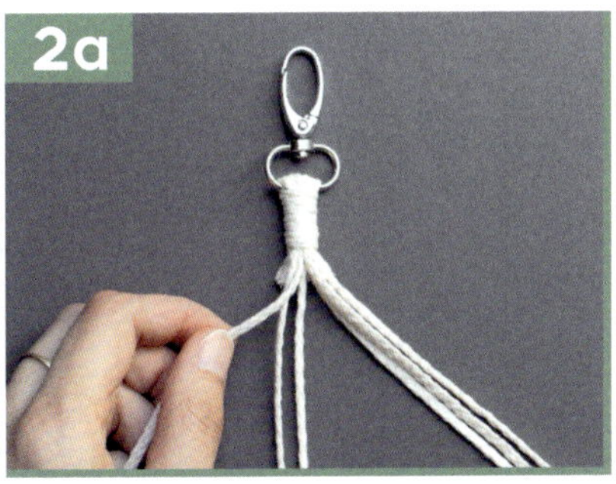
2a

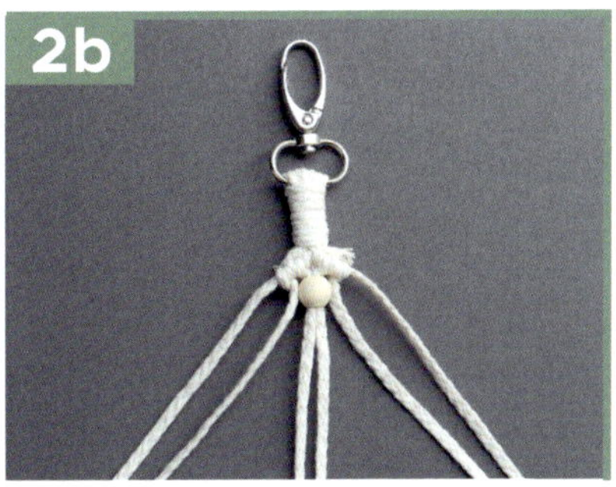
2b

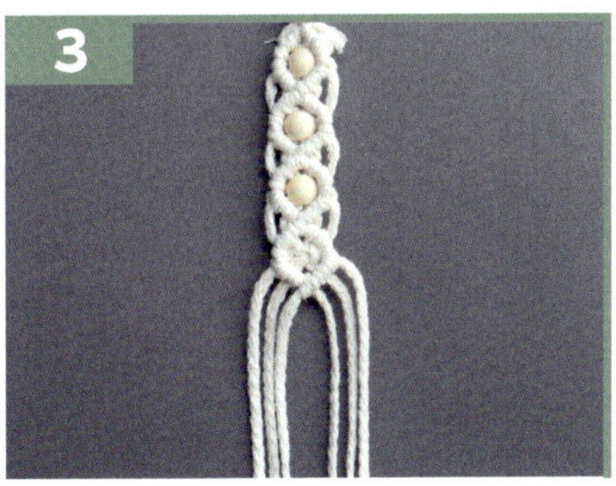
3

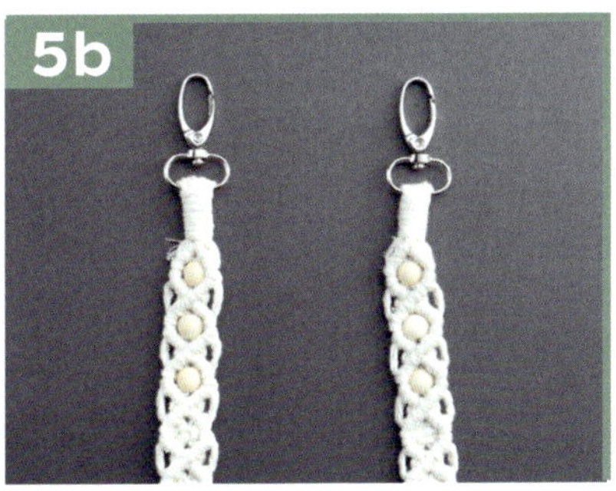
5b

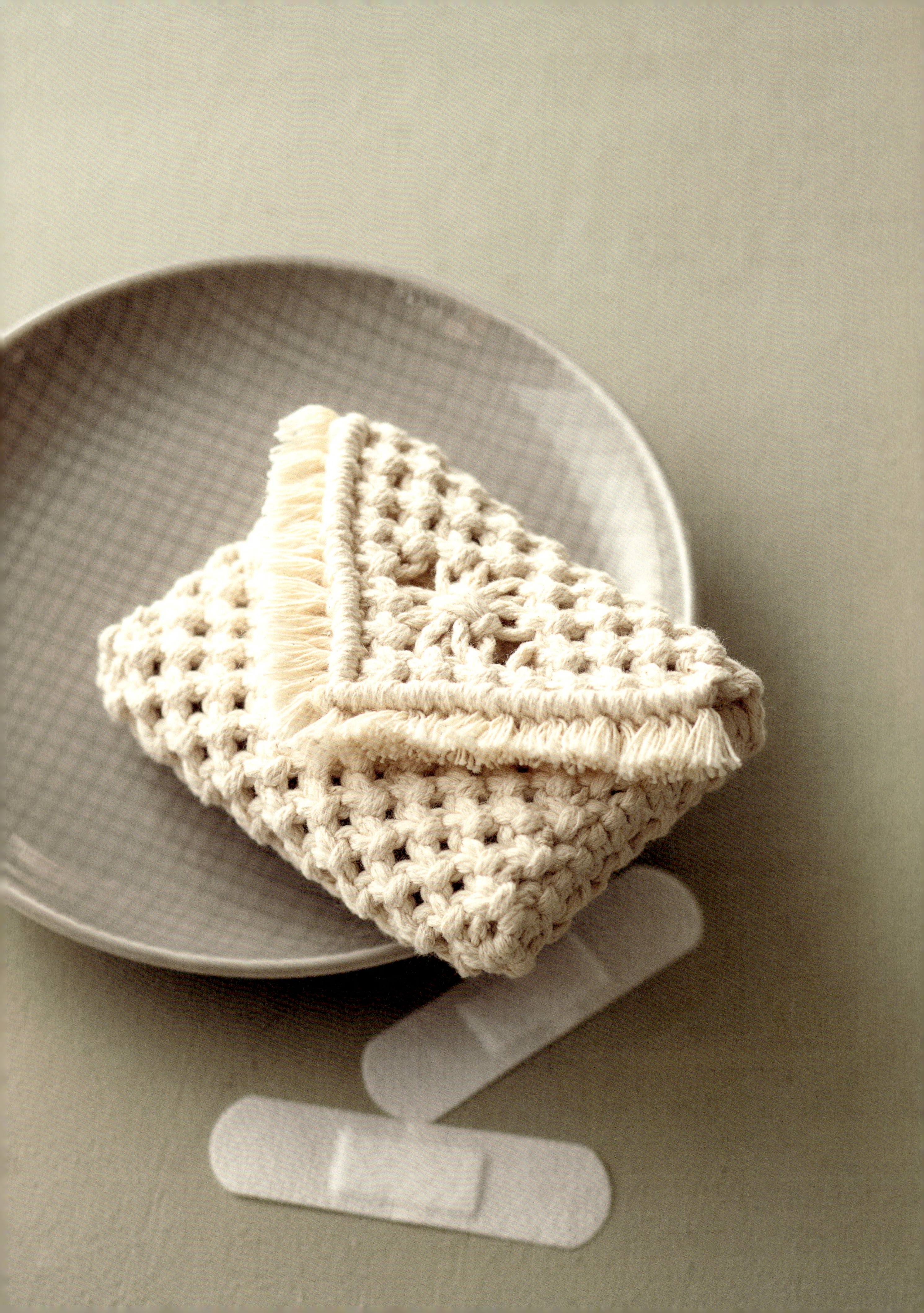

Kleines Täschchen

Dieses kleine Makramee Täschchen wird Sie auf große und kleine Abenteuer begleiten, ob Sie es nun nutzen, um Ihr Kleingeld zu transportieren, oder Ihre Kopfhörer zu schützen, der kleine Begleiter ist das perfekte stylishe Accessoire.

Material

Schwierigkeitsgrad

● ● ●

Motivgröße
ca. 8,5 cm

- 16 Baumwollfäden in Natur, geflochten, ⌀ 2–3 mm, 2,20 m lang
- 4 Baumwollfäden in Natur, geflochten, ⌀ 2–3 mm, 1,10 m lang
- Baumwollfaden in Natur, geflochten, ⌀ 2–3 mm, 60 cm lang
- Klettverschluss
- Textilkleber

1 Befestigen Sie 16 Baumwollfäden mit 2,20 m Länge mit dem von vorne geknoteten Ankerknoten mittig an einem 60 cm langen Faden.

2 Nun mit allen Strängen eine ca. 19 cm lange, gerade Fläche aus Kreuzknoten (s. Seite 40) knoten. Ich habe dazu 30 Kreuzknoten-Reihen geknotet. Diese Anzahl kann abweichen, je nachdem wie fest Sie knoten. Die letzte Reihe bildet eine zunehmende Reihe.

3 Legen Sie auf beide Seiten jeweils die äußeren sechs Stränge beiseite. Mit den jeweils darauffolgenden acht Strängen knoten Sie nun zwei kleine Kreuzknoten-Dreiecke mit der Basis von zwei Knoten. Die vier Stränge in der Mitte bleiben, wie die Stränge außen, ungeknotet.

4 Nehmen Sie sich die mittleren acht Stränge vor. Mit dem jeweils äußeren Strang einen großen Kreuzknoten um die sechs dazwischenliegenden Stränge knoten, sodass der große Kreuzknoten zum Schluss ein Stück unterhalb der beiden benachbarten, normalen Kreuzknoten liegt.

5 Die jeweils beiden äußeren Stränge beiseitelegen und mit den restlichen Strängen zwei zueinander verlaufende bzw. eine Spitze aus Kreuzknoten-Diagonalen (s. Seite 42) knoten. Dazu alle Stränge in der Mitte aufteilen, um auf der linken Seite, die nach rechts verlaufende Diagonale und auf der rechten Seite die nach links verlaufende Diagonale knoten zu können. Zum Schluss werden wie üblich

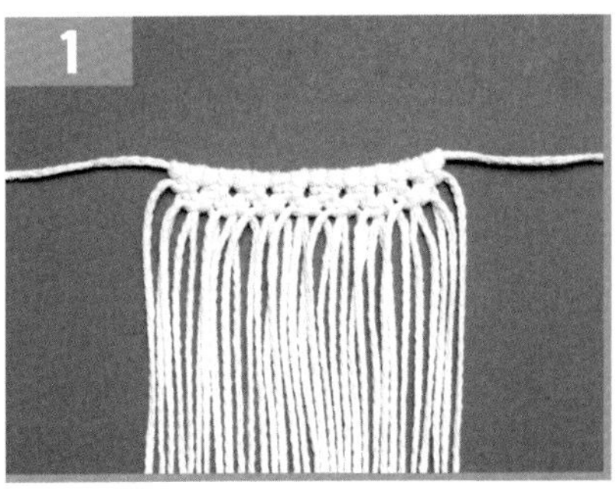

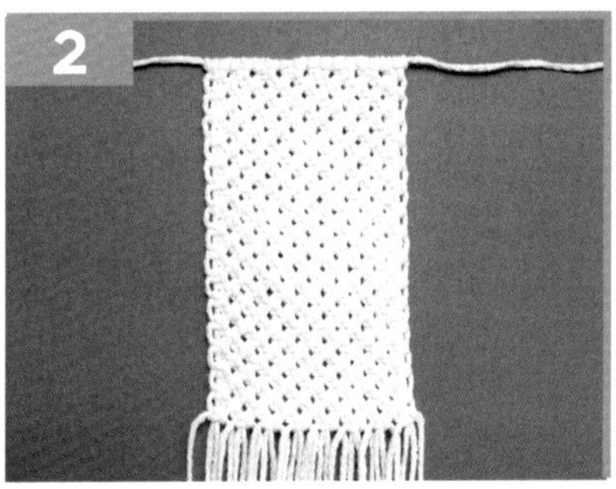

beide Diagonalen mit einem Kreuzknoten in der Mitte verbunden.

6 Es folgt je eine Reihe Rippenknoten entlang der Spitze aus Kreuzknoten. Dazu alle Stränge in der Mitte aufteilen und die Stränge der rechten Seite vorerst weglegen. Anschließend halten Sie den oberen, linken Strang über die Arbeitsfäden nach rechts unten in die Mitte und knoten eine Reihe Rippenknoten.

7 Danach Schritt 6 für die Stränge der rechten Seite wiederholen. Verbinden Sie die Reihe Rippenknoten in der Mitte, indem Sie den Trägerfaden der linken Seite als zusätzlichen Arbeitsfaden nutzen.

8 Nun werden die Seiten der Tasche geknotet. Dazu befestigen Sie außen in dem sechsten und siebenten Zwischenraum von den Ankerknoten aus gezählt je einen 1,10 m langen Faden mit dem von hinten geknoteten Ankerknoten.

9 Mit den vier Strängen einen Kreuzknoten knoten.

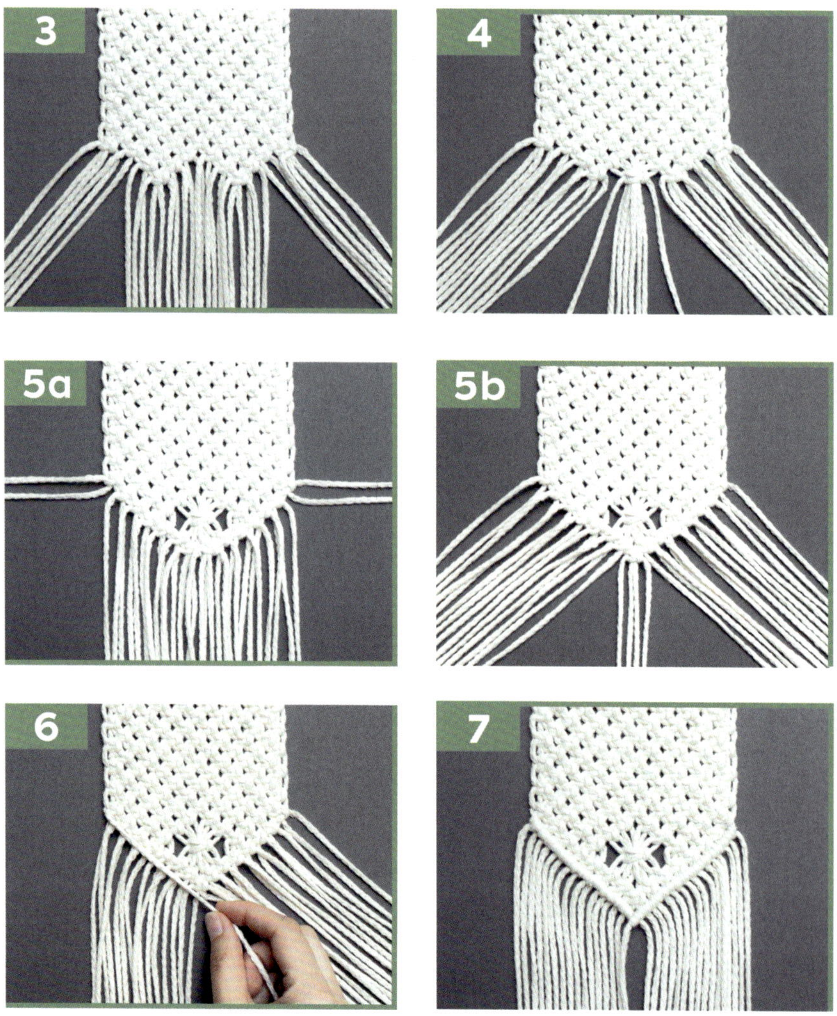

10 Danach die beiden Arbeitsfäden von innen nach außen durch die nächsten beiden Zwischenräume führen und erneut einen Kreuzknoten knoten.

11 Wiederholen Sie abwechselnd Schritt 9 und 10 bis Sie insgesamt elf Kreuzknoten geknotet haben.

12 Für den letzten Kreuzknoten der Taschennaht wird der Arbeitsfaden auf der Seite der Taschenklappe durch den nächsten Freiraum geführt und es wird der Trägerfaden aus Schritt 1 auf der Seite der Ankerknoten hinzugenommen. Dieser Trägerfaden dient nun als Arbeitsfaden. Die drei Stränge in der Mitte sind nun die Trägerfäden für den letzten Kreuzknoten.

13 Wiederholen Sie Schritt 8–12 für die anderen Seite der Tasche.

14 Anschließend die Enden innen vernähen.

15 Zum Schluss die Enden an der Taschenklappe auf ca. 1 cm kürzen, auskämmen und in Form schneiden. Befestigen sie, damit die Tasche geschlossen bleibt, innen einen Klettverschluss mit Textilkleber oder Nadel und Faden.

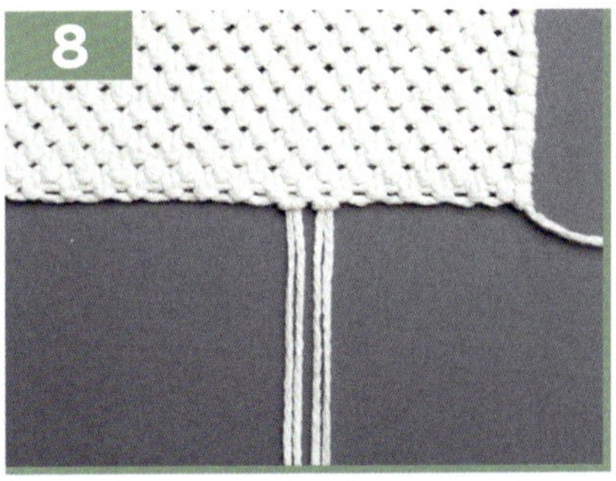
8

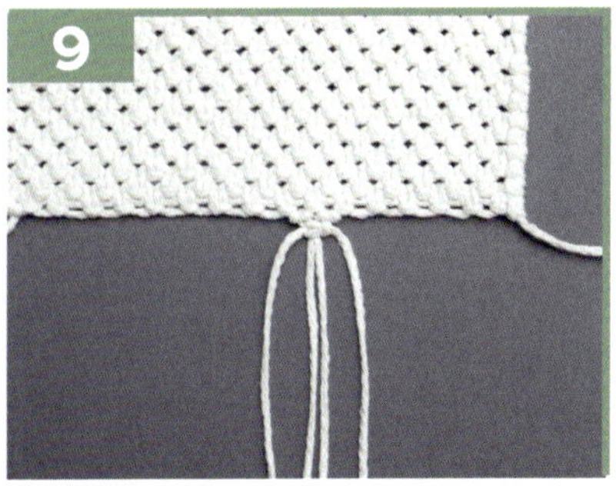
9

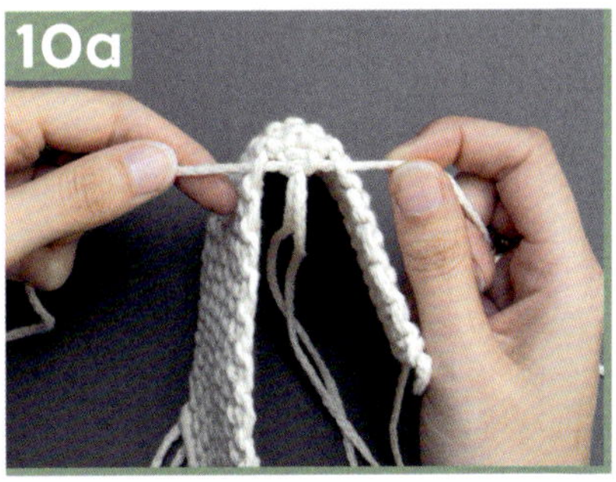
10a

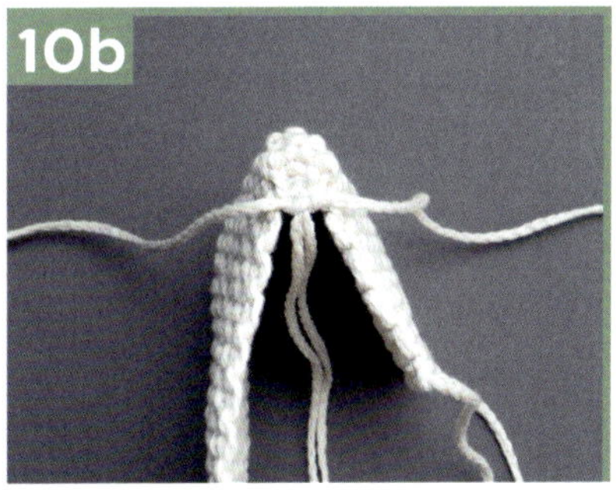
10b

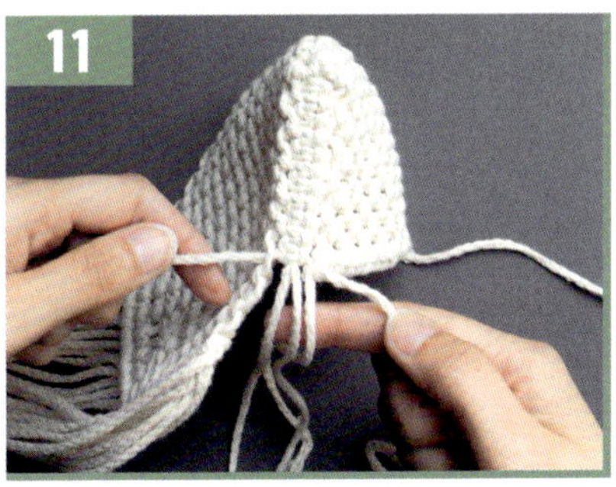
11

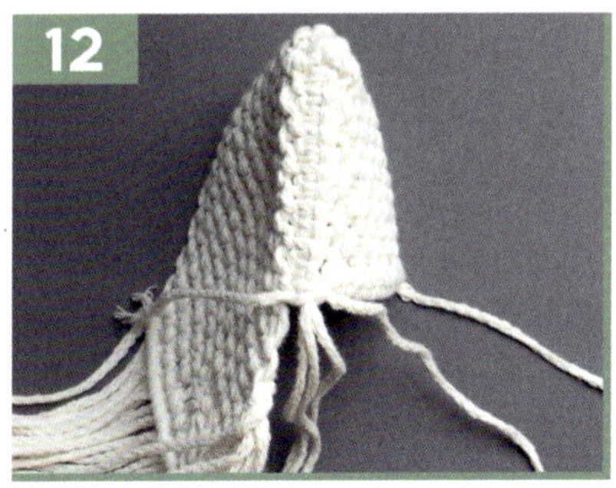
12

Schlaufenschlüssel-anhänger mit Blattmuster

Dieses süße „Wristlet", ist nicht nur ein schönes Accessoire für den Wohnungs- und Autoschlüssel. Spätestens, wenn Sie vollgepackt mit dem Wocheneinkauf den Schlüssel nicht erreichen können, werden Sie sich darüber freuen, dass er damit praktischerweise direkt an Ihrem Handgelenk hängt.

Material

Schwierigkeitsgrad

● ● ●

Motivlänge

ca. 14 cm (ohne Karabiner gemessen)

- 4 Baumwollfäden in Natur, geflochten, ø 2–3 mm, 3,30 m lang
- Baumwollfaden in Natur, geflochten, ø 2–3 mm, 50 cm lang
- Karabiner, Öse 2 cm

1 Befestigen Sie unten am Karabiner vier 3,30 m lange Baumwollfäden mit dem von vorne geknoteten Ankerknoten.

2 Den oberen Teil der Stränge mit einem 2 cm dickem Stück Kreppklebeband abkleben.

3 Knoten Sie das klassische Diamant-Muster mit Blatt-Füllung (s. Seite 53). Da hier mit zwei Strängen weniger geknotet wird als in der Grundanleitung, wird hier das Blatt mit je einer Reihen Rippenknoten weniger auf beiden Seiten geknotet.

4 Das Diamant-Muster so oft knoten, bis Sie insgesamt neun Mal die Blatt-Abfolge geknotet haben.

5 Klappen Sie das Muster nun so in der Mitte zusammen, dass die Rückseiten aufeinander liegen und eine Schlaufe entsteht. Achten Sie darauf, dass das Muster oben am Karabiner bündig aufeinander liegt, d. h. zum Karabiner ist ein Abstand von ca. 2 cm.

6 Die Enden durch den Karabiner führen.

7 Knoten Sie nun oben an dem 2 cm Freiraum unter dem Karabiner einen Wickelknoten um alle Stränge, um die Schlaufe zu fixieren. Nutzen Sie dazu einen 50 cm langen Baumwollfaden. Vor dem Wickelknoten erneut prüfen, ob das Muster bündig aufeinanderliegt.

8 Alle Enden kurz unter dem Wickelknoten kürzen

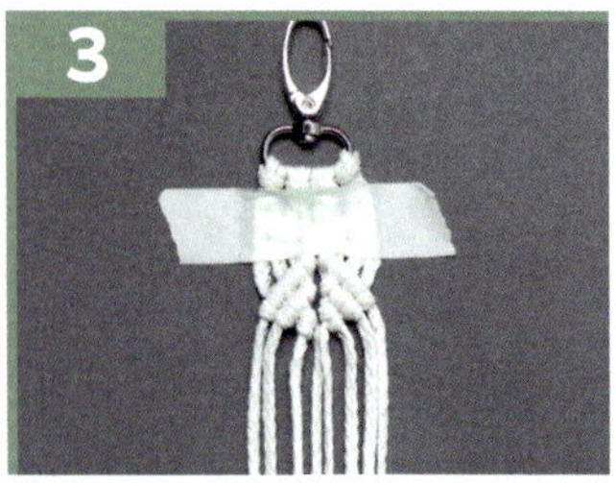
3

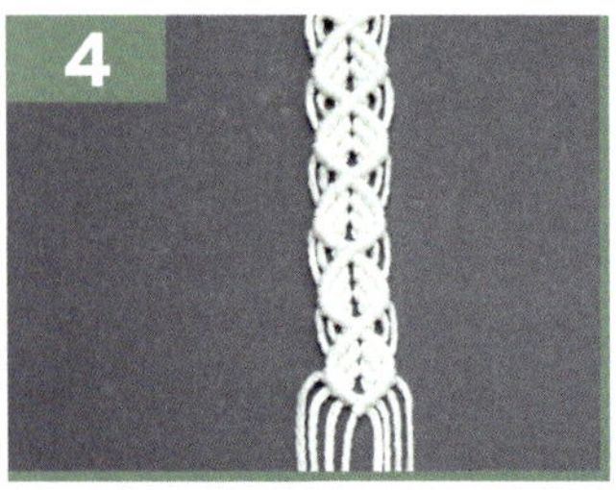
4

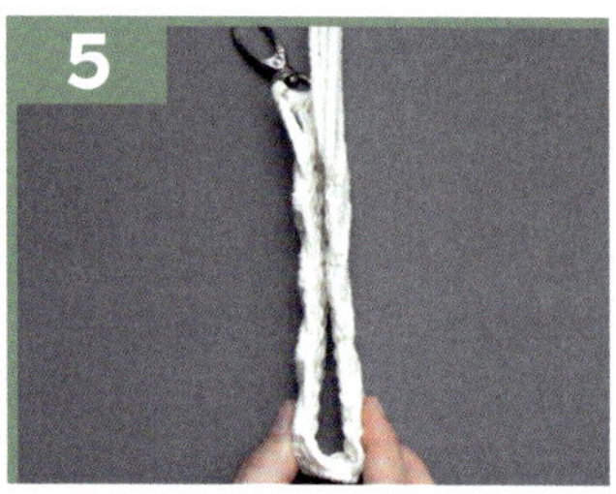
5

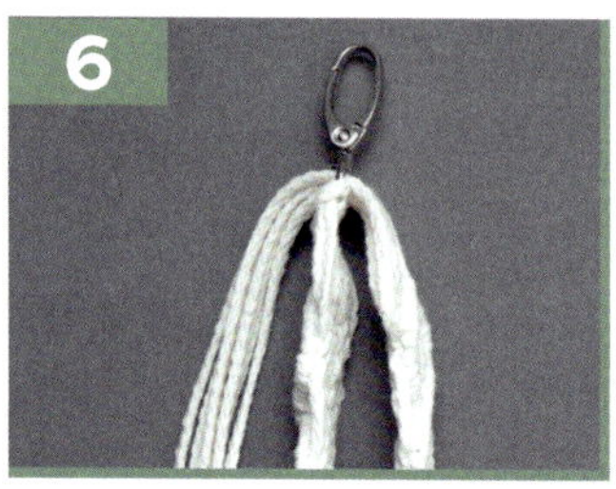
6

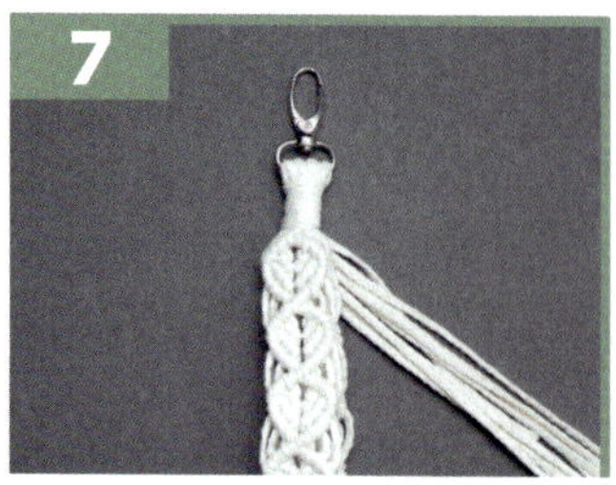
7

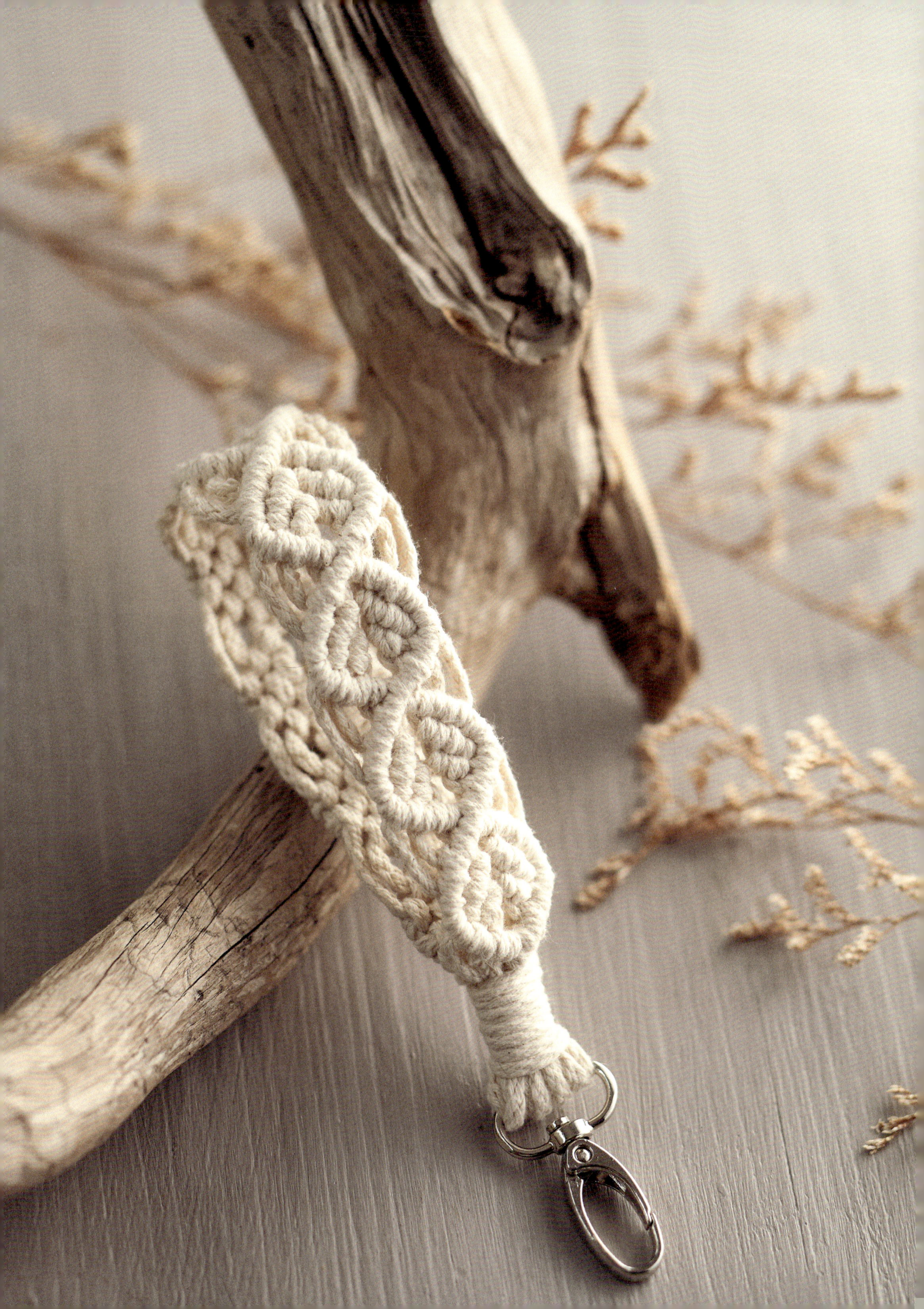

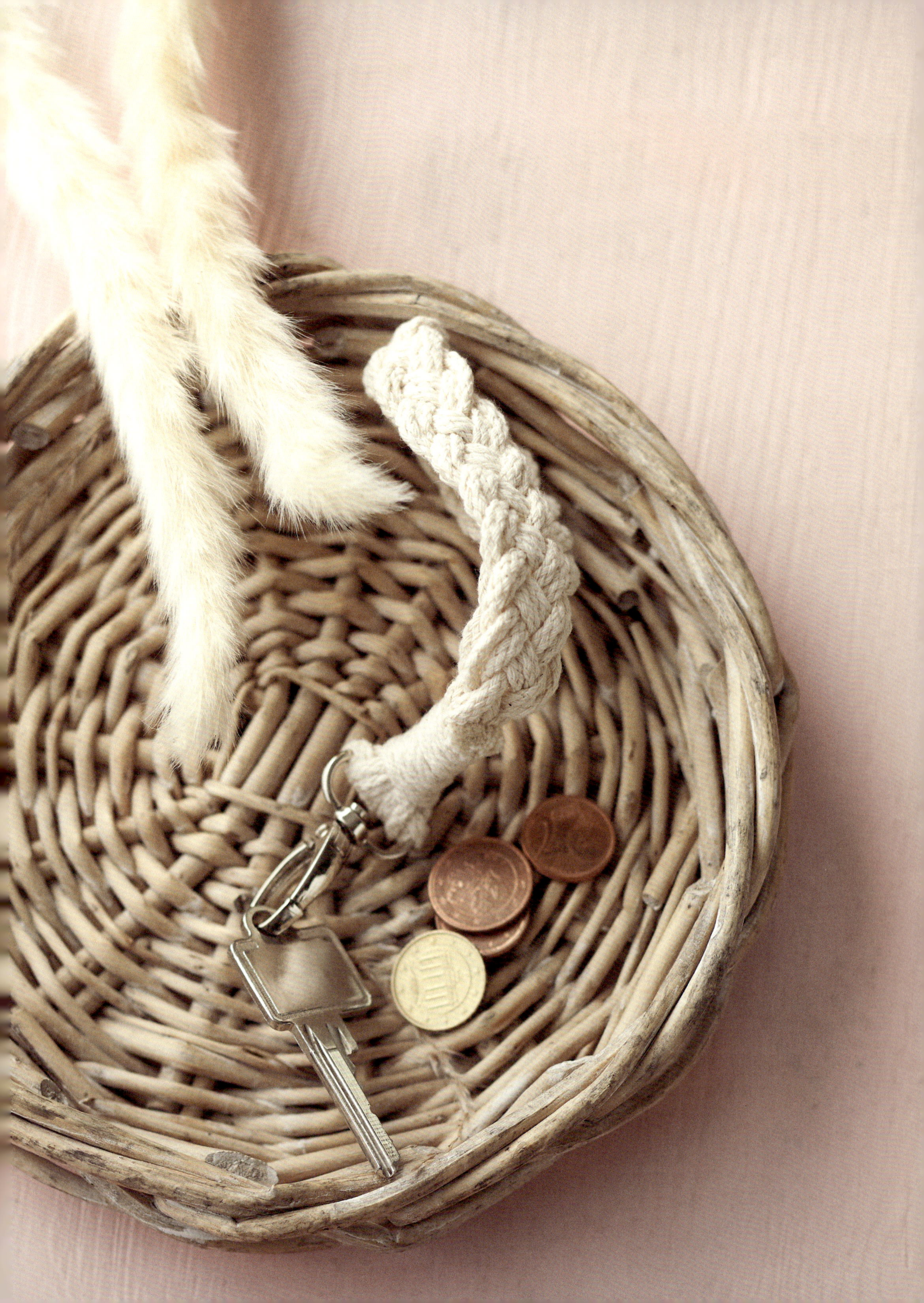

Geflochtener Schlaufenschlüsselanhänger

Eine weitere Variante zum Blattmuster-Schlaufen-Schlüsselanhänger, die ebenso hübsch ist, aber etwas weniger Zeit in Anspruch nimmt, ist dieser geflochtene Schlüsselanhänger. Besonders praktisch, wenn Sie ein persönliches, aber schnelles Geschenk brauchen.

1 Unten am Karabiner vier 1m lange Baumwollfäden mit dem von vorne geknoteten Ankerknoten befestigen und die oberen 2cm mit Kreppklebeband abkleben.

2 Flechten Sie einen Strang mit vier Elementen (s. Seite 61), wobei ein Element aus zwei Strängen besteht.

3 Flechten Sie so lange, bis Sie einen ca. 24cm langen Strang geflochten haben.

4 Zum Formen der Schlaufe, folgen Sie den Schritten 5-8 des Schlaufenschlüsselanhängers mit Blattmuster.

Material

Schwierigkeitsgrad

●

Motivlänge

ca. 14cm (ohne Karabiner gemessen)

- 4 Baumwollfäden in Natur, geflochten, ⌀ 2-3mm, 1m lang
- Baumwollfaden in Natur, geflochten, ⌀ 2-3mm, 50cm lang
- Karabiner, Öse 2cm

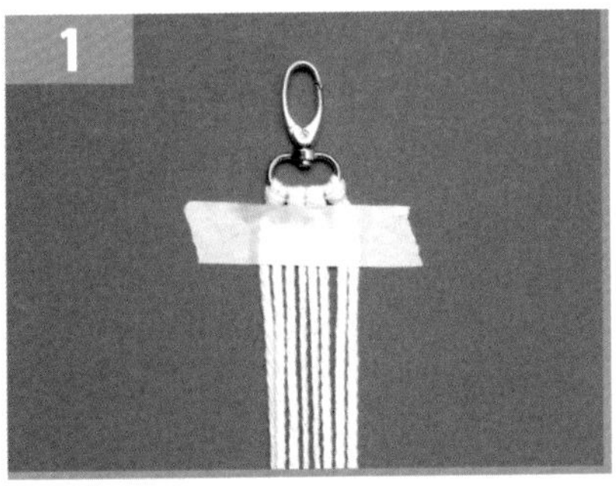

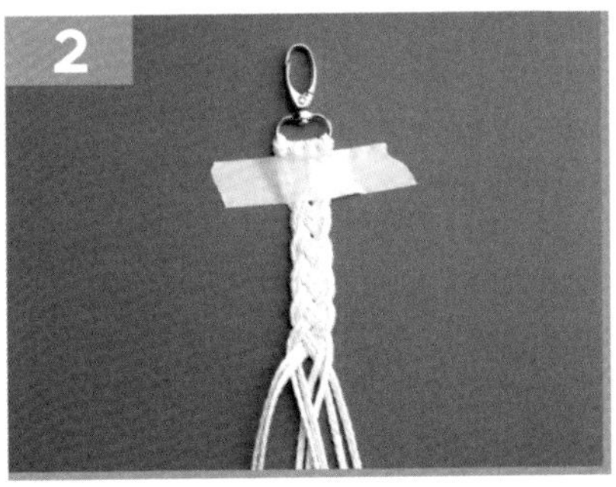

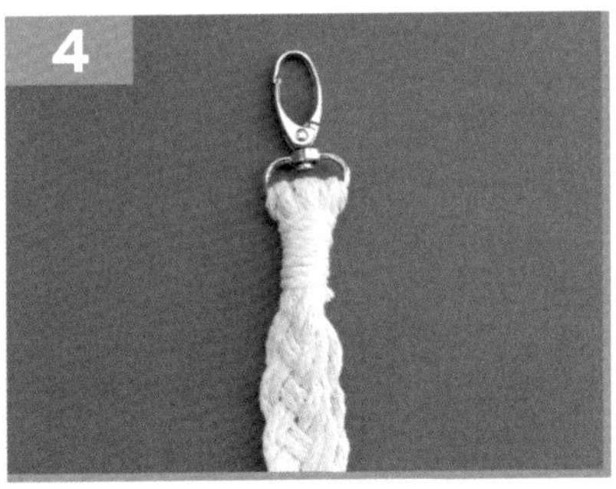

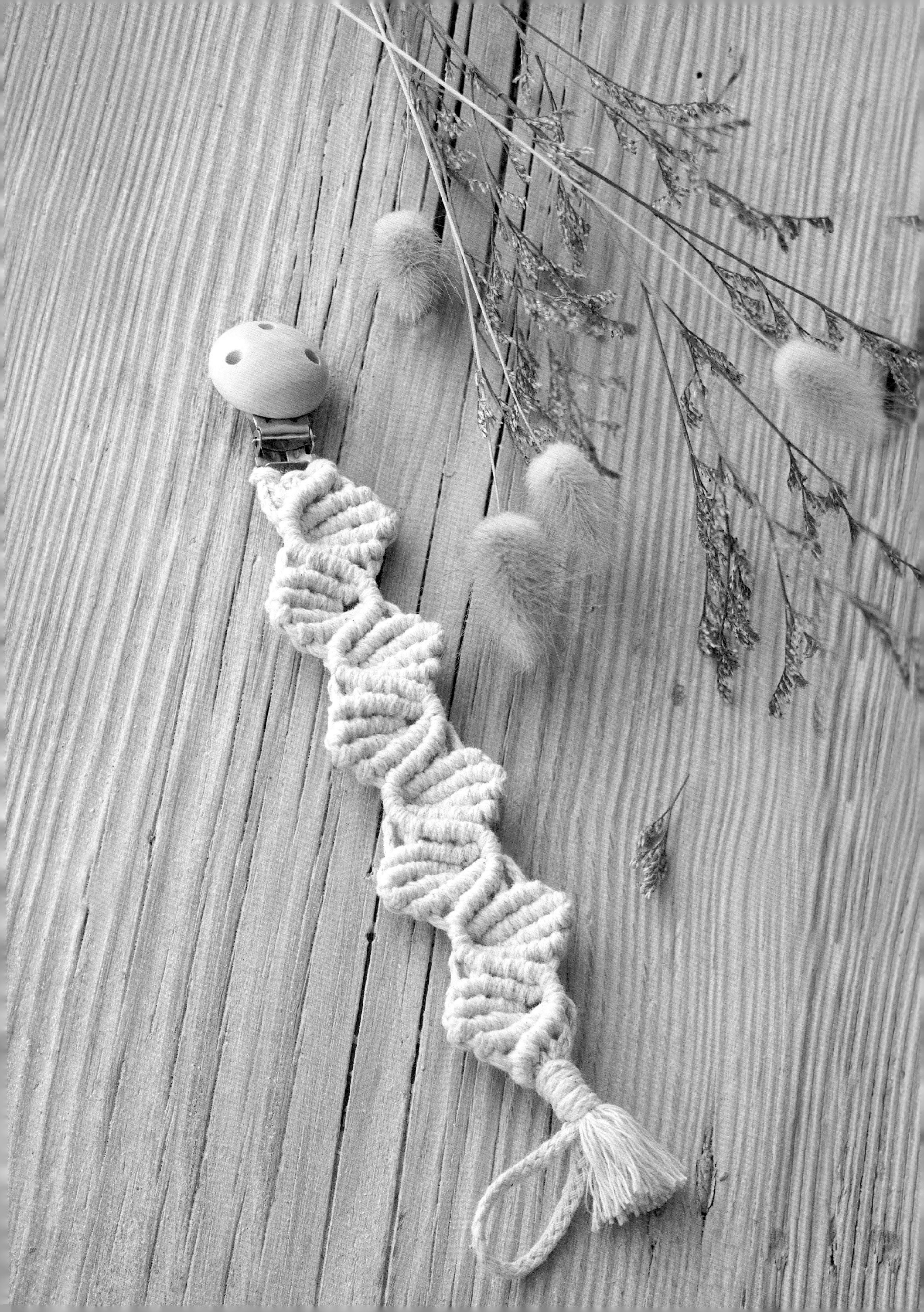

Schnullerkette mit Blütenblätter-Muster

Wunderschön verspielt ist diese Schnullerkette mit Blütenblätter-Muster. Sie eignet sich super als liebevolles Babyshower-Geschenk. Nichts sagt „du bist mir wichtig" auf eine schönere Art, als ein selbstgemachtes Geschenk.

1. Befestigen Sie drei 3,20 m lange Baumwollfäden mit dem von vorne geknoteten Ankerknoten unten am Schnullerkettenclip.

2. Knoten Sie nun den Muster-Strang: Blütenblätter (s. Seite 48). Da wir hier mit weniger Strängen als in der Grundanleitung knoten, fertigen wir für die erste Hälfte der Blütenblätter nur drei statt vier Reihen Rippenknoten an.

3. Damit die Blütenblätter symmetrisch werden, wird auch die zweite Hälfte des Blütenblatts mit einer Reihe Rippenknoten weniger geknotet. Knoten Sie hier als nur zwei statt drei Reihen.

4. Der Musterstrang ist fertig, sobald Sie insgesamt acht Blütenblätter geknotet haben (vier auf der rechten und vier auf der linken Seite).

5. Es folgt die Schlaufe für den Schnuller. Legen Sie den Trägerfaden der letzten Blüte zu einer ca. 5 cm großen Schlaufe, sodass das Ende danach wieder nach unten zeigt.

6. Fixieren Sie die Schlaufe und alle anderen Enden mit einem Wickelknoten direkt unter dem Muster. Nutzen Sie dafür einen 50 cm langen Baumwollfaden.

7. Zum Schluss kürzen Sie die Enden der Fransen. Diese können Sie zusätzlich auskämmen.

Material

Schwierigkeitsgrad

● ● ●

Motivlänge

ca. 22 cm (ohne Clip gemessen)

- 3 Baumwollfäden in Natur, geflochten, ø 2–3 mm, 3,20 m lang
- Baumwollfaden in Natur, geflochten, ø 2–3 mm, 50 cm lang
- Schnullerkettenclip

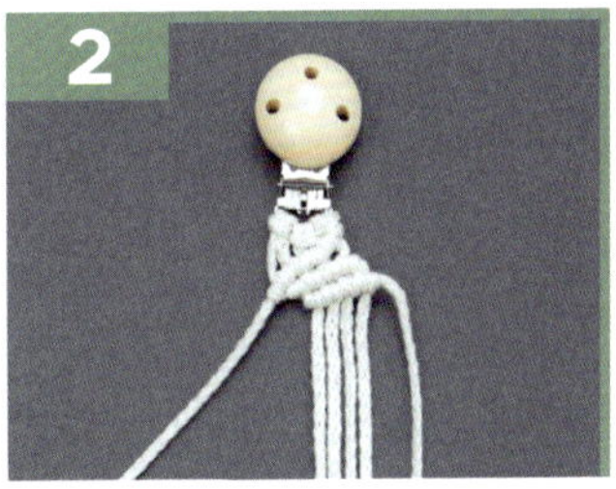
2

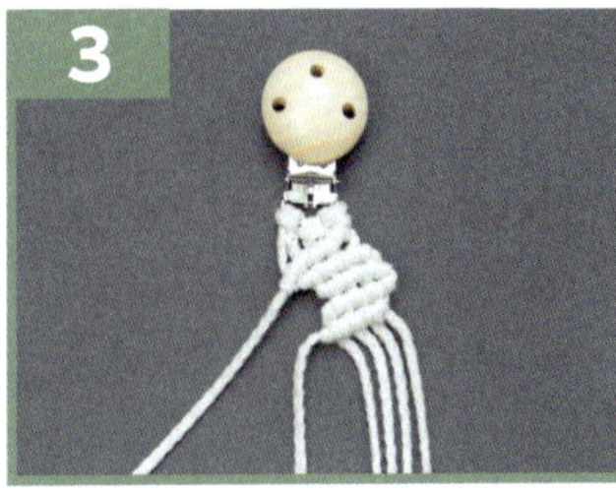
3

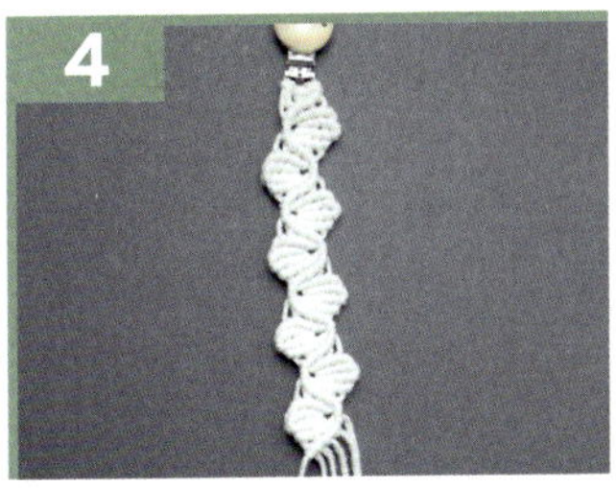
4

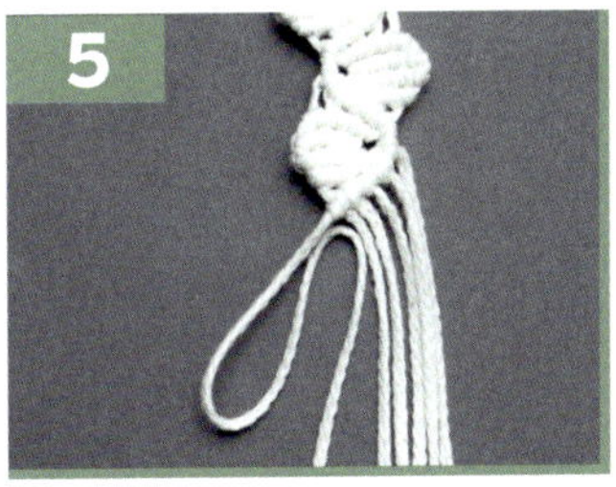
5

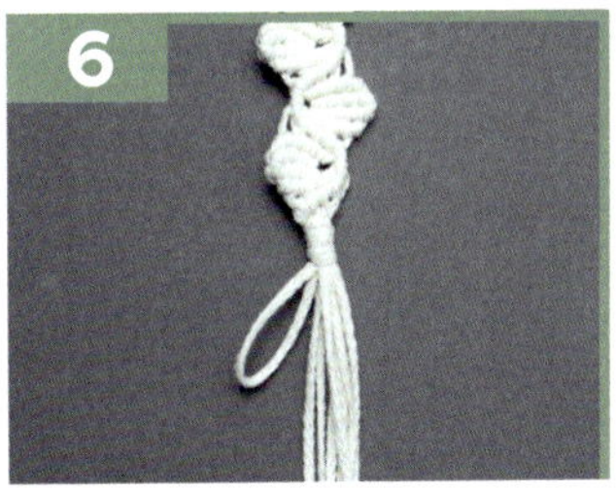
6

Schnullerkette mit Blatt-Muster

Als Variante zum Blütenblättermuster, können Sie das schlankere Blattmuster knoten.

Material

Schwierigkeitsgrad

● ●

Motivlänge

ca. 22 cm (ohne Clip gemessen)

- 3 Baumwollfäden in Natur, geflochten, ø 2-3 mm, 2 m lang
- Baumwollfaden in Natur, geflochten, ø 2-3 mm, 50 cm lang
- Schnullerketten-clip
- Schere

1 Unten am Schnullerclip drei 2 m lange Baumwollfäden mit dem von vorne geknoteten Ankerknoten befestigen.

2 Knoten Sie den Muster-Strang: Blätter (s. Seite 50) bis Sie insgesamt sieben Mal die Blatt-Abfolge geknotet haben.

3 Für die Schnuller-Schlaufe folgen Sie Schritt 5-7 der Anleitung für die Schnullerkette Blütenblätter auf Seite 123.

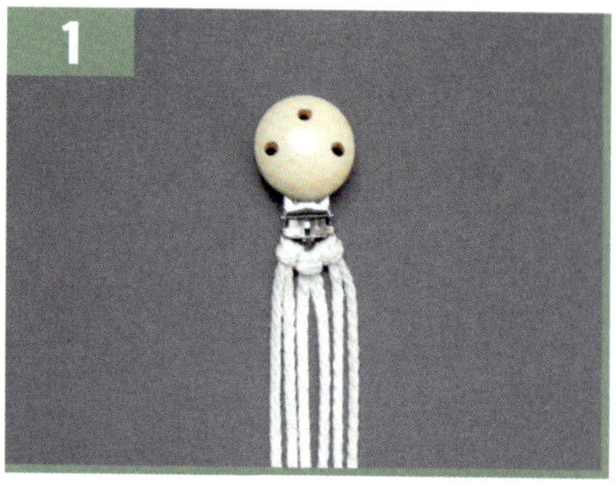
1

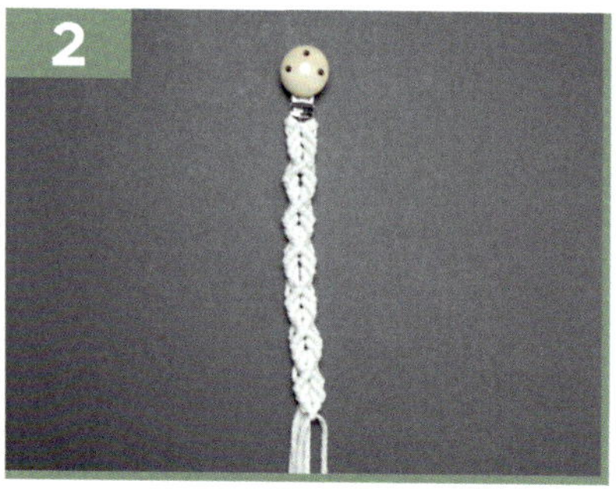
2

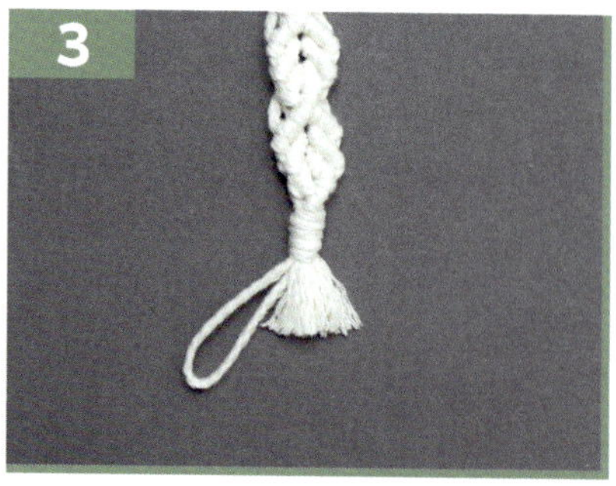
3

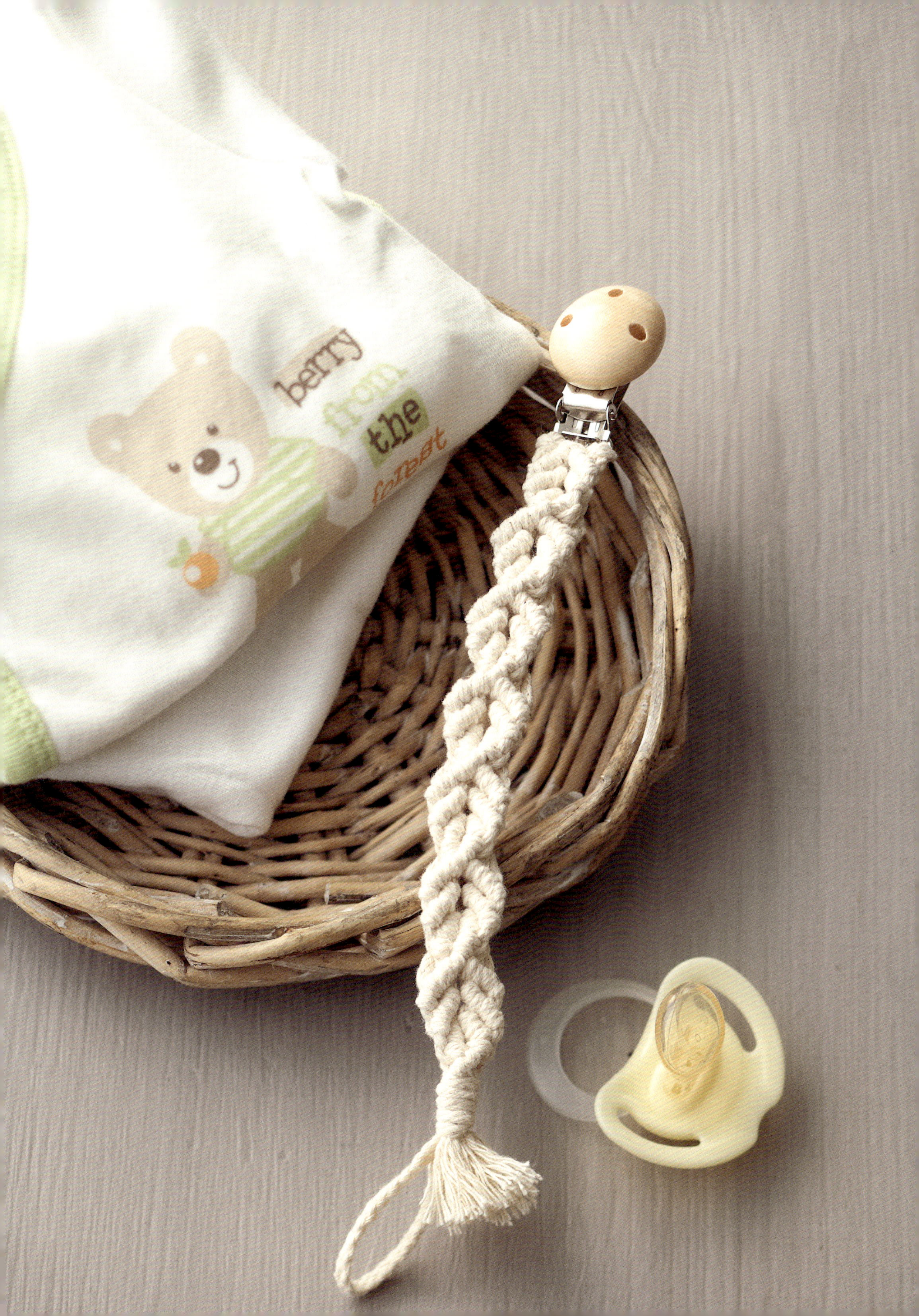
berry
from
the
forest

Makramee Eule

Nicht nur in den 70ern ein Trend: Damals durfte die Makramee-Eule in keinem Wohnzimmer fehlen. Jetzt erlebt die süße Wanddeko ein Comeback und taucht wieder überall auf. Vielleicht verschönert sie ja bald auch Ihr Wohnzimmer?

Tipps & Tricks

✦ Beim Knoten der Eule können Sie sich eine Unterlage und Stecknadeln zur Hilfe nehmen. Als Unterlage bietet sich z. B. eine Kork-Unterlage, eine dicke Pappe, Styropor oder ein Polster/Kissen an. Alternativ können Sie auch mit Kreppklebeband arbeiten.

Material

Schwierigkeitsgrad
● ● ●

Motivlänge
ca. 30 cm

- 11 Baumwollfäden in Hellbraun, geflochten, ⌀ 4 mm, 2,10 m lang
- Baumwollfaden in Hellbraun, geflochten, ⌀ 4 mm, 60 cm lang
- 2 Holzperlen rund in Weiß, ⌀ 1,5 cm
- Holzperle länglich oval in Dunkelbraun, 2,5 cm lang
- 18 Holzperlen rund in Natur, ⌀ 1 cm
- Ast ca. 28 cm lang

1 Befestigen Sie zehn 2,10 m lange Fäden mit dem von hinten geknoteten Ankerknoten mittig an einem 2,10 m langen Faden.

2 Auf beiden Seiten die jeweils vier äußeren Stränge der in Schritt 1 befestigten Fäden beiseitelegen. Knoten Sie mit den mittleren zwölf Strängen ein abnehmendes Kreuzknoten-Dreieck mit einer Basis von drei Kreuzknoten (s. Seite 38).

3 Es folgen Rippenknoten-Reihen entlang der beiden Kanten des Kreuzknoten-Dreiecks. Teilen Sie dazu alle Stränge in der Mitte auf, sodass auf beiden Seiten jeweils zehn Stränge liegen. Legen Sie die Stränge der rechten Seite für diesen Schritt weg. Halten Sie das linke Ende des Trägerfadens aus Schritt 1 über die zehn Arbeitsfäden schräg nach unten in die Mitte. Knoten Sie eine Reihe Rippenknoten.

4 Wiederholen Sie Schritt 5 für die Stränge der rechten Seite. Verbinden Sie die Reihe Rippenknoten in der Mitte, indem Sie den Trägerfaden der linken Seite als zusätzlichen Arbeitsfaden nutzen.

5 Wiederholen Sie Schritt 5–6 für eine weitere Reihe Rippenknoten. Hier dient jeweils der oberste Strang als Trägerfaden.

6 Es folgt auf beiden Seiten eine verkürzte Rippenknoten-Reihe. Gehen Sie vor, wie in Schritt 7 beschrieben. Knoten Sie nun allerdings die Reihe jeweils nur für die ersten vier Arbeitsfäden.

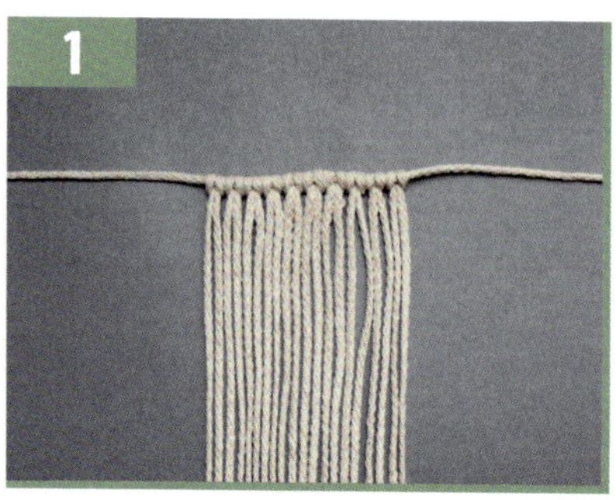

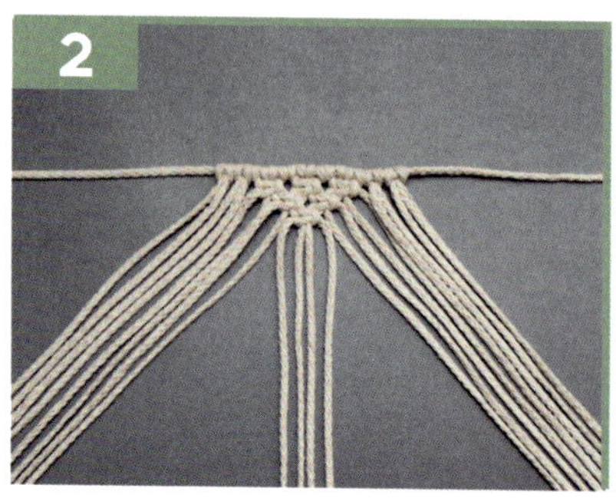

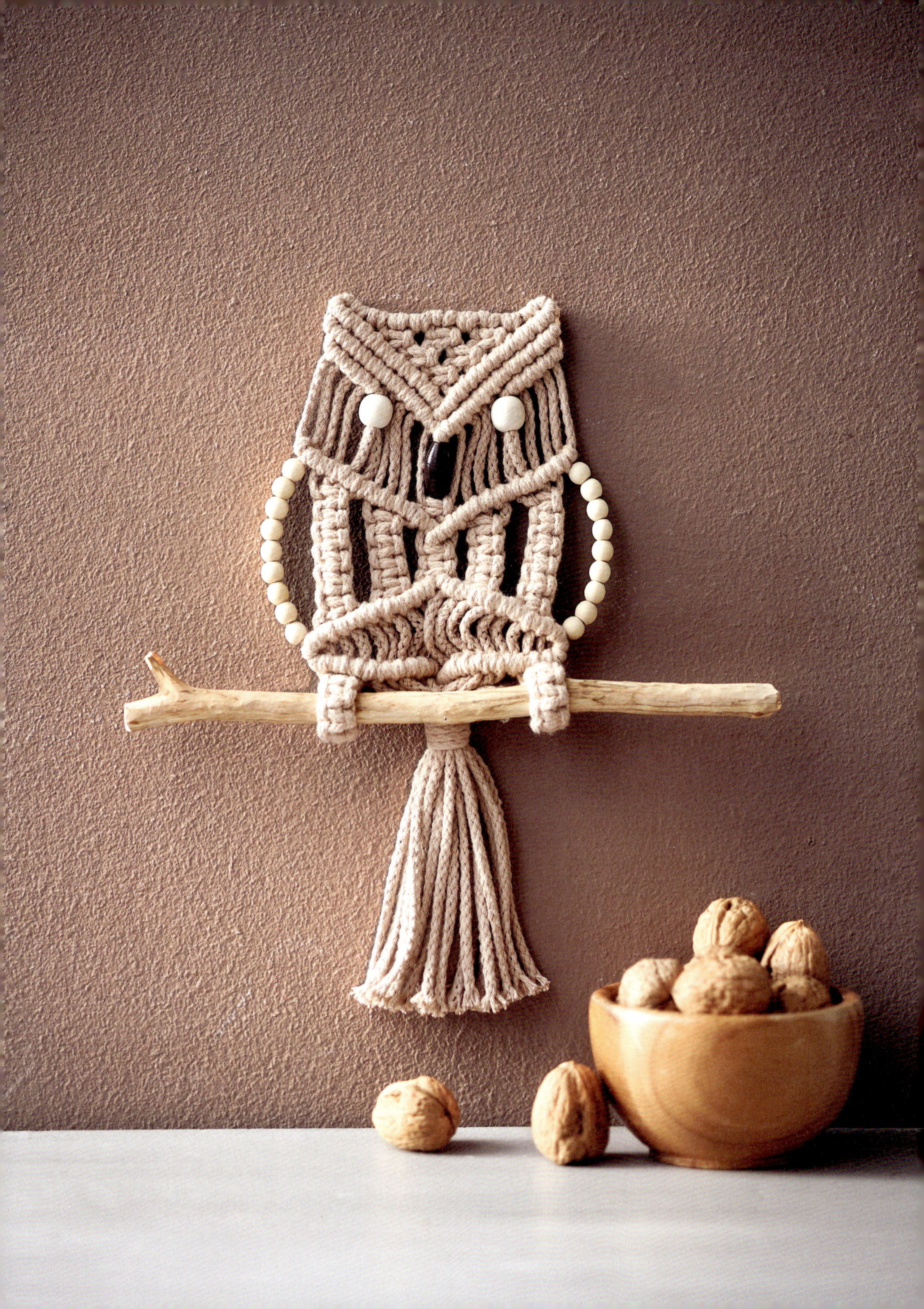

7 Die beiden weißen Holzperlen jeweils auf den fünften und sechsten Strang als Augen und die ovale, dunkelbraune Perle auf die beiden mittleren Stränge als Schnabel auffädeln.

8 Knoten Sie mit den mittleren vier Strängen einen Kreuzknoten unter die dunkelbraune Perle.

9 Es folgt eine Rippenknoten-Spitze. Gehen Sie dazu vor, wie im Schritt 7 beschrieben. Hier wird die Reihe Rippenknoten allerdings in einem Abstand von ca. 3,5 cm zur Rippenknoten-Reihe aus Schritt 8 geknotet. Als Hilfestellung können Sie hier mit Kreppklebeband einen Widerstand zum Knoten in diesem Abstand abkleben.

10 Fädeln Sie auf den jeweils äußeren Faden je neun kleine Holzperlen auf. Knoten Sie mit den restlichen Strängen fünf Säulen aus Kreuzknoten mit folgender Anzahl an Kreuzknoten (von links nach rechts): 6, 4, 2, 4, 6.

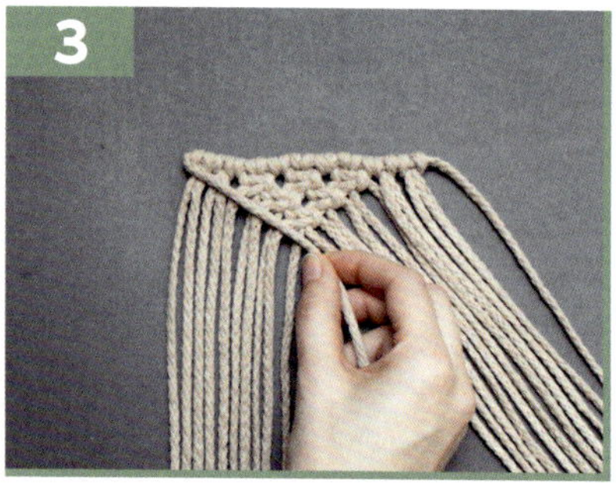
3

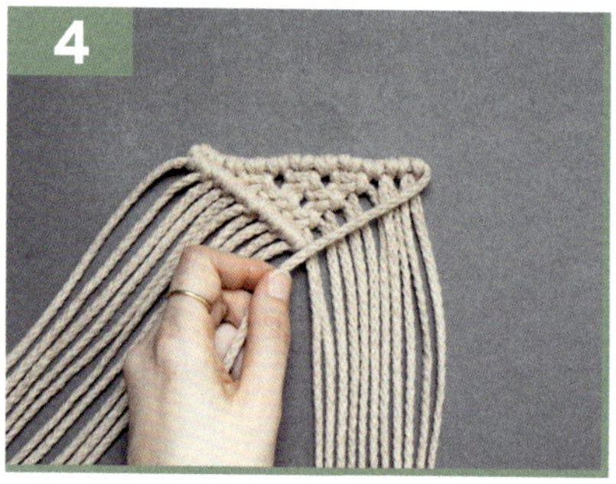
4

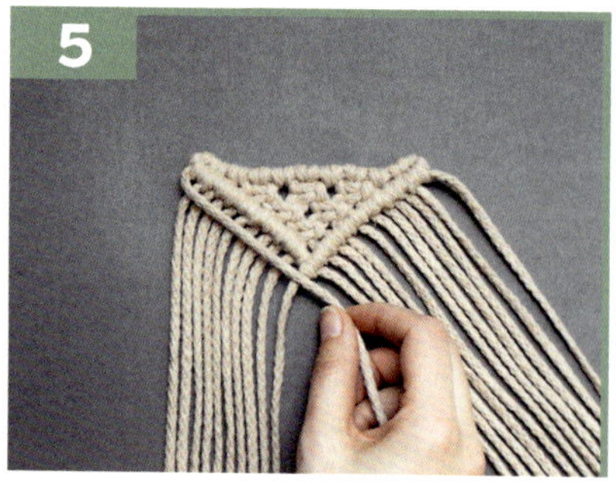
5

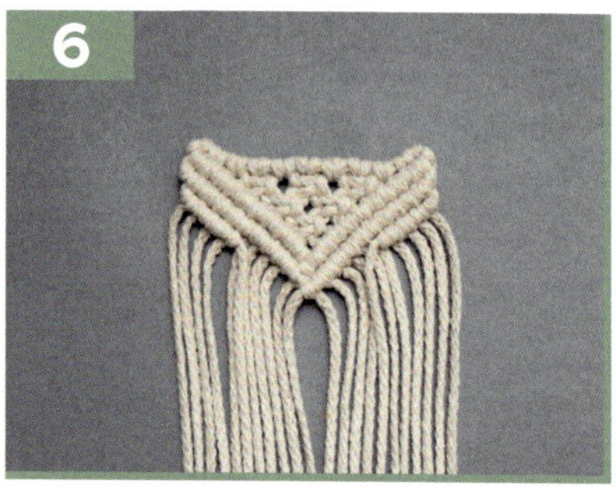
6

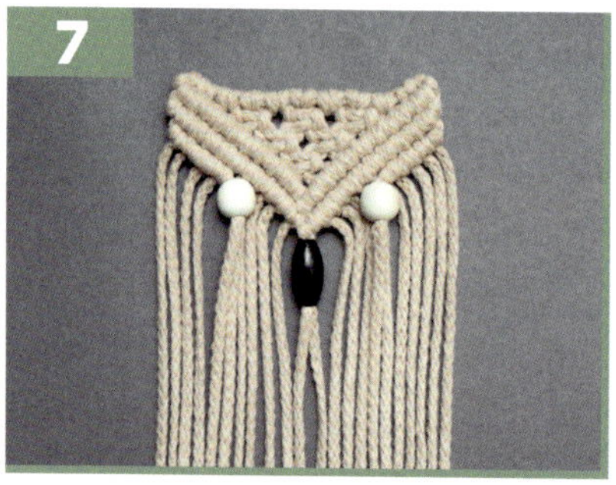
7

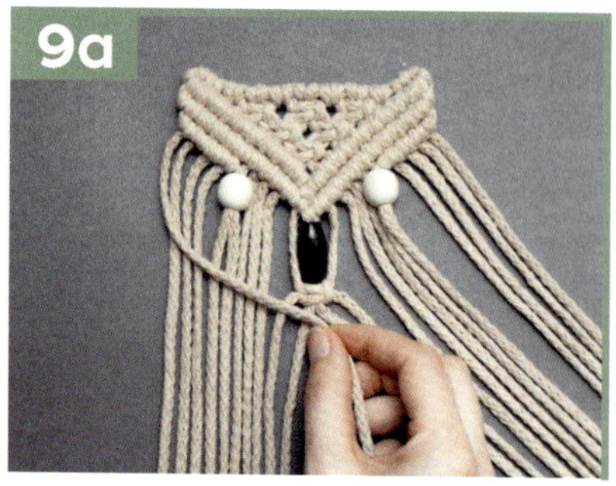
9a

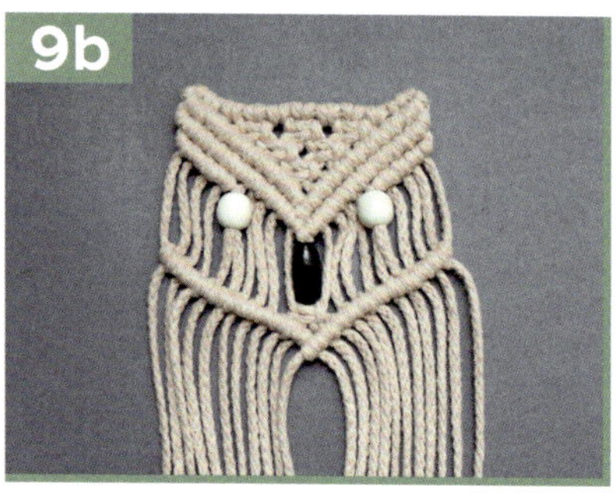
9b

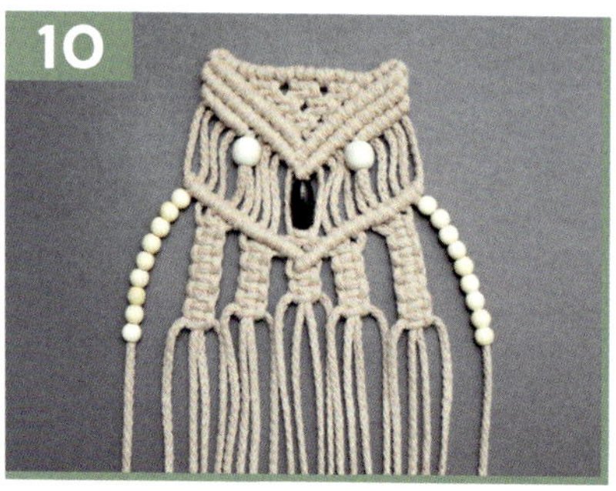
10

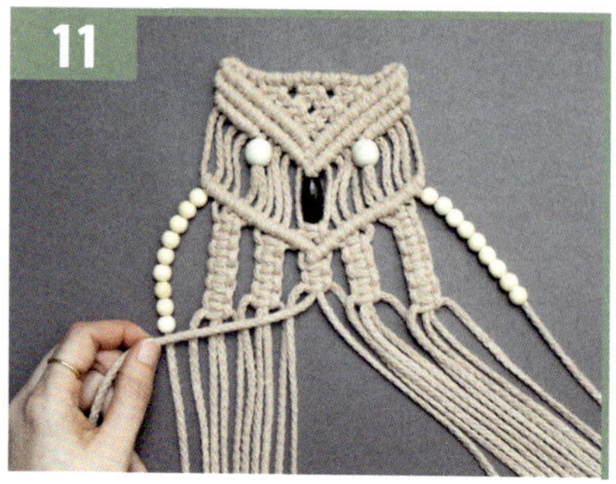
11

11 Es folgen von innen nach außen verlaufende Rippenknoten-Reihen. Teilen Sie dazu wieder alle Stränge in der Mitte auf, sodass auf beiden Seiten jeweils elf Stränge liegen. Legen Sie die Stränge der rechten Seite beiseite. Den rechten Strang der linken Stränge über die zehn Arbeitsfäden schräg nach unten links halten und eine Reihe Rippenknoten knoten.

12 Wiederholen Sie Schritt 13 für die Stränge der rechten Seite.

13 Zum Abschluss des Eulen-Körpers, knoten Sie wieder zwei zueinander verlaufende Reihen Rippenknoten, wie in Schritt 7 beschrieben. Hier werden die Rippenknoten-Reihen allerdings deutlich flacher in einem spitzen Winkel, fast horizontal geknotet. Halten Sie den Trägerfaden in unterschiedlichen Winkeln über die Arbeitsfäden und schauen Sie, welcher Winkel am besten zu Ihrer Eule passt.

14 Nun werden noch mit den jeweils vier äußeren Strängen die Füße der Eule geknotet. Diese werden nach dem Prinzip der Beerenknoten angefertigt, allerdings mit sieben statt drei Kreuzknoten. Je nach Dicke Ihres Astes, kann es auch sein, dass Sie mehr oder weniger Knoten für die Füße knoten müssen. Wichtig ist, dass der Ast fest in der Schlinge des Beerenknotens sitzt. Den Ast können Sie nach Fertigstellung beider Beerenknoten durch die Schlingen führen. Bei verzweigten Ästen empfiehlt es sich, ihn vor dem letzten Schritt des Beerenknotens durch die Schlinge zu führen).

15 Zum Schluss wird mit einem 60 cm langen Faden ein Wickelknoten um alle Stränge mittig unter dem Eulenkörper hinter dem Ast geknotet.

Tipps & Tricks

✦ Sie können auf der Rückseite des Kopfes eine Aufhängung befestigen, die Eule direkt auf einen Nagel drücken oder oben, mittig einen Faden befestigen, um sie aufzuhängen.

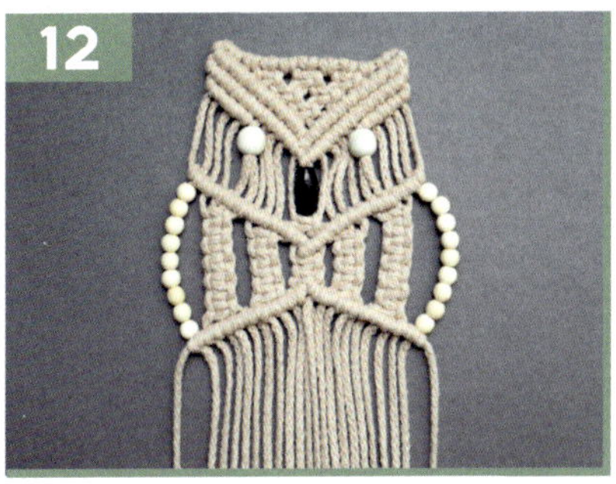
12

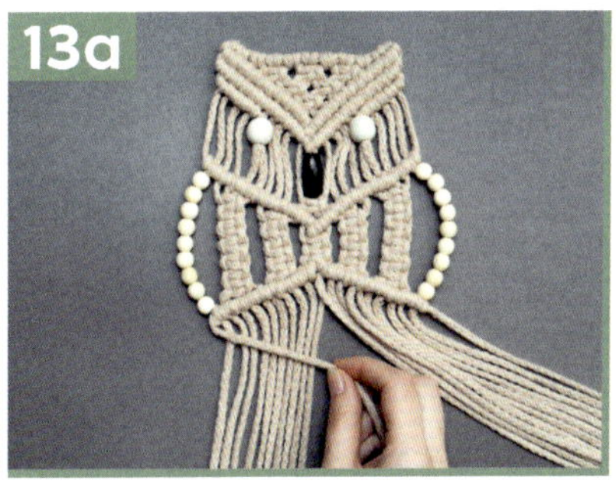
13a

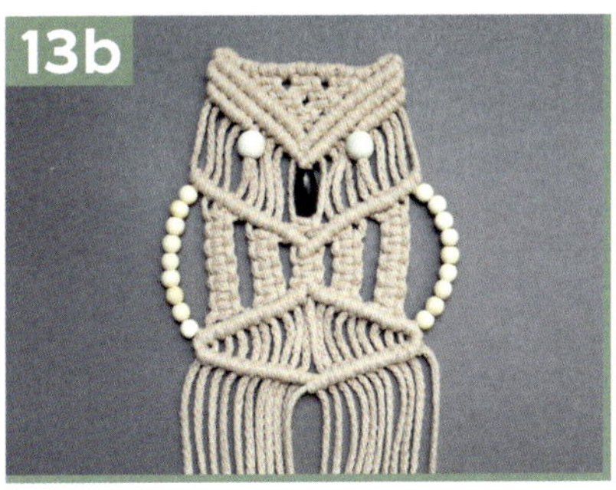
13b

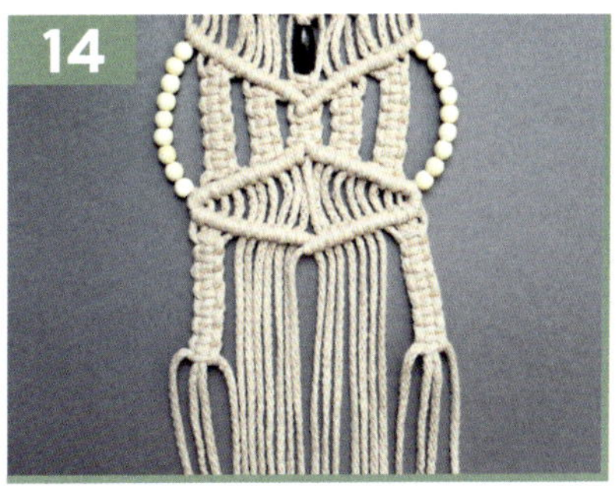
14

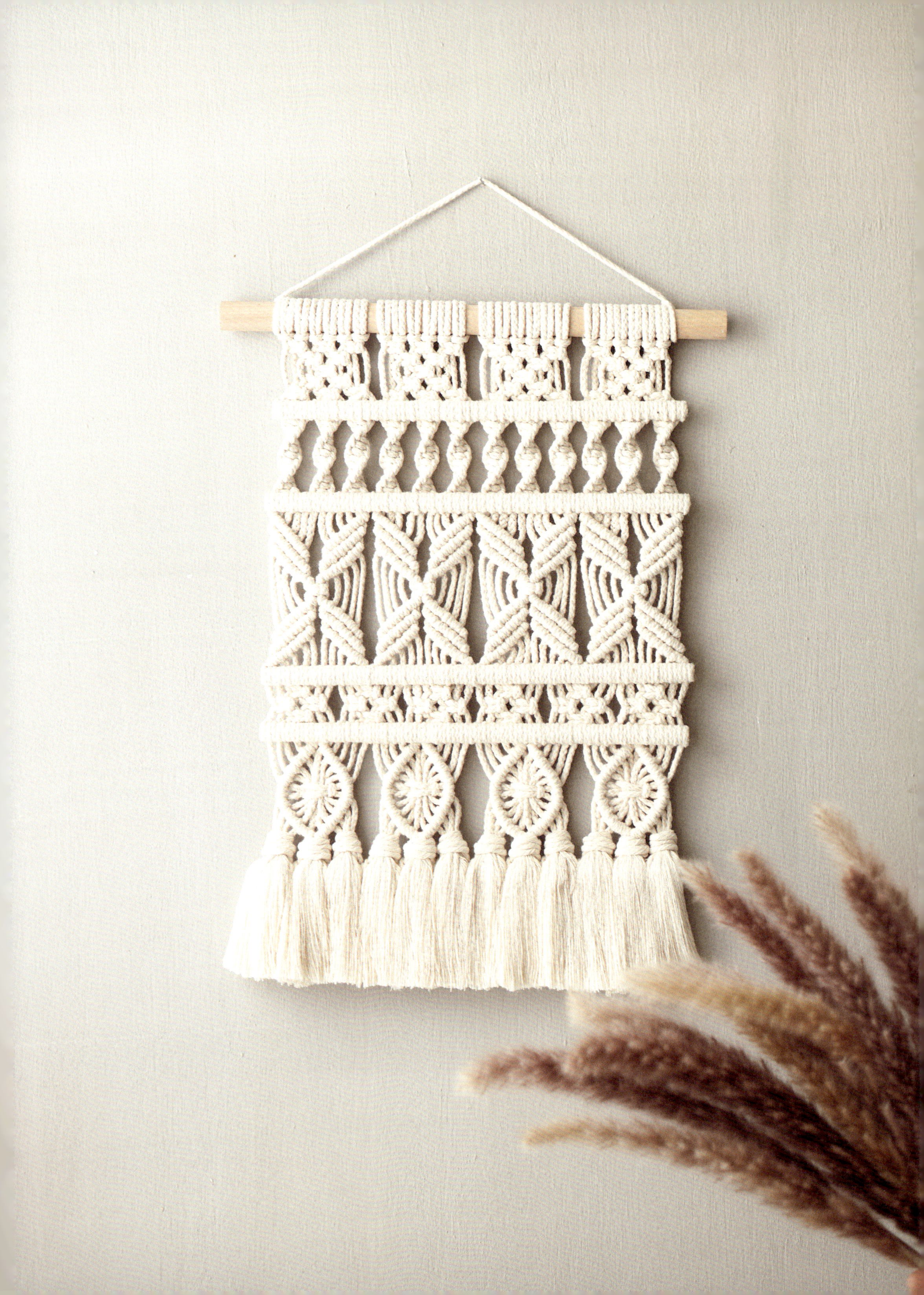

Großer Makramee Wandbehang

Dieser schöne Wandbehang zeigt, was man beim Makramee-Knoten mit wenigen Grundknoten erreichen kann und dass auch geradlinige Wandbehänge sehr verspielt sein können. Ein echter Eyecatcher für die Wohnung!

1 Befestigen Sie 24 lange Baumwollfäden mit 2,40 m Länge mit dem von vorne geknoteten Ankerknoten an einem 20 mm dickem, 35 cm langem Rundholz.

2 Mit allen Strängen vier Kreuzknoten-Dreiecke mit abnehmenden Reihen und einer Basis von drei Kreuzknoten (s. Seite 38) nebeneinander knoten.

3 Nun folgen an jedem Kreuzknoten-Dreieck zunehmende Reihen (s. Seite 39), bis wieder die Basis von drei Kreuzknoten erreicht wird bzw. Sie keine Zunahmen mehr machen können.

4 Als Grenze zum nächsten Muster wird nun um ein 8 mm dickes, 30 cm langes Rundholz eine Reihe Rippenknoten mit allen Strängen geknotet. Achten Sie dabei darauf, dass Sie nach den ersten Rippenknoten das Rundholz so weit ziehen, dass es bündig mit dem ersten Rippenknoten abschließt. Schieben Sie während des Knotens die Rippenknoten immer wieder zusammen. Zum Schluss wird voraussichtlich ein Stück Rundholz überstehen. Dieses wird mit einer Gartenschere oder einer Handsäge bündig zum letzten Rippenknoten gekürzt. Fixieren Sie zum Schluss beide Rundholz-Enden mit (Textil-)kleber, damit die Rippenknoten nicht herunterrutschen können.

Material

Schwierigkeitsgrad

● ● ●

Motivlänge

ca. 46 cm (ohne Aufhängung)

- 24 Baumwollfäden in Natur, geflochten, ⌀ 4 mm, 4,20 m lang
- 48 Baumwollfäden in Natur, einfach gezwirnt, ⌀ 4 mm, 25 cm lang
- Baumwollfaden in Natur, geflochten, ⌀ 4 mm, 60 cm lang
- 5 Rundhölzer, ⌀ 8 mm, 30 cm lang
- Rundholz, ⌀ 20 mm, 35 cm lang
- (Textil-)Kleber
- Gartenschere oder Handsäge

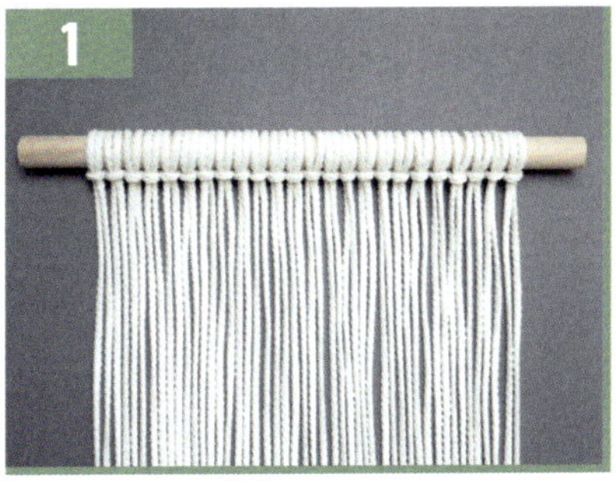

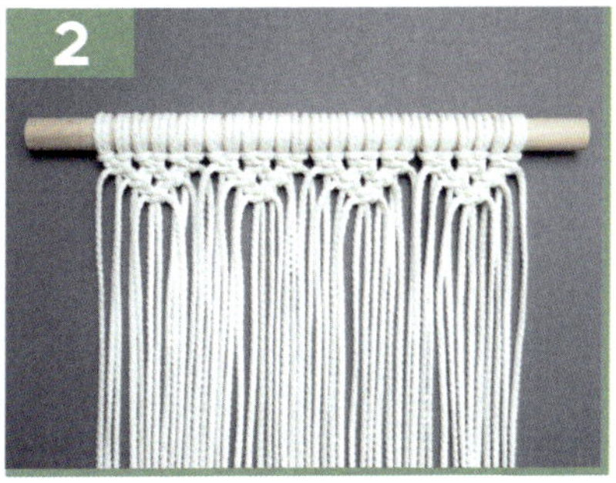

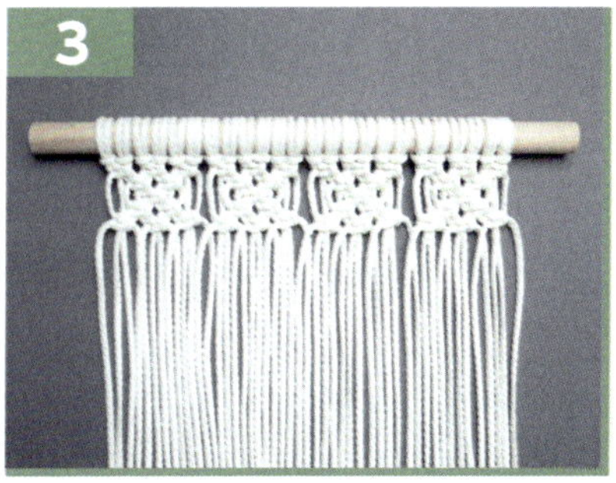

5 Im nächsten Abschnitt werden mit allen Strängen zwölf gedrehte Stränge aus je zehn Wellenknoten geknotet.

6 Wiederholen Sie Schritt 4 für eine weitere Muster-Grenze.

7 Es folgt das nächste Muster. Hierfür nehmen Sie sich die ersten zwölf Stränge und knoten damit drei zueinander verlaufende Reihen Rippenknoten. Teilen Sie dazu alle Stränge in der Mitte auf, sodass auf beiden Seiten je sechs Stränge liegen und legen Sie die Stränge der einen Seite vorerst weg. Halten Sie den äußeren Strang über die Arbeitsfäden schräg nach unten in die Mitte. Knoten Sie so drei Rippenknoten-Reihen. Dabei ist für die beiden folgenden Rippenknoten-Reihen der erste Arbeitsfaden der Reihe zuvor der Trägerfaden und der Trägerfaden der Reihe zuvor der letzte Arbeitsfaden. Wiederholen Sie das anschließend für die sechs Stränge der anderen Seite. Die Rippenknoten-Reihen auf der rechten und linken Seite werden hier in der Mitte nicht verbunden.

8 Mit den mittleren vier Strängen einen Kreuzknoten knoten.

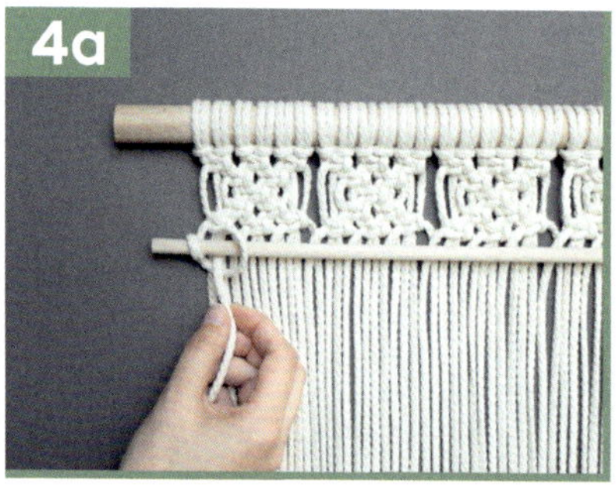
4a

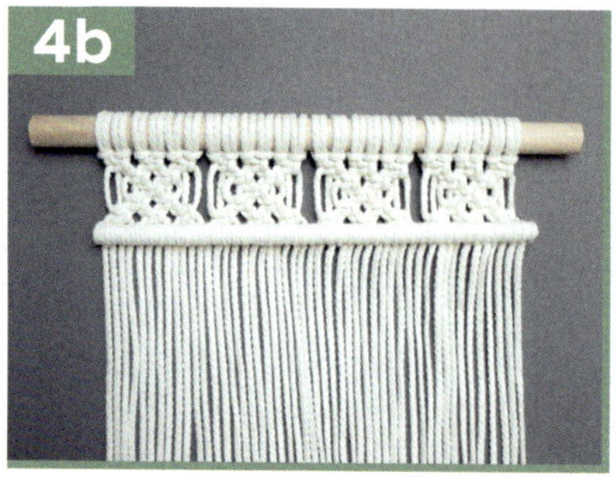
4b

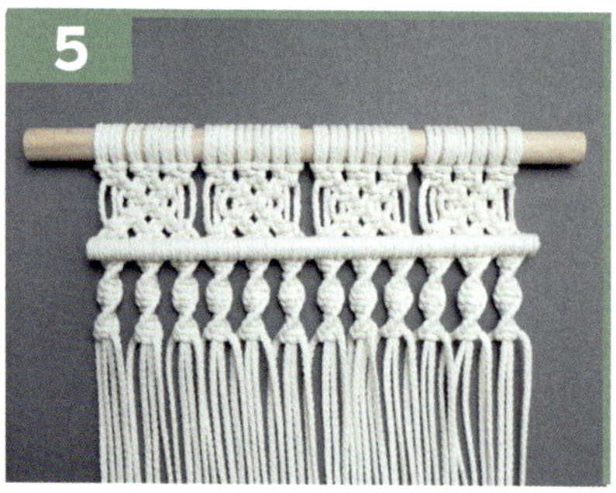
5

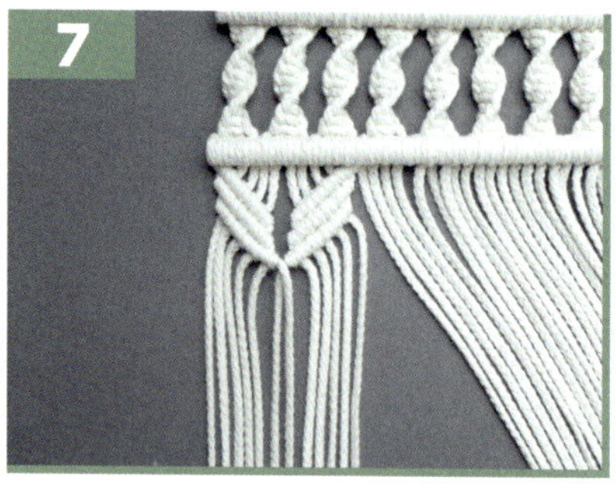
7

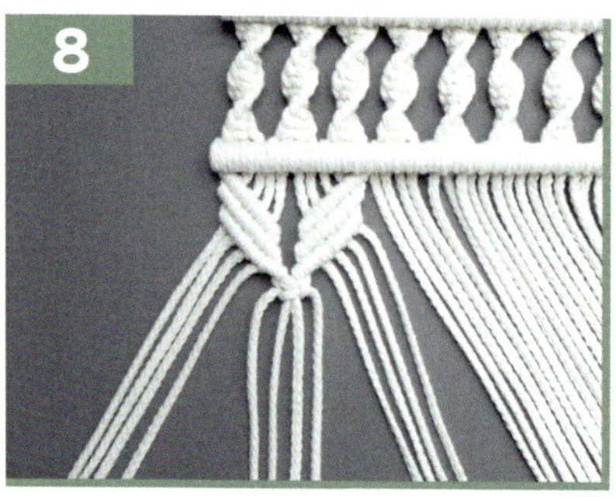
8

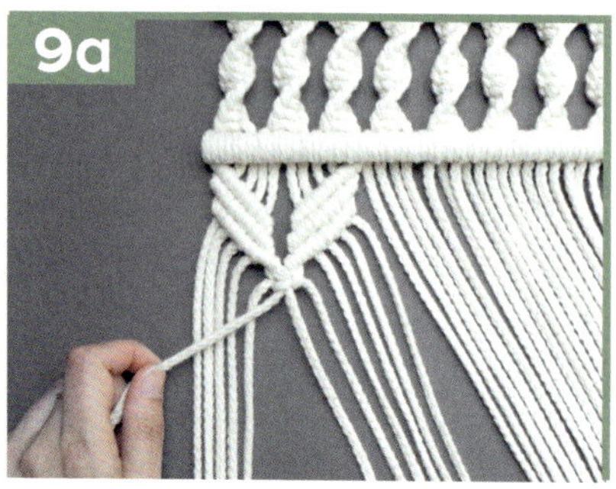
9a

9 Nun folgen mit der gleichen Technik, wie schon in Schritt 7 beschrieben, nach außen verlaufende Rippenknoten-Reihen. Teilen Sie also wieder alle Stränge in der Mitte auf und halten Sie dieses Mal den innen liegenden Strang über die Arbeitsfäden schräg nach außen und knoten Sie so drei Reihen Rippenknoten für beide Seiten.

10 Wiederholen Sie Schritt 7-9 für die restlichen Stränge und knoten Sie so dieses Muster drei weitere Male.

11 Wiederholen Sie Schritt 4 für eine Muster-Grenze.

12 Nehmen Sie sich für den nächsten Muster-Abschnitt die ersten acht Stränge vor und knoten Sie damit eine kleine Kreuzknoten-Raute mit einer Basis von zwei Kreuzknoten (s. Seite 40).

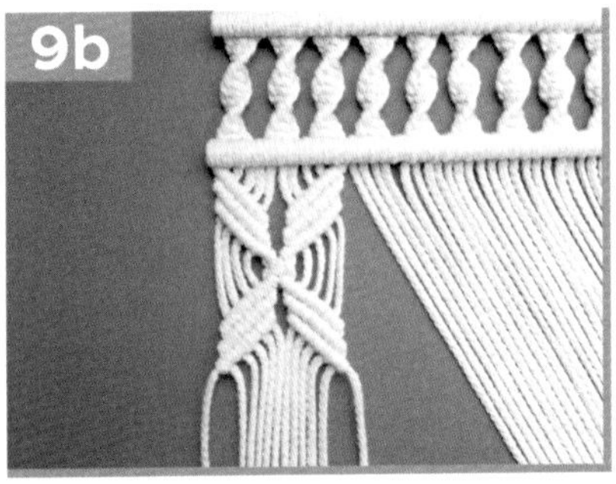

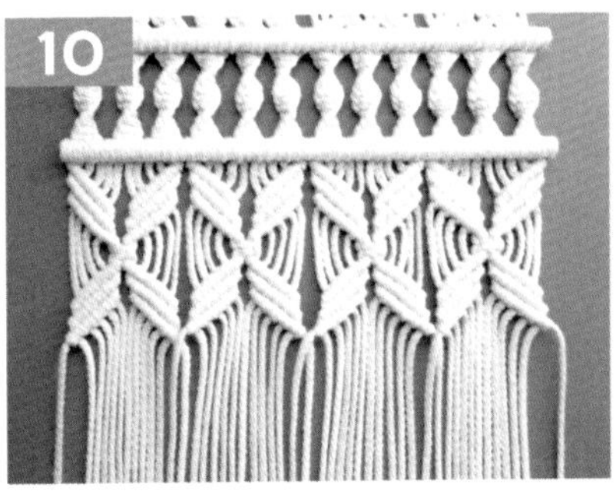

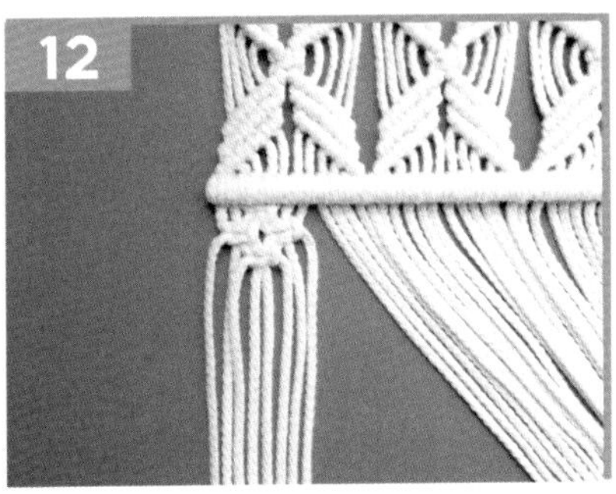

13 Wiederholen Sie Schritt 12 für die restlichen Stränge und knoten Sie weitere fünf kleine Kreuzknoten-Rauten.

14 Es folgt wieder eine Muster-Grenze. Gehen Sie dazu vor, wie in Schritt 4 beschrieben.

15 Als letzten Muster-Abschnitt wird das Diamant-Muster mit großem Kreuzknoten (s. Seite 52) geknotet. Nutzen Sie für jede Zelle zwölf Stränge.

16 Zum Schluss folg eine letzte Muster-Grenze (s. Schritt 4). Hier wird diese Mustergrenze nicht direkt unter dem Diamant-Muster geknotet, sondern in einem Abstand von ca. 1cm.

17 Über der Muster-Grenze aus Schritt 16 werden anschließend um jeweils vier Stränge eine Tassel befestigt (s. Seite 59 „Tasseln in einer leeren Zelle/Raute befestigen"), sodass insgesamt zwölf Tasseln befestigt werden. Dabei werden für jede Tassel vier 25cm lange, einfach gezwirnte Baumwollfäden verwendet. Kämmen Sie die Tasseln danach gut aus und kürzen Sie diese auf die gewünschte Länge.

18 Die Enden des Wandbehangs werden soweit gekürzt, dass Sie hinter den Tasseln verschwinden.

19 Nutzen Sie zum Aufhängen des Wandbehangs einen 60cm langen Faden und knoten Sie diesen mit zwei Doppelknoten am Rundholz fest.

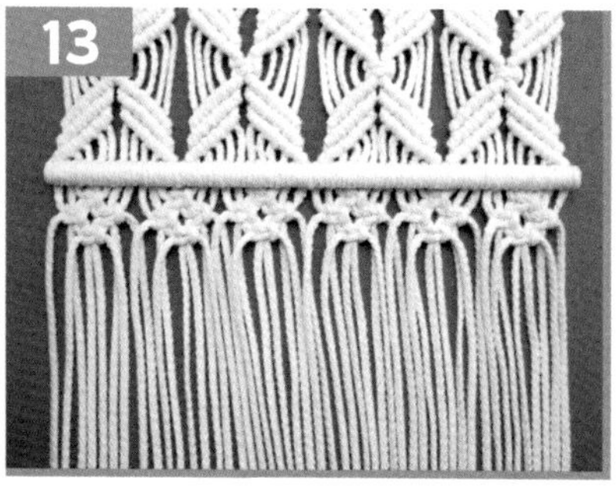
13

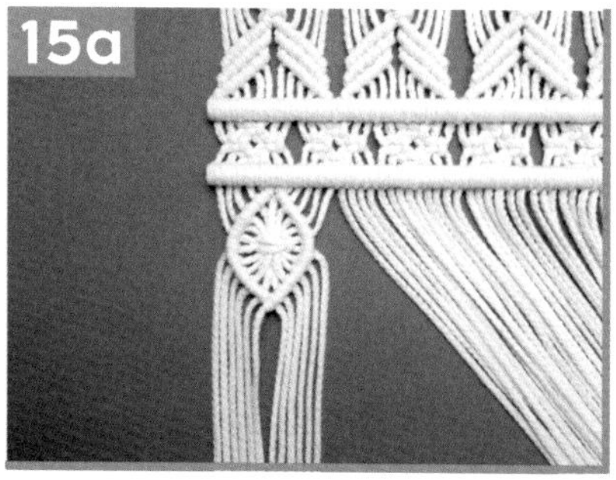
15a

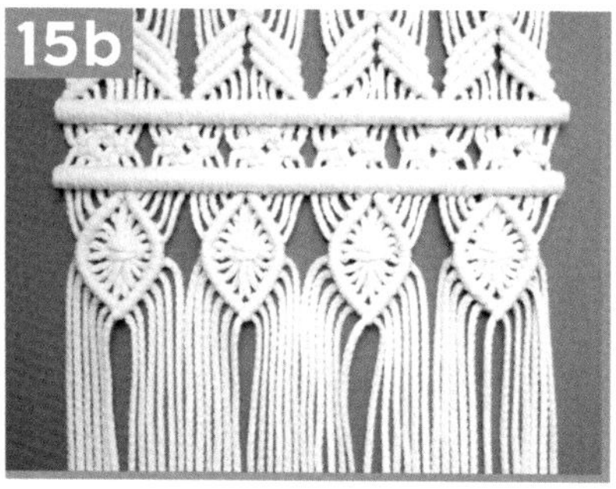
15b

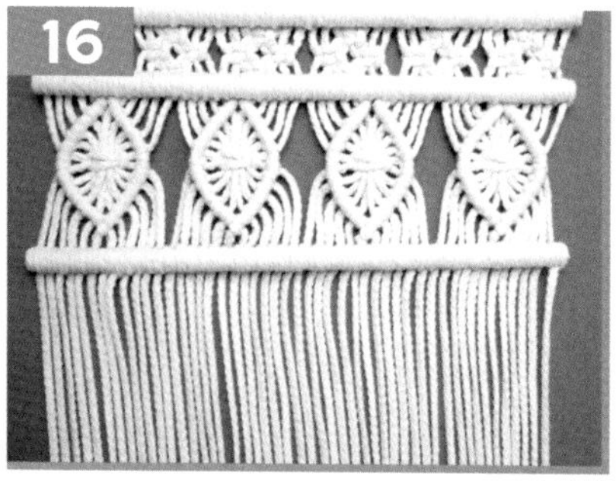
16

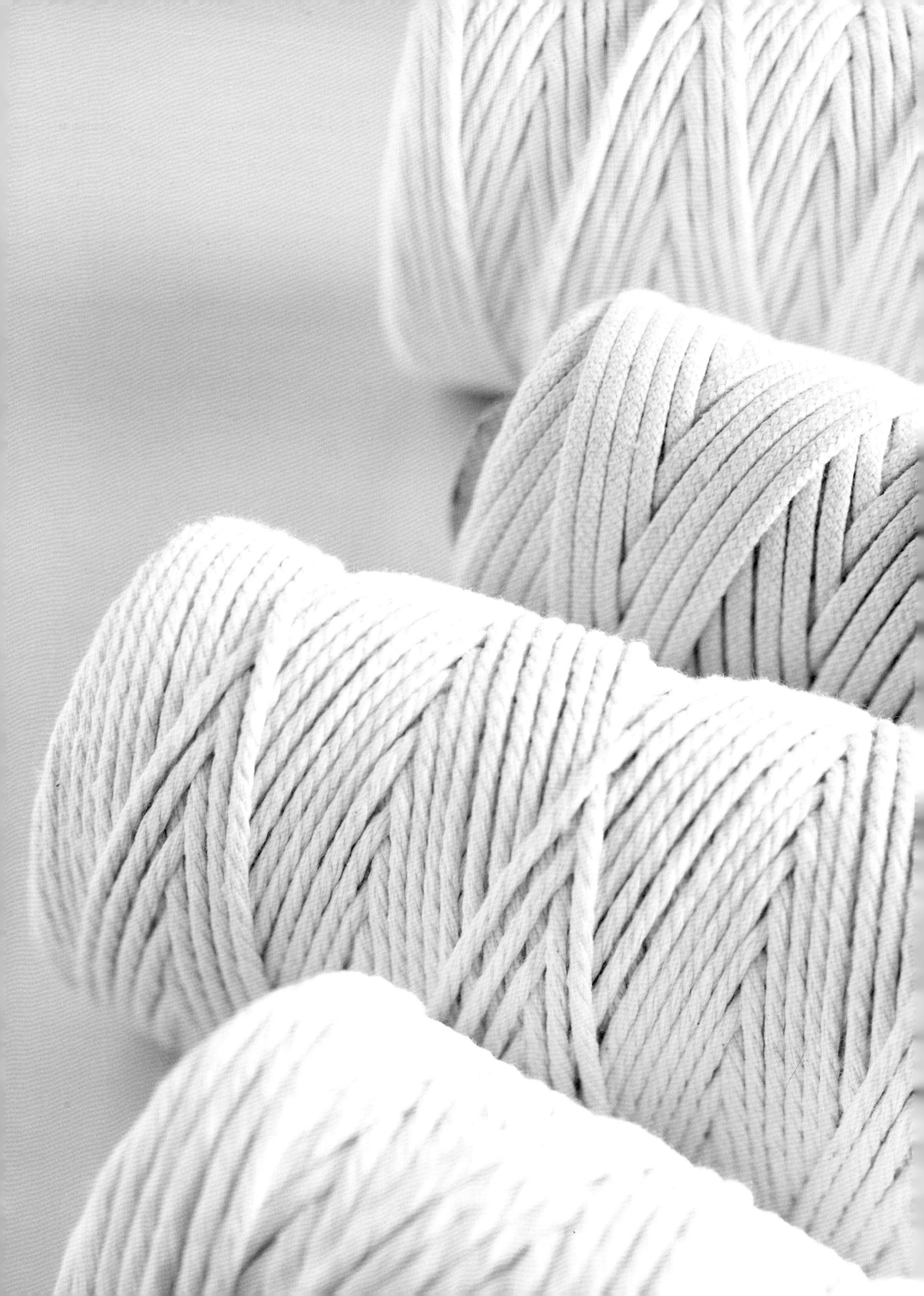

Buchempfehlungen für Sie

Noch mehr Kreativ-Bücher zum gleichen Thema gesucht?

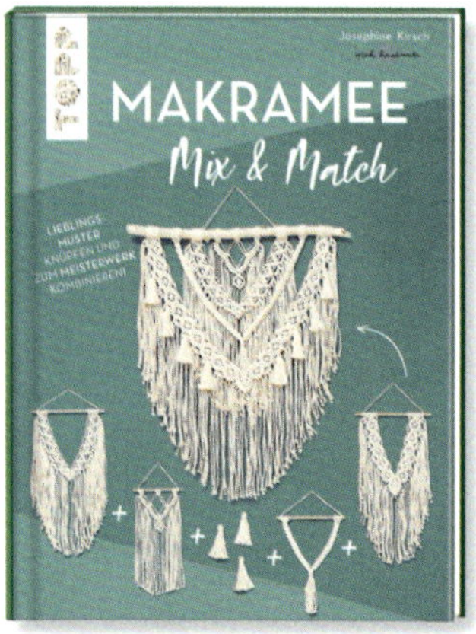

ISBN 978-3-7724-4658-0

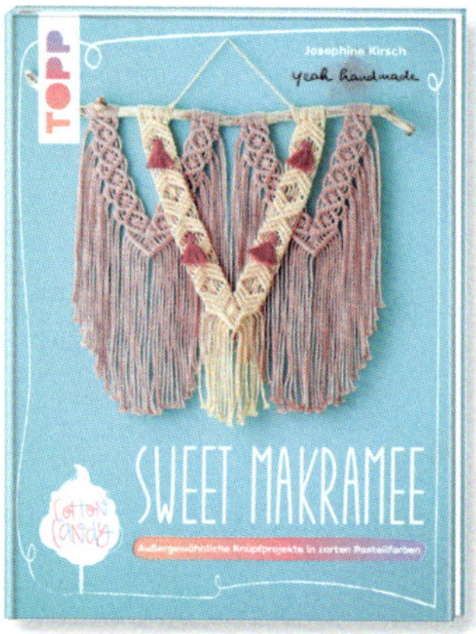

ISBN 978-3-7724-4628-3

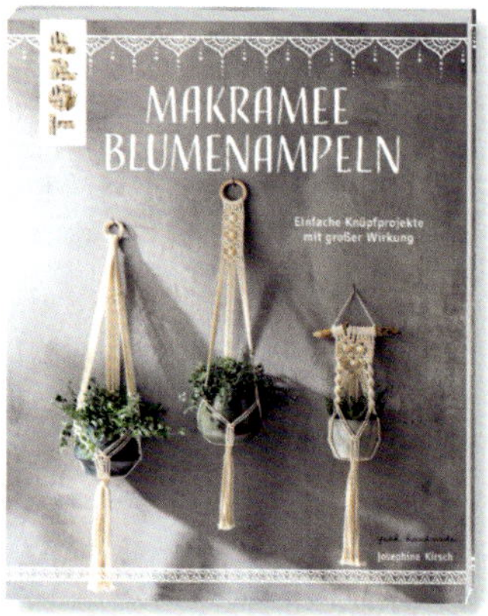

ISBN 978-3-7724-4629-0

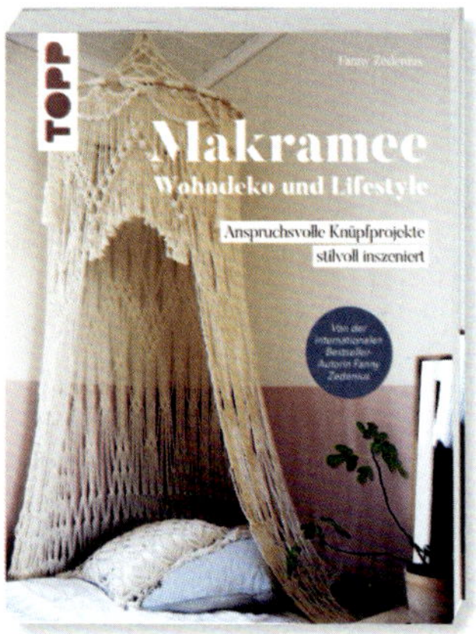

ISBN 978-3-7724-4609-2

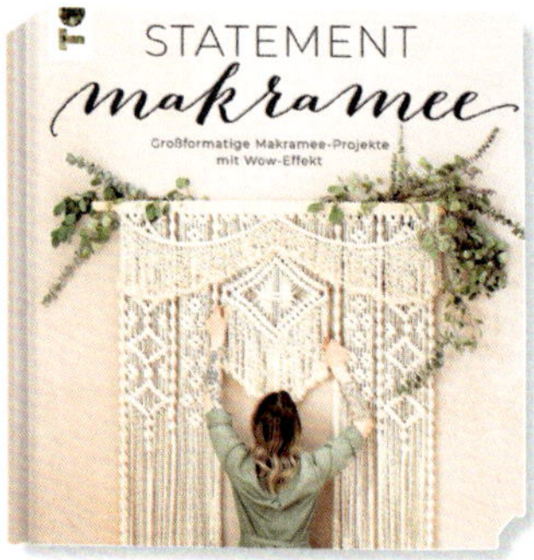

ISBN 978-3-7358-5039-3

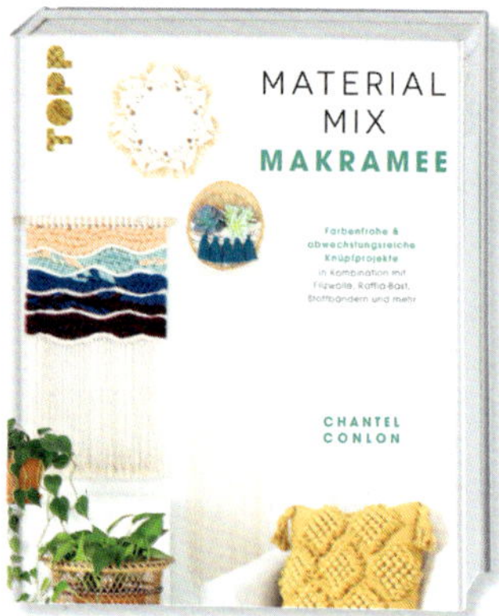

ISBN 978-3-7724-4575-0

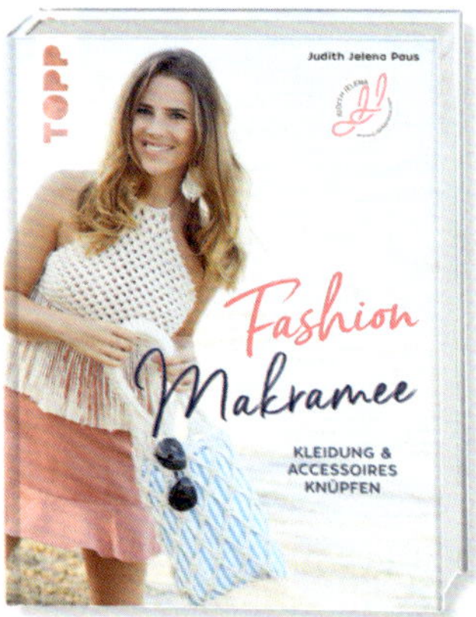

ISBN 978-3-7724-4655-9

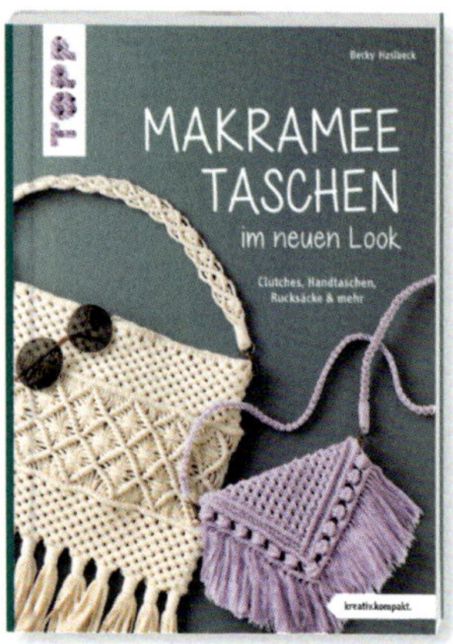

ISBN 978-3-7358-5026-3

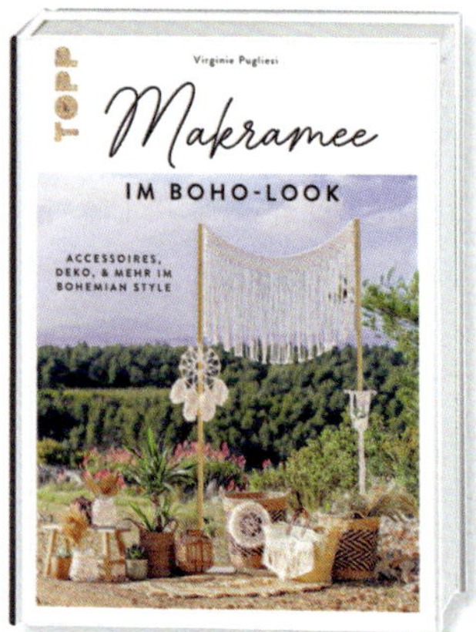

ISBN 978-3-7358-5031-7

Viele weitere Kreativ-Bücher finden Sie auf www.TOPP-kreativ.de

Entdecken Sie auch unsere ....

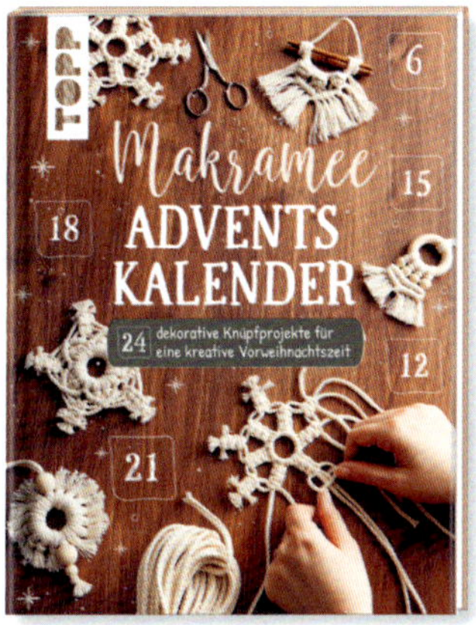

ISBN 978–3-7724–5097–6

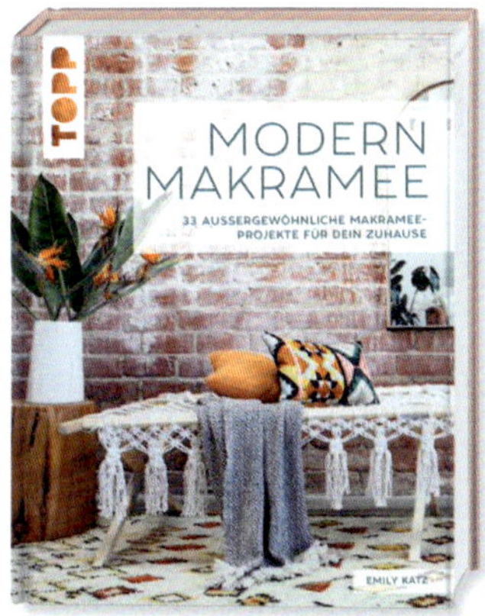

ISBN 978–3-7724–4552–1

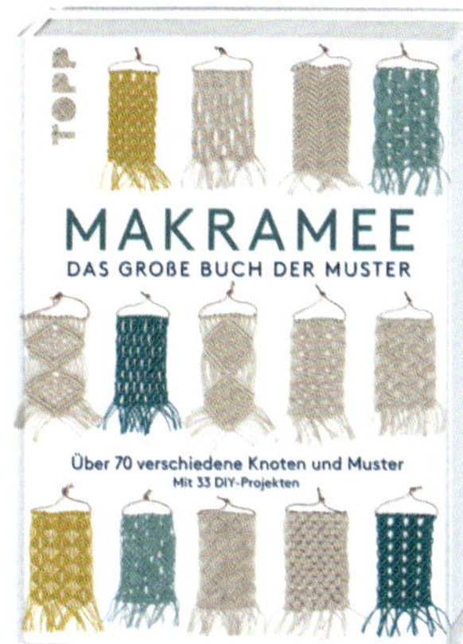

ISBN 978–3-7724–4494–4

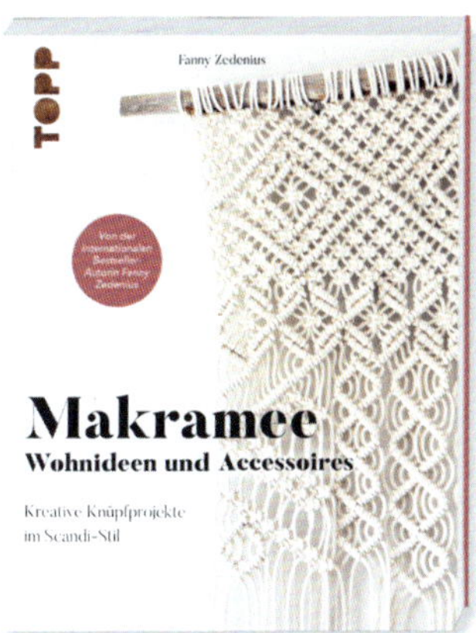

ISBN 978–3-7724–4594–1

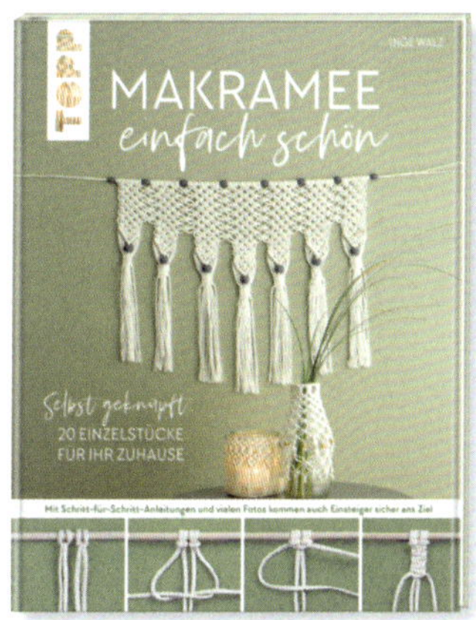

ISBN 978–3-7724–4553–8

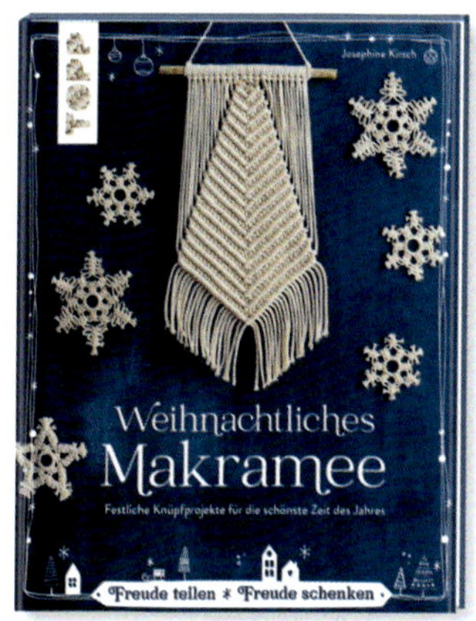

ISBN 978–3-7724–4597–2

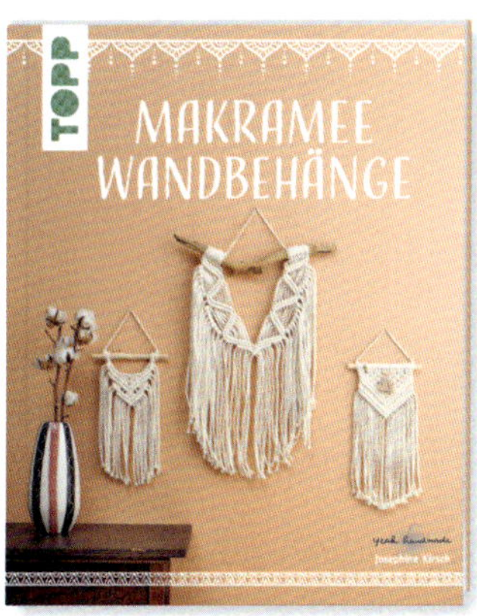

ISBN 978–3-7724–4438–8

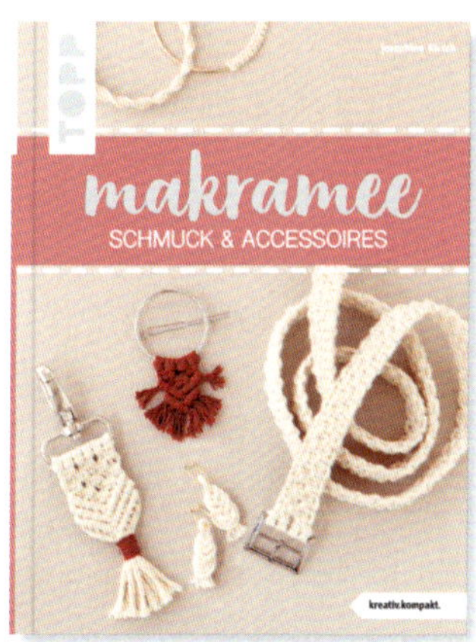

ISBN 978–3-7724–4384–8

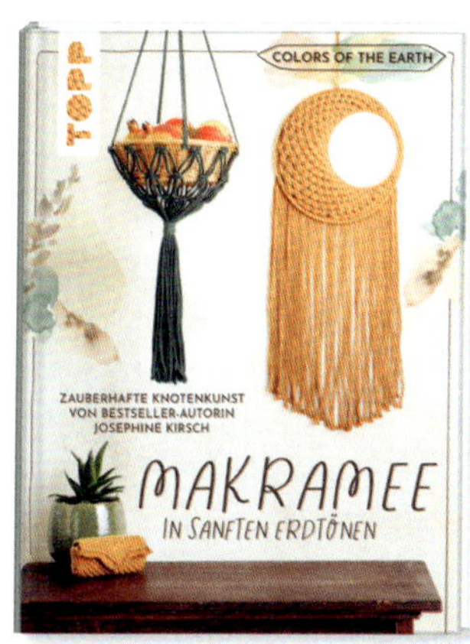

ISBN 978-3-7358-5053-9

#TOPPPROJEKT

Die eigene Kreativität zeigen: TOPPprojekt mit anderen Kreativen teilen und Teil der Gemeinschaft werden.

DIY-begeistert und auf Instagram? Dann unbedingt mitmachen! Hier gibt's Tipps und Feedback zu den eigenen Projekten. Außerdem verlosen wir jeden Monat ein Überraschungspaket. Um am Gewinnspiel teilzunehmen, einfach ein Bild vom Kreativ-Projekt aus unseren Büchern mit #TOPPprojekt posten und unserem Account @frechverlag folgen. Mehr Infos auf TOPP-kreativ.de/TOPPprojekt

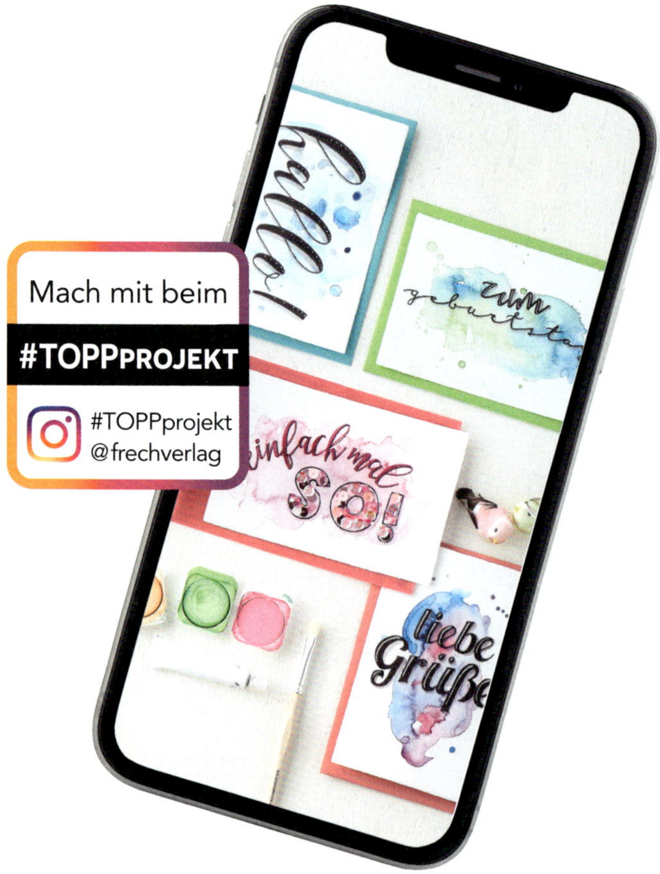

Website
Auf TOPP-kreativ.de können Sie ein riesiges Angebot von über 1.000 Kreativbüchern, Sets & mehr entdecken.

Newsletter
Gleich anmelden unter: TOPP-kreativ.de/newsletter und immer als Erstes von unseren Neuheiten und Sonderaktionen erfahren.

Instagram
@frechverlag

Pinterest
pinterest.com/frechverlag

Facebook
facebook.com/frechverlag

DigiBib
Hier finden Sie zusätzlich zu vielen unserer Bücher digitale Extras, wie Video-Tutorials, Plotter-Dateien, Vorlagen, Übungsblätter & vieles mehr. Einfach im Impressum Ihres TOPP-Buchs den Freischalte-Code nachschlagen und exklusive Inhalte freischalten. TOPP-kreativ.de/digibib

Youtube
youtube.com/frechverlag

Wer wir sind, wie wir arbeiten, was wir lieben …

Auf Instagram, Facebook und Pinterest finden Sie mehr über uns und unsere Arbeit und werden immer schnell und einfach mit den neuesten Infos versorgt.

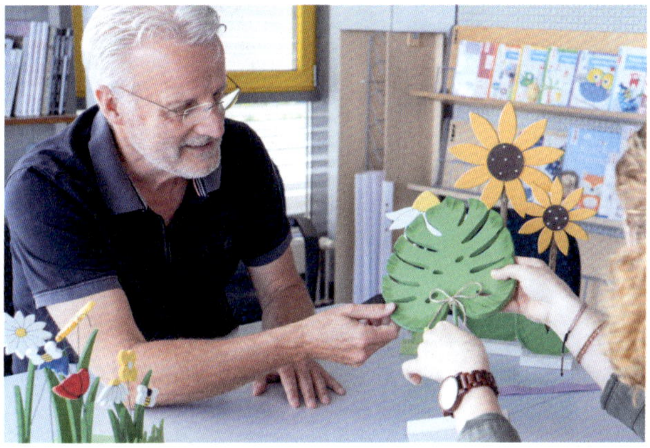

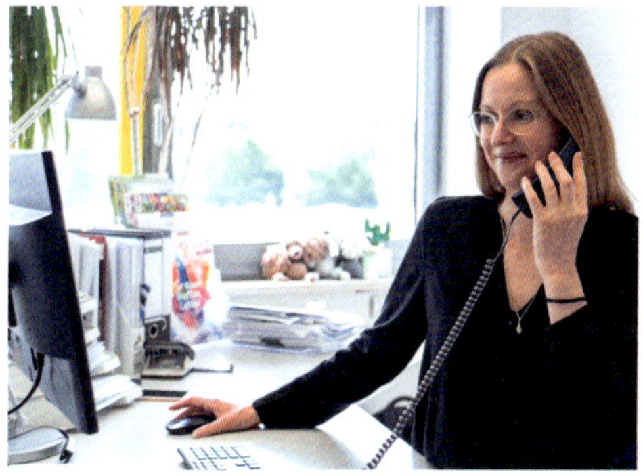

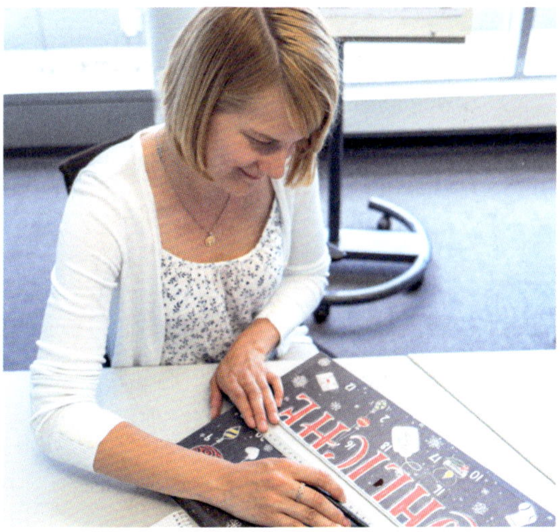

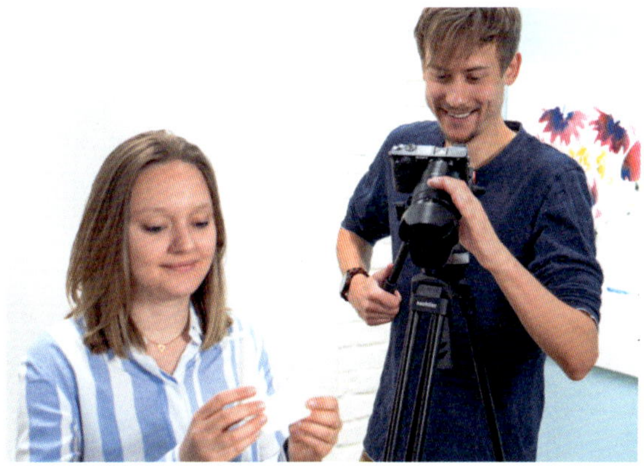

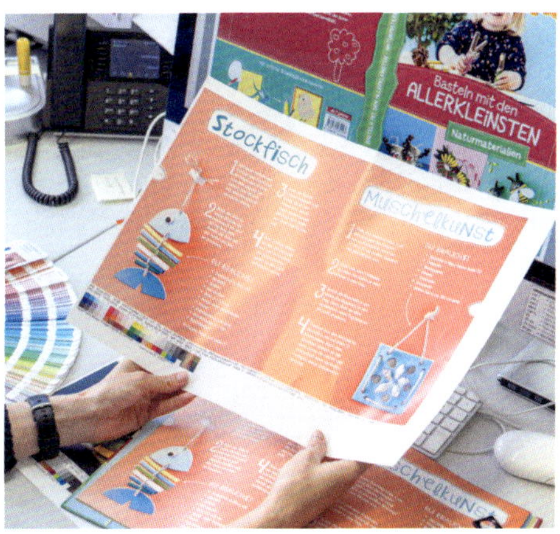

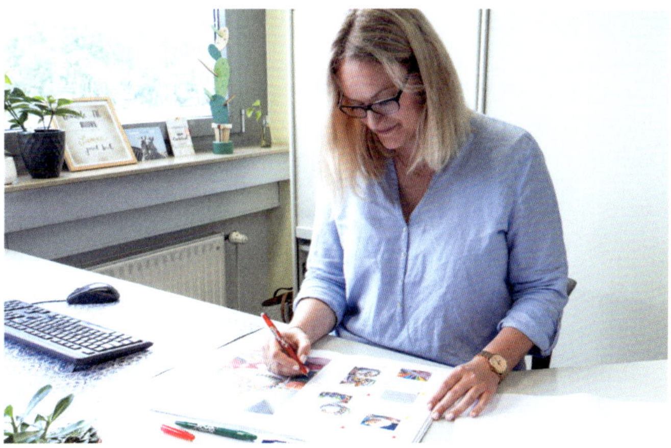

Alle News, alle Infos und alle Links finden Sie auf www.TOPP-kreativ.de

Impressum

Kreativ-Hotline

Hilfestellung zu allen Fragen, die Materialien und Bastelbücher betreffen:

Frau Erika Noll berät Sie.
Rufen Sie an: 0711/12375720
(normale Telefongebühren)

E-Mail: mail@kreativ-service.info

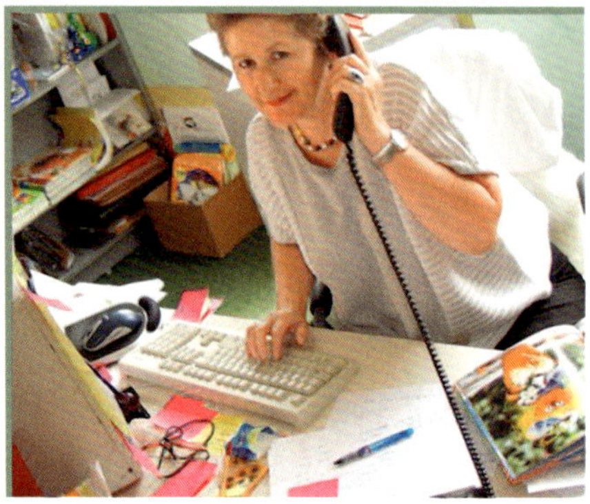

FOTOS: frechverlag GmbH, Dieselstr. 5, 70839 Gerlingen; lichtpunkt, Michael Ruder, Stuttgart (Alle Modellbilder); Josephine Kirsch (alle Schrittbilder, Autorenfoto, alle Materialbilder)
PRODUKTMANAGEMENT: Laila Prota
UMSCHLAGGESTALTUNG: Eva Hook
HERSTELLUNG: Katrin Röhlig, Jessica Siebert
LAYOUT-ENTWICKLUNG: Melanie Herrmann
SATZ: Lara Nelles (schere.style.papier), München
DRUCK UND BINDUNG: Neografia, Slowakei

1. Auflage 2022

ISBN 978-3-7358-5050-8 Best.-Nr. 25050

FSC www.fsc.org MIX Papier | Fördert gute Waldnutzung FSC® C020353

Penguin Random House Verlagsgruppe
FSC® N001967

Vita

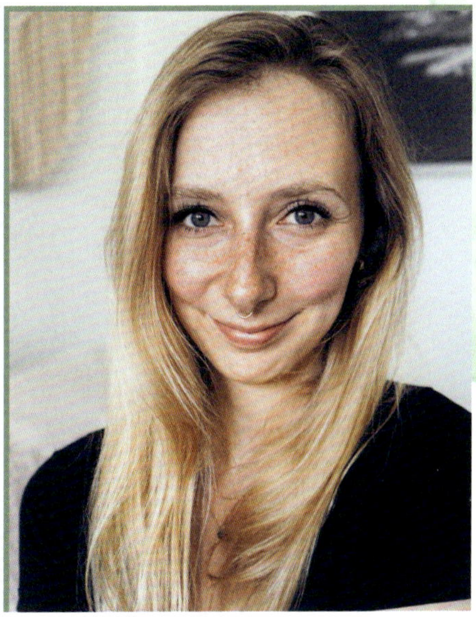

Ich bin DIY-Bloggerin auf **Yeah Handmade** und teile dort meine kreativen Ideen zu den Themen Dekoration, Geschenke, Makramee & Co. Auf meinem Instagram Account @yeah_handmade lasse ich meine Leser an meinem kreativen Chaos teilhaben. Schon in meiner Kindheit habe ich Armbänder geknüpft, doch erst durch den wiederkommenden Makramee-Trend in den letzten Jahren, bin ich der Technik komplett verfallen. Ich probiere mich gerne an neuen Mustern und Formen aus. Makramee ist die perfekte Entschleunigung für mich.

Danksagung

wir bedanken und herzlich bei den Firmen Buttinette, Rayher, Rico Design und Seilwerk Paul Dittus GmbH (www.pferdeseile.de; Instagram: @makramee_madeingermany) für die freundliche Materialunterstützung.